ro
ro
ro

Tonio Schachinger, geboren 1992 in New Delhi, studierte Germanistik an der Universität Wien und Sprachkunst an der Universität für Angewandte Kunst Wien. «Nicht wie ihr», sein erster Roman, wurde mit dem Förderpreis des Bremer Literaturpreises ausgezeichnet und stand 2019 auf der Shortlist zum Deutschen Buchpreis, den er 2023 für seinen zweiten Roman, «Echtzeitalter», erhielt. Tonio Schachinger lebt in Wien.

«Auf den ersten Blick ist Tonio Schachingers ‹Echtzeitalter› ein Schulroman. Auf den zweiten viel mehr als das ... Auf erzählerisch herausragende und zeitgemäße Weise verhandelt der Text die Frage nach dem gesellschaftlichen Ort der Literatur.» *Jury des Deutschen Buchpreises 2023*

«Ein Roman, der grundsätzlich den richtigen Ton trifft, zwischen spöttischer Distanz, Analyse und Einfühlung, sodass sich das herzerwärmende *Tschick*-Gefühl von Wolfgang Herrndorf einstellt.» *ORF*

«Ein kluges, höchst amüsantes und herzerwärmendes Buch.» *FAZ*

«Schlicht bewundernswert ... ein großartiger Roman.» *Die Zeit*

TONIO
SCHACHINGER

ECHTZEITALTER

ROMAN

Rowohlt Taschenbuch Verlag

3. Auflage Dezember 2025
Veröffentlicht im Rowohlt Taschenbuch Verlag,
Hamburg, Oktober 2024

Covergestaltung Cordula Schmidt Design, Hamburg,
nach einem Entwurf von
Designbüro Lübbeke Naumann Thoben, Köln
Coverabbildung Bertram Hasenauer, Untitled, 2020,
Acryl auf Leinwand, 90 × 70 cm, Foto: Jürgen Baumann
Satz aus der FreightText Pro
bei Pinkuin Satz und Datentechnik, Berlin
Druck und Bindung CPI books GmbH, Leck
ISBN 978-3-499-01011-8

Kontaktadresse nach EU-Produktsicherheitsverordnung:
produktsicherheit@rowohlt.de

MIX
Papier | Fördert
gute Waldnutzung
FSC® C083411
FSC
www.fsc.org

1

Sieht man diesen Ort zum ersten Mal, das Schloss mit der schönbrunnergelben Fassade und der abbröckelnden graugelben Rückseite, den Park mit seinen Wiesen und Sportplätzen, seinem bewaldeten Hügel und seiner Grotte, dann ist die Mauer, die ihn umgibt und deren Höhe je nach Steigung der Argentinier- und Favoritenstraße zwischen zwei und vier Metern schwankt, wahrscheinlich das Letzte, was einem auffällt. Warum sollte man auch an die Mauer denken beim Tag der offenen Tür? Die Kinder sehen ja so viel anderes, die Tennis- und Beachvolleyballplätze, das Hallenbad, den Parketturnsaal, die Multifunktionshalle, die Sala terrena und, wenn sie ihren Blick nach unten auf die eigenen Füße richten, den Steinboden, dessen große Platten über die Jahrhunderte von Tausenden Schlapfen glatt geschliffen wurden.

Außerdem zeigt man den Kindern die Fußballplätze, die zwei Funcourts, den Hartplatz, den Firsty-Platz und vor allem den Großen Platz, der auf allen Fotos abgebildet ist und dem Park, gemeinsam mit der ihn umgebenden Laufbahn, etwas Offizielles, etwas Highschoolhaftes verleiht, auch wenn sie nach dem Tag der offenen Tür nie wieder dort spielen werden, weil der Große Platz Gegenstand eines seit Jahren andauernden Rechtsstreits ist, dem mit dem

Hinweis: *Platz gesperrt, Betreten auf eigene Gefahr!* Rechnung getragen wird.

Von alldem wissen die zukünftigen Marianisten noch nichts. Man erzählt ihnen vom Fremdsprachenangebot, von Schulreisen, Austauschprogrammen, sogenannten Unverbindlichen Übungen, in denen die Schüler jeder denkbaren Leidenschaft von Schach über Skifahren bis Aquaristik nachgehen können, aber man zeigt ihnen nicht die Stelle beim Konferenzzimmer, an der trotz einer zusätzlichen Schicht Farbe noch immer der Name des ehemaligen Erziehungsleiters durchscheint, begleitet von den Worten: *du Kinderficker!*

Den Firsty-Platz zeigt man ihnen zwar, aber ohne zu erklären, was das ist, ein Firsty, was es bald für jeden von ihnen bedeuten wird, von Älteren als Firsty behandelt zu werden, ein ganzes Jahr lang, und dass sie selbst sich gegen alle Vorsätze in diese nach Alter gegliederte Nahrungskette einfügen und schon ein Jahr später den neuen Firstys gegenüber genauso verhalten werden: Weil sie anderen nicht ersparen wollen, was ihnen nicht erspart geblieben ist.

Der Waldplatz ist nicht einmal Teil der Tour, dieser hinterste und schlechteste aller Fußballplätze, der keine Banden und keine Netze hat, in dessen Mitte ein einzelner Baum steht, der gleichzeitig aber auch der beste Platz ist, weil man sich nirgendwo sonst auf dem Schulgelände weiter von allem anderen entfernen kann und weil direkt dahinter, beim Theater Akzent, in Sichtweite der Nuntiatur, der päpstlichen Botschaft, die beste Stelle liegt, um über die Mauer zu klettern.

Wenn die Kinder wieder nach Hause kommen und ihre Eindrücke mit den Eltern besprechen, das Marianum mit anderen Schulen vergleichen, Pro-und-Kontra-Listen anfertigen, um eine wohlüberlegte Entscheidung zu treffen, erwähnt kein Einziger von ihnen die Mauer. Auch Till nicht, ein kleiner rothaariger Junge, dem sie sehr wohl aufgefallen ist, der sie angeschaut, sie wahrgenommen hat, im Gegensatz zu vielen anderen Kindern, für die sie nicht mehr war als eine altmodische Theaterkulisse, ein in grauen Pastelltönen zum Horizont führender Übergang.

2

Es wäre aber falsch, Tills abweichenden Eindruck mit einer besonderen Auffassungs- oder Beobachtungsgabe zu begründen, ihm die Hellsichtigkeit zu attestieren, jetzt schon zu erkennen, was den anderen erst mit 14 oder 15 wirklich ins Auge stechen wird, nämlich dass sie, anders als andere Jugendliche aus anderen Schulen, hier eingesperrt sind und dass die Mauer dabei eine sehr pragmatische Rolle spielt. Es liegt auch nicht daran, dass Till sich schon bei der Aufzählung der Fußballplätze, erst recht aber bei ihrer Besichtigung langweilt, keinen Elfmeter schießen will, noch weniger, als er dazu gedrängt wird, Probier es doch einmal! Trau dich!, so wie immer alle zum Fußball gedrängt werden, als gäbe es nichts anderes auf der Welt, bis er sich schließlich doch fügt, weil das Warten der anderen hinter ihm einen Druck erzeugt, den er von Sprungtürmen und Wasserrutschen im Schwimmbad kennt, wo umzudrehen und gedemütigt abzusteigen irgendwann gleich unmöglich ist, wie zu springen.

Seine Beine werden beim Anlaufnehmen so lang, dass er Höhenangst bekommt, während das Tor immer weiter schrumpft und die Arme des Tormanns in die Breite wachsen, und er stolpert schließlich über seine eigenen Füße, ohne den Ball zu berühren.

Till steht auf und denkt keine Sekunde darüber nach, ob das gerade peinlich war. Es ist Samstag, und als seine Mutter ihn mit einem «So, jetzt müssen wir aber wirklich los!» aus seinem Zimmer geholt und die paar Hundert Meter zu der Schule gebracht hatte, lagen schon drei Stunden Assassin's Creed hinter ihm, weshalb er sich noch immer in diesem angenehmen, von der realen Welt losgelösten Zustand befindet, den das Eintauchen in andere Welten erzeugt. Wenn man in einem Computerspiel zu etwas fähig ist, sei es Wände klein zu schlagen und mit dem gewonnenen Holz Treppen in den Himmel zu bauen oder als Parcoursläufer jedes erdenkliche Hindernis zu überwinden, kann es passieren, dass man in der Realität dieselben ganz konkreten Möglichkeiten sieht wie im Computerspiel.

Wie langweilig ist es im Vergleich, darüber nachzudenken, ob man wirklich Latein, Französisch und Russisch lernen, ob man in dieses sogenannte Halbinternat gehen und jeden Tag erst um 17 Uhr 30 nach Hause kommen möchte, ob man sich wohlfühlt zwischen all den Fußballern und Volleyballerinnen, zwischen Kindern, die sich schon mit zehn so kleiden, wie sie es ihr restliches Leben über tun werden: in grüne Polohemden und braune Segelschuhe, rosa Poloblusen und weiße Jeans. Wie langweilig erscheint alles im Vergleich zu Kunstwerken, an denen Hunderte Menschen über Jahre gearbeitet haben, damit sie uns so gut wie möglich unterhalten.

Vielleicht ist es normal für ein Kind, das seine Vorstellung von Internaten den Harry-Potter-Filmen und den Harry-Potter-Computerspielen verdankt, einen Ort zu sehen, an den es nicht gehört, und sich vorzustellen, es könne der dorthin passende Mensch werden. Vielleicht denkt Till auch einfach nicht darüber nach, weil er sich während der Besichtigung vorstellt, wie er vom Boden zur Dachrinne und von dort zum oberen Fenstersims springt, auf das höhere Nebengebäude klettert, über die Dächer zur Karlskirche läuft, um von ihrer Kuppel einen Köpfler mit angelegten Armen hinunter zu machen. Jedenfalls fühlt er sich gut, als seine Mutter und er am Abend mithilfe einer objektiven Liste errechnen, dass das Marianum für ihn die beste Option ist. Und seine Mutter freut sich, ihn betreut zu wissen, während sie Vollzeit arbeiten geht.

Namhafte Absolventen sagen nichts über die Institution aus, die sie hervorgebracht hat, und in einer kleinen Stadt wie Wien ergeben sie sich im Lauf der Zeit von selbst. Das Gymnasium Wasagasse hat Friedrich Torberg, Erich Fried und Stefan Zweig, das Akademische Gymnasium Arthur Schnitzler, Lise Meitner und Erwin Schrödinger, das Schottengymnasium Johann Nestroy, Johann Strauss und Ernst Jandl. Und so hat eben auch diese Schule gewisse Menschen, auf die sie verweisen kann, je nachdem, woher der gesellschaftliche Wind gerade weht. Auf Karl Lueger, zum Beispiel, war man früher deutlich stolzer als heute, und die Namen Hermann von Trenkwald und Fritz Hamburger fallen gar nicht erst oder verschwinden hinter den Namen derjenigen, die wegen Menschen wie ihnen emigrieren mussten.

Um andere momentan Inopportune kommt man leider nicht so leicht herum, denn wenn schon der SA-Obersturmführer-Großvater hier war, dessen Abschneiden bei den Olympischen Spielen 1936 zur allgemeinen Enttäuschung die Überlegenheit seiner Rasse eher widerlegte als bewies, und der Vater, der rechtskräftig wegen Leugnung des Holocausts verurteilt wurde, und schließlich auch der Sohn, dessen Präpotenz der österreichischen Demokratie unfreiwillig einen großen Dienst erweisen wird, kann man als Schule nicht viel machen, um sich zu distanzieren.

Doch die Deutschnationalen und Rechtsradikalen sind am Marianum nicht stärker vertreten als im Rest Österreichs, wo sie quer durch alle sozialen Klassen circa 25 Prozent der Bevölkerung ausmachen, und wollte man die hier vorherrschende Geisteshaltung identifizieren, wäre es eher der Opportunismus. Ein typischer Absolvent dieser Anstalt ist jemand, der den vorhandenen Besitz seiner Familie weiter vergrößert, der als Arzt, Anwalt oder Unternehmer die Praxis, Kanzlei oder Firma seines Vaters übernimmt, dem es für seine gesamte Lebenszeit als Rebellion genügen wird, mit 17 seinen über das Hemd gelegten Pullover schräg über eine Schulter zu binden statt symmetrisch über beide.

Till wird nie so sein.

Es wäre auch gar nicht so schlimm, wenn Till hier falsch ist, denn die Schule ist groß genug, um einen durchrutschen zu lassen, einem, zwar eher aus Nachlässigkeit als aus Toleranz, den Freiraum zu gewähren, wenn schon nicht gefördert, dann zumindest in Ruhe gelassen zu werden.

Das heißt: Sie wäre es, ginge Till in die 1A oder die 1C, in die 3B oder die 5D, in jede andere Klasse als diese 1B. Denn während die Schule seit Jahren darauf hinarbeitet, ihrem Elitismus ein möglichst menschliches Antlitz zu verpassen, gibt es einen Menschen, der sich allen Anforderungen der modernen Welt, allen Kompetenzorientierungen gegenüber verhält wie ein unbeugsames gallisches Dorf. Und weil dieser Mensch Klassenvorstand, Deutsch- und Französischlehrer, Tutor und an drei von fünf Nachmittagen auch Nachmittagsbetreuer der 1B ist, müssen auch Till und seine Klassenkollegen Gallier sein: Bewohner einer Exklave von der Wirklichkeit.

3

Wien zieht Sonderlinge an. Es gibt kanonisierte Sonderlinge wie Helmut Seethaler, der seit Jahrzehnten gegen die Wiener Linien prozessiert, um seine Gedichte mit Tixo an die Wände von Bushaltestellen zu kleben, den Bierkavalier, der aus irgendeinem Zwang heraus Frauen in der U-Bahn fragt, ob sie mit ihm ein Bier trinken gehen wollen, sich aber im seltenen Fall einer Zusage sofort wegdreht und die nächste Frau anspricht. Es gibt den König vom Sudan, einen älteren Mann mit schwarzem Anzug, roter Krawatte und rotem Barett, der am Schottentor residiert, zwei Doktortitel von der Universität von Alexandria hat und ein Megafon; es gibt die Oma im 6. Bezirk, die einen vergeblichen Kampf gegen Graffitis führt und mit einem Kübel brauner Farbe und einem Pinsel jeden Schriftzug übermalt, egal welche Farbe das Haus hat, von Hausbesitzern verklagt wird, denen die braunen Rechtecke noch hässlicher erscheinen als die Schmierereien, und die, zumindest in den Augen des Staates, im selben Ausmaß Vandalin ist wie die Vandalen, die sie bekämpft.

Das Besondere an Wien sind aber nicht seine originellen Außenseiter, nicht das Lercherl von Ottakring, der winzige, immer schon alt gewesene Mann im Pepitasakko, der früher auf der Kärntner Straße mit seiner Falsettstimme Vogelgesänge imitierte, oder Waluliso, nach dem inzwischen sogar eine Brücke im FKK-Bereich der Neuen Donau benannt ist, und auch nicht die Obdachlosen oder die Drogensüchtigen, die Junkies, die im 7. Bezirk Gedichte verkaufen, in kindlicher Schreibschrift verfasst und kopiert, manche schön und traurig, andere traurig und furchtbar.

Das Besondere an Wien sind die Wahnsinnigen mit bürgerlicher Fassade, die weitgehend funktionieren, aber nie von hier wegziehen könnten, weil ihr menschenfeindliches Verhalten in keiner anderen Stadt so wenige Konsequenzen hätte. Menschen, die eben nicht außerhalb der Gesellschaft stehen, sondern in geschützten Bereichen mit beschränkter Haftung ihren Jobs nachgehen: in Magistraten, Privatschulen oder bei der Polizei, auch wenn sie psychisch prekäre Leben führen. Jeden Tag können sie die Beherrschung verlieren, weil sie sich daran gewöhnt haben, in einem kleinen Biotop nach eigenem Belieben die Regeln zu schreiben, die andere zu befolgen haben, und erst wenn sie einmal außerhalb ihres gewohnten Umfelds eskalieren, wenn sie, zum Beispiel, im Filmmuseum während eines Bergman-Films auf eine amerikanische Studentin einprügeln, weil sie ihrer Meinung nach zu laut gewesen ist, wenn sie in der Straßenbahn jemandem mit ihrem Schirm ins Bein stechen, jungen Schriftstellerinnen systematisch anzügliche Gedichte per Mail schicken, wenn sie zu schreien beginnen, weil jemand in einem geschlossenen Raum aus einer Plastikflasche trinkt, erst dann wird für alle offensichtlich, was jene, die einem solchen Menschen ausgeliefert sind, längst wussten, nämlich, dass es sich um einen Wahnsinnigen handelt, um jemanden, der über niemanden bestimmen sollte.

4

Der Dolinar, Tills Klassenvorstand, dessen Aussehen seine Schüler wie das von Lord Voldemort beschreiben würden, obwohl er mit seinem schütteren rotblonden Haar und der Knollennase eher aussieht wie der Tintenfisch, den Spongebob immer so nervt, der Dolinar, der immer Schwarz trägt und im Winter weite Lodenmäntel, die ihn wie eine Fledermaus wirken lassen, ist so ein Wahnsinniger.

Seinen Klassen eilt seit dreißig Jahren ein spezieller Ruf voraus. Vonseiten der Direktion schätzt man die überdurchschnittlich guten Noten, die niedrigste Drop-out-Rate, das tadellose Benehmen seiner Schüler, ihre Unauffälligkeit, ihre Verschwiegenheit. Nachvollziehbar also, dass die Direktorin, die neben ihrer Tätigkeit als Schulleiterin und Vorsitzende der ÖVP-Frauen Döbling auch Lehrerin für Geschichte ist und als solche eine einzige Unterstufenklasse zu unterrichten hat, nach Möglichkeit eine Dolinar-Klasse auswählt. Nirgendwo sonst kann sie sich zahmer Schüler so sicher sein. Wenn sie den Raum betritt, sitzen die Dolinar-Kinder schon alle an ihren Plätzen, stehen innerhalb von einer halben Sekunde auf, halten den Mund, setzen sich erst wieder, wenn man es ihnen sagt, und dass sie das nicht in erster Linie aus Respekt vor ihr, sondern aus Angst vor ihrem Klassenvorstand machen, ist der Direktorin, so wie allen anderen Lehrern, egal.

Darüber, wie genau der Dolinar das Fehlverhalten seiner Schüler sanktioniert, damit sie so viel braver sind, denken seine Kollegen wenig nach. Erstens spüren die meisten kein Mitleid mit Kindern, die schon mit elf wissen, dass sie mehr erben werden, als ihre Lehrer je verdienen könnten, und das auch zeigen, wenn sie die Chance dazu bekommen, die unglaublich herablassend und brutal sein können, und zweitens weiß niemand außer seinen Schülern, wie es in den Dolinar-Klassen wirklich zugeht.

Was zumindest die Direktorin wissen könnte, ist, dass die 1B im weiteren Verlauf ihrer Schulzeit ebenso wie alle anderen Dolinar-Klassen zuvor in einer einzigen Statistik ein herausragend schlechtes Ergebnis aufweisen wird, nämlich in jener der besuchten Freifächer und Unverbindlichen Übungen, und dass es sich dabei um keinen Zufall handelt. Der Dolinar verbietet seinen Schülern, Freifächer und Unverbindliche Übungen zu belegen, er verbietet ihnen den Kontakt zu anderen Klassen, verbietet ihren Eltern, sich in seine Erziehung einzumischen, er verbietet jede schlechte Leistung, in Deutsch oder Französisch ebenso wie in irgendeinem der anderen Fächer, und jegliche Disziplinlosigkeit. Jedes ausgebliebene Grüßen auf dem Gang, jedes zu langsame Aufstehen, jedes zu rasche Gehen wird bestraft.

Vergehen werden mit Aufsätzen geahndet. 300 Wörter *Über das Fußballspielen in geschlossenen Räumen*, 250 Wörter *Wie man richtig grüßt*, 450 Wörter *Über das Öffnen und Schließen von Türen*. Mit den Jahren steigert sich die Wortanzahl kontinuierlich, sodass man wenigstens an einem oder zwei Tagen, in Extremfällen sogar bis zu zwei Wochen, schreibend in der Klasse nachsitzen muss, während die anderen in den Park oder in einen der Aufenthaltsräume gehen. Danach verbessert der Dolinar den Aufsatz, gibt ihn zurück, und man verbringt noch einen Tag damit, für jeden schweren Fehler drei Sätze zu schreiben, die dann ebenfalls wieder verbessert werden.

Das sind Tage, an denen es zehn Stunden lang kein Aufatmen gibt. Zuerst der Unterricht, dann ein schnelles Essen, dann der Aufsatz, irgendwann *Studium*, also Hausaufgaben machen und lernen, wobei der Dolinar einen weiterhin im Auge behält. Um vier Uhr darf man für 15 Minuten hinunter zum Buffet, eine Semmel und eine Schoko- oder Vanillemilch holen, und dann weiter Studium, in völliger Stille, bis der Dolinar um halb sechs, viel öfter aber erst um drei viertel, manchmal sogar erst um Punkt sechs zusammenpacken und nach Hause gehen lässt. Dann ist man ein freier Mensch bis acht Uhr am nächsten Tag.

In Wahrheit ist man aber auch dann nicht frei, denn bewegt man sich durch Wien, besteht immer die Möglichkeit, den Dolinar irgendwo zufällig zu treffen. Man kommt zum Beispiel um halb zehn aus dem Apollo-Kino, und plötzlich steht er vor einem, und es ist ganz genau so, als wäre man in der Schule, das Machtgefälle bleibt bestehen, und was am nächsten Tag in der Deutsch- oder Französischstunde passieren wird, kann man sich ausrechnen, denn das Erziehungssystem vom Dolinar basiert auf dem Sprichwort, man könne nicht mit einem Hintern auf zwei Kirtagen tanzen, und abends unterwegs zu sein gilt als Kirtag, als Ablenkung von der Schule, als Zeichen, dass man glaubt, man habe schon genug gelernt, eine Verfehlung, die nicht toleriert werden darf.

Der Dolinar braucht die volle Aufmerksamkeit, deshalb, so meint er, muss er das Leben seiner Schüler einschränken, und er braucht sie nicht nur für Grammatik und Orthographie, die in sein Aufgabengebiet gehören, oder für all die anderen Themen, die er unterrichtet, weil sie ihn persönlich interessieren, obwohl sie überhaupt nicht in die Zuständigkeit eines Deutsch- und Französischlehrers fallen, Belcanto-Opern etwa, europäische Herrscherfamilien und die Katholische Kirche, Ballett und Architekturgeschichte, sondern vor allem für einen Bereich, der durchaus zu seinen Lehrinhalten gehört, den er aber ganz anders interpretiert, als im Lehrplan vorgesehen: die Literatur.

5

Es beginnt in der allerersten Deutschstunde mit einem Gedicht von Ernst Jandl, «ottos mops», einem Text, der schon seit Jahrzehnten verlässlich alle Schüler zum Lachen bringt, spätestens wenn es heißt: *ottos mops kotzt.* (In besonders verdorbenen Jahrgängen lachen sie sogar schon acht Verse vorher.) Die anschließende Hausaufgabe besteht für jede neue Generation darin, den Inhalt des Gedichts in eigenen Worten nachzuerzählen.

Eine Woche später wird gemeinsam das erste von über vierzig der berühmten, ehemals dottergelben, inzwischen leider in einem, laut Dolinar, viel zu modernen Zitronengelb erscheinenden Reclamhefte bestellt, die seine Schüler in den nächsten acht Jahren lesen müssen. Es handelt sich um Oscar Wildes *Der glückliche Prinz und andere Märchen*, ein Buch also, das für Elfjährige noch greifbar, aber schon etwas schwerer zu verstehen ist, weil es Worte wie Linnen und Katarakt enthält, die sie beim Lesen unterstreichen und in ihr Fremdwörterheft übertragen müssen, aus dem der Dolinar jederzeit unangekündigt abprüfen kann.

Erst beim nächsten Buch, Wilhelm Hauffs *Das kalte Herz*, zeigt sich, dass Ernst Jandl eine falsche Fährte war, ein Trick, um nicht zu sagen: eine bewusste Irreführung, denn noch mehr als Oscar Wilde verweist Hauff darauf, dass Literatur in dieser Klasse nicht die Aufgabe zukommt, ihre Lebenswelt abzubilden oder sie zu amüsieren; Schüler haben vielmehr ihren Erfahrungshorizont dem anzupassen, was durch den Reclam-Verlag als wertvolle Literatur definiert ist, und altersgerecht bedeutet in Zukunft Frank Wedekind oder *Das Leiden eines Knaben*, nicht Ernst Jandl.

Der Dolinar gehört nicht nur zu der Minderheit von Deutschlehrern, die überhaupt noch Zeit für Literatur aufwenden und mit ihren Schülern mehr als die kurzen Textausschnitte im Deutschbuch und den *Faust* lesen, sondern innerhalb dieser Minderheit zur noch kleineren Gruppe derjenigen, die sich eher ein Bein abhacken würden, als in ihrer Klasse Hermann Hesse oder Daniel Glattauer durchzunehmen. Einige zeitgenössische Autoren mögen einen Wert haben, Handke, Jelinek, sind aber, laut Dolinar, gerade deshalb für Schüler zu kompliziert. Andere Namen, der von Michael Köhlmeier etwa, gelten in Dolinars Kosmos geradezu als Schimpfwort, spätestens wenn sie sich anmaßen, die Sagen des klassischen Altertums neu zu übertragen und Poseidon Sachen sagen zu lassen wie: «Aha, heruntergemacht hat er mich also.»

Nein, die Sagen des klassischen Altertums liest man von Gustav Schwab, weil es seit Schwabs Zeiten, der deutschen Klassik, vielleicht sogar seit der griechischen Antike, mit der Sprache stetig bergab ging, und jeder Versuch, einen alten Text zu modernisieren, ein Bühnenstück neu auszulegen, widerstrebt dem Dolinar bis in die innersten Fasern seines Herzens.

Die drei goldenen Regeln, nach denen er seine Klassenlektüre auswählt, lauten: nichts aus dem zwanzigsten Jahrhundert, keine Übersetzungen und nichts, was nicht als Reclamheft erhältlich ist. Bricht er selbst diese Regeln, wie für den *Tod in Venedig*, den es nur als Fischer-Taschenbuch gibt, oder für die Übersetzungen von Jane Austen, Puschkin oder Federico García Lorca, kann eine besondere, biographisch begründete Vorliebe für die Themen des Textes oder seinen Autor vermutet werden.

Franz Innerhofers *Schöne Tage* und Felix Mitterers *Kein Platz für Idioten* stehen unter dem größten Druck, ihren Platz im Kanon zu rechtfertigen. Beide sind nach 1945 geschrieben worden, eine Ausnahmestellung, die sie mit nur zwei anderen Büchern teilen: Bernhards *Heldenplatz* und Hochwälders *Das heilige Experiment*.

Mit jedem dieser Texte möchte der Dolinar seinen Schülern etwas sagen, und je mehr seiner Regeln er zu brechen bereit ist, desto wichtiger ist es ihm. Mit Innerhofer und Mitterer möchte der Sohn Kärntner Bauern seinen verwöhnten Wiener Schülern zeigen, welcher Brutalität er selbst als Kind am Land ausgesetzt war, aber auch den Stolz, den er spürt, dass die tiefste und grausamste Provinz in Österreich die größte Literatur hervorgebracht hat. Hochwälder soll sie lehren, dass es noch ein zweites Österreich im Verborgenen gibt, einen Kanon der Unmodernen, Konservativen, und Bernhard, dass man auf Hass und Verachtung mit Hass und Verachtung antworten muss.

Trotz ihrer thematischen Verdienste reichen die Genannten natürlich nicht an die wirklich Wichtigen heran, an Schiller und Lessing, Stifter und Grillparzer. Der Autor ist, mag es auch überall sonst anders sein, beim Dolinar größer als sein Werk. Oder anders gesagt: Werke sind groß, wenn sie von großen Autoren stammen. Und groß waren Autoren, bevor sie anfingen, die Sprache kaputt schlagen zu wollen. Vor Büchner.

Der Dolinar lebt in der Vorstellung, es sei für Menschen, deren Eltern es sich leisten können, sechshundert Euro Schulgeld pro Monat zu zahlen, wichtig, einen Mörike, einen de La Motte Fouqué und einen Anzengruber gelesen zu haben, nicht um daraus «etwas mitzunehmen», wie man es neuerdings ausdrückt, sondern um sagen zu können, man kenne es. Um es einzuordnen. Jaja, Anzengruber, Sozialdrama, *Das vierte Gebot*.

Und das ist im Grunde auch, was er nach acht Jahren extensiver Klassenlektüre bei seinen Schülern erreicht, nach endlosen Stunden, in denen sie sich durch Stifter oder Thomas Mann gequält haben, abgeprüft und fertiggemacht wurden: dass sie sagen können, ja, *Kabale und Liebe* hab ich gelesen, und Kabale heißt in etwa das Gleiche wie Intrige. Er will höhere Söhne (und seit 2002 auch höhere Töchter) für die Salons ausbilden, in denen Kapital und Kultur aufeinandertreffen, um über Kleist oder E. T. A. Hoffmann zu debattieren, und weiß in Wahrheit selbst, dass die vermögende Klasse sich nur noch sehr marginal für Kunst interessiert, und wenn, dann für Malerei oder Film oder Architektur, für Kunstrichtungen, bei denen Geld einen Vorteil verschafft, aber niemals für Literatur.

Dementsprechend verhält es sich mit der Ausbildung, die seine Schüler erhalten, wie mit den Bankern, die nach Westpoint geschickt werden: Nicht was sie dort einüben, macht sie später erfolgreich, sondern dass sie gelernt haben, alles zu ertragen, was von ihnen verlangt wird, und alles zu erlernen, egal wie unwichtig es ist.

Schon Monate nach der Matura wissen die meisten Absolventen so gut wie nichts mehr über *Wilhelm Tell* und *Das Kloster bei Sendomir*, aber man kann sie noch Jahrzehnte später nach einer relevanten Papstfamilie der Renaissance und ihrem Wappen fragen, und sie werden zumindest die Barberini mit ihren Bienen nennen können und, mithilfe des Merkspruchs «Kliometerthal Euerurpokal», zumindest fünf der neun Musen, und sie werden sogar irgendwie stolz auf diesen Umstand sein.

Auch das gehört zur Erfahrung, die viele in militärischen Institutionen machen und nur wenige hier, in der bekanntesten Privatschule des Landes, bei ihrem ambitioniertesten Lehrer: dass man seine Leidenszeit im Nachhinein verklären muss, weil man sie schließlich überstanden hat, und dass einen das mit den anderen verbindet, die ebenfalls nicht daran zugrunde gegangen sind, womit weniger die Sechstklässlerin gemeint ist, die sich in Tills erstem Jahr aus dem Fenster im dritten Stock stürzt, sondern all jene, deren Näheverhältnis zum Tod weniger offensichtlich ist.

Viele ehemalige Dolinar-Schüler kommen ihn später besuchen, lassen ihn Entwürfe für Hochzeitseinladungen und Todesanzeigen auf Fehler durchsehen, holen seinen Rat ein, erzählen ihm von ihren Problemen, und nichts widert Till und seine Klassenkollegen mehr an als diese Rückkehrer, die nachmittags an ihre Klassentüre klopfen und sich behandeln lassen, als wären sie noch immer seine Schüler.

Nicht einmal die aus der 8D, die den Dolinar als Deutsch- und Französischlehrer kennen, aber nicht als Nachmittagsbetreuer, Tutor und Klassenvorstand, die also einen ungefähren Eindruck von seinen Arbeitsmethoden erhalten haben, ohne ihm vollständig ausgeliefert gewesen zu sein, und jetzt, da sie die Schule fast überstanden haben, seine Erziehung zu rechtfertigen beginnen, nicht einmal sie werden von Till und seinen Kollegen so verachtet wie die zurückkehrenden Ehemaligen. Denn die müssten es wissen.

Sie müssen genauso gelitten haben, denselben ungeschriebenen Regeln unterworfen gewesen sein, und zwar nicht so, wie die 8Dler für sechs Stunden in der Woche, sondern immer. Sie müssten wissen, wie falsch es ist, in einem Zustand permanenter Angst aufzuwachsen, unfreier als alle anderen um einen herum, unfähig, die Situation irgendwem begreiflich zu machen, und dennoch kommen sie zurück, setzen sich dem Dolinar gegenüber und verzichten auf das Einzige, was ihnen am Ende bleibt, das, woran sich Till ebenso klammert wie die meisten anderen in seiner Klasse und viele Generationen von Schülern vor ihnen: die Würde, nach der Matura nie wieder mit dem Dolinar zu tun zu haben.

6

Till ist niemand, der sich in den Vordergrund drängt. Im Gegenteil, Till genießt den Hintergrund. Sieht er sich die Harry-Potter-Filme an, dann stellt er sich nicht vor, Harry oder Ron oder Hermine zu sein, sondern einer von den Schülern, die nie namentlich erwähnt werden, die nur einmal kurz auf der Treppe an ihnen vorbeigehen, im selben Speisesaal sitzen, aber nie gegen Lord Voldemort kämpfen oder auf Drachen reiten müssen. Jemand, der einfach zur Schule geht und irgendwann damit fertig ist.

Die Kunst des Nichtauffallens besteht darin, sich nicht an die eigene Individualität zu klammern und alles, was man mag oder wovon man glaubt, es sei einem wichtig, als austauschbar zu begreifen. Till ist ein Naturtalent darin. Es kostet ihn keine Überwindung, die Mütze wegzuwerfen, die in der Volksschule sein Markenzeichen gewesen war und wegen der ihn nach wenigen Wochen ein Siebtklässler beim Büro des Schulwarts vor allen dort versammelten Schülern bloßstellte. Es macht ihm nichts aus, sich Timberlands zu kaufen, wie alle anderen sie haben, und ebenso wenig, sich eine Zugehörigkeit zu suchen. Denn alleine zu sein: Das ist auffällig.

Till wird Teil der Gruppe derer, die sich nicht für Fußball interessieren und deren erste gemeinsame Aktivität darin besteht, jeden Winkel des Schulgeländes zu erkunden, weil einige von ihnen meinen, es müsse reihenweise interessante Geheimnisse bergen. Sie fertigen Karten von den Geheimgängen an, die sie entdecken, dem, der die Krankenstation und den Gang mit der Glockentür verbindet, der Treppe im dritten Stock hinter den Musiksälen, von der sie glauben, sie führe zur Diplomatischen Akademie, obwohl sie in den Zigarrensalon des Absolventenclubs führt.

Auch als alles erkundet ist, bleiben sie eine Einheit. In jeder Turnstunde und an jedem Nachmittag, wenn die Fußballer Fußball spielen, sind sie der Pool, aus dem sich die Interessenten aller anderen Aktivitäten rekrutieren, bis sich neue Subgruppen bilden, die Basketballer, die Gamer, die Fantasy-Fans und diejenigen, die im Park spazieren gehen und miteinander reden.

Till gehört seitdem zu den Gamern, er geht mit Fritzi, dem Jungen, der neben ihm sitzt und deshalb so etwas wie ein Freund ist, in den Informatiksaal und spielt dort auf den schrottigen Computern oder im Park auf seinem Handy. Er schreibt Dreier in Deutsch und Einser in Mathematik und schafft es, vom Dolinar weder gehasst noch geliebt, also weder dafür bestraft zu werden, kein Talent zu besitzen, noch dafür, nicht genug aus seinem Talent zu machen.

Während die Fußballer schon in der allerersten Woche einen Aufsatz schreiben müssen, weil sie nach der großen Pause zu spät in die Deutschstunde kommen, dauert es bis zu Tills erster *Übung* zwei Monate. Er ist nicht involviert, als die Fußballer einen der ausgeblichenen Canaletto-Drucke von der Wand schießen und ihn ohne Glas wieder aufhängen, in der Hoffnung, der Dolinar würde es nicht bemerken. Er sitzt im Informatiksaal, während sie Strafaufsätze schreiben, und durch diese Nachmittage im Informatiksaal, insbesondere durch ein langes Gespräch über die Entscheidungsfindung von KIs, weckt Till das Interesse des Mathematiklehrers Gruber.

Man muss sich den Gruber, Tills Vizeklassenvorstand, als einen großen hinkenden Mann vorstellen, der zum Dolinar im gleichen Verhältnis steht wie Sancho Pansa zu Don Quijote, der beschwichtigt und ausgleicht und im festen Glauben lebt, er arbeite einem Genie zu. Der Gruber betreut, neben seinem Unterricht und seinen Nachmittagsaufsichten in der Dolinar-Klasse, die Website der Schule und den Informatiksaal und führt bei alldem eine Mauerblümchenexistenz. Er versucht, die Bedeutung seiner Fächer hochzuhalten, lebt aber in ständiger Frustration darüber, dass sie niemandem sonst bewusst ist und vonseiten der Schulleitung zwar betont, aber nie gefördert wird. Wenn ein Schüler, wie Till, einfache Programmierketten lesen kann oder einen alternativen Lösungsweg zur Berechnung eines Prismas findet, fühlt es sich für den Gruber an, als fiele ein vereinzelter Regenschauer auf den Wüstenboden seiner Berufung, und seine Begeisterung sprießt schneller und offensichtlicher, als man es ihm je zugetraut hätte.

So erhält Till seine Zuordnung. Er gehört fortan zum Volk der Zahlenmenschen, das in der Dunkelheit lebt, Brillen trägt und auf Bildschirme starrt, den Menschen, ohne die es vermutlich keine Brücken und keinen Buchdruck gäbe, gegenüber denen ein Kulturmensch wie der Dolinar dennoch bestenfalls Mitleid verspürt, weil der Gegenwert ihrer Arbeit, sogar in der Summe, für ihn nicht heranreicht an jedes beliebige Gemälde von Rembrandt.

Für den Dolinar gibt es keine Grautöne, sondern nur gesättigtes Weiß und lichtschluckendes Schwarz, Frauen und Männer, Kunst und Mathematik, Vergangenheit und Zukunft, Dinge, die wertvoll, und Dinge, die belanglos sind. Seine Welt besteht aus Kontrasten, und der Kontrast zwischen Kultur und Naturwissenschaft ist für ihn um nichts weniger scharf als der zwischen Gut und Böse oder zwischen Ja und Nein.

Wenn der Gruber also alle paar Jahre einen Schüler findet, der ein Talent für Mathematik oder Informatik hat und dennoch an dieser Schule gelandet ist, wo drei lebende Fremdsprachen und Latein verpflichtend sind, schreibt der Dolinar diesen Schüler für sich ab.

Till bleibt die ersten beiden Schuljahre vergleichsweise unbehelligt. Würde man die Tage addieren, die andere aus seiner Klasse mit Strafaufsätzen verbracht haben, die Unterrichtsminuten, die vom Dolinar aufgewendet wurden, um sie fertigzumachen, ist Till einer derjenigen, die am besten davongekommen sind.

Erst in der dritten Klasse findet Tills angenehmes Leben im Hintergrund ein Ende.

7

Es beginnt damit, dass Französisch als Fach dazukommt. Das ist das erste Unheil, denn im Gegensatz zu Englisch, Deutsch und Latein, wo sich Till tatsächlich, wie es der Note entspricht, *befriedigend* schlägt, in Latein manchmal sogar *gut*, ist er, laut Dolinar, in Französisch «eine Null» und muss, ohne dass sich an seinem Verhalten sonst etwas geändert hätte, ab der allerersten Schularbeit im Oktober die Konsequenzen tragen.

Das zweite Unheil nimmt seinen Anfang in etwas Schönem: Till hat einen Freund gefunden. Georg geht in Tills Parallelklasse, verbringt seine Nachmittage ebenfalls im Informatiksaal, schneidet wie sein großes Vorbild Rafael Nadal die Ärmel aller T-Shirts ab und hat sehr viel Zeit. Wenn in der Dolinar-Klasse das zweite Studium stattfindet, also zwischen 16 Uhr 15 und 17 Uhr 30, haben Georg und seine Mitschüler eine zweite Freizeit. Sie können nach Belieben im Park Fußball spielen oder in den Informatiksaal gehen, so wie sie anscheinend alles machen können, wovon die Dolinar-Kinder träumen.

Während Till an einem Dienstag um zwei noch immer in der Klasse sitzt, weil der Dolinar die Stunde auch nach 25 Minuten nicht beendet, sondern sie weiter die Opern von Rossini und Bellini abprüft, installiert Georg heimlich Age of Empires 2 auf den ganz im Eck stehenden Computern des Informatiksaals.

Während Till einen kleinen Strafaufsatz schreibt, weil die Namen Rossini und Bellini für ihn so aussehen, als wären sie Spiegelungen voneinander, und er sich deshalb nicht merken kann, nach welchem von beiden ein Steak benannt ist, wartet Georg auf ihn im Informatikraum. Und nachdem sie eine halbe Stunde gegeneinander gespielt haben und Till zurückmuss, um weiter Hausaufgaben zu machen, Raimunds *Verschwender* zu lesen oder irgendein anderes Buch, von dem er nicht sagen könnte, ob er es nicht versteht oder ob es ihn nur nicht interessiert, recherchiert Georg neue Mods, die sie ausprobieren können, und schickt sie Till, der ihm verstohlen antwortet, das Handy hinter dem Reclam, das er zu lesen vorgibt, zusätzlich vor Blicken geschützt durch einen strategisch an der Kante des Tischs platzierten Bücherstapel, immer bereit, innerhalb einer Millisekunde zu reagieren, sollte der Dolinar plötzlich aufstehen.

Die Freundschaft zu Georg ist besonders, weil sie alles ausschließt, was sie eigentlich beinhalten sollte: sich selbstverständlich zueinander umzudrehen, wenn eine Arbeit in Zweiergruppen ansteht, nebeneinanderzugehen, wenn der Dolinar seine Klasse im Gänsemarsch zum Mittagessen führt, einander im Unterricht zu helfen und über die Lehrer zu schimpfen. Und obwohl Georg und Till nur eine halbe Stunde pro Tag miteinander verbringen, nur in den Turnstunden gemeinsam Unterricht haben und die unüberbrückbare Differenz ihrer Erfahrungen zwischen ihnen steht, weil Georgs Lehrer weitgehend normale Menschen sind, werden sie, soweit das eben möglich ist, Freunde.

Sie haben zwei gemeinsame Orte: den Informatiksaal, wo der Mathematiklehrer Gruber ihnen erlaubt, Age of Empires 2 zu spielen, obwohl die Installation von Programmen generell und Spiele, die das wiederholte Drücken bestimmter Tasten erfordern, verboten sind, und die Turnstunden beim Professor Betsch, in denen sie Gänseblümchen pflücken gehen.

Der Turnlehrer Betsch sieht nicht nur aus wie aus einer Neunzigerjahre-Doku von Elisabeth T. Spira, mit ledrig gebräunter Haut, als würde er den ganzen Sommer nackt auf der Donauinsel Fahrrad fahren, er gehört auch sonst zur alten Schule. Er lässt keine Leichtathletikübungen durchführen, kein Weitspringen, keinen Staffellauf, kennt keinen Lehrplan. Er lässt die Klasse entweder Liegestütze machen und laufen, oder – und das kommt deutlich öfter vor – er nimmt zwei Fußbälle und einen Basketball, wirft sie den Schülern hin, setzt sich auf eine Bank, von der aus er alles gut überblicken kann, und kaut, seit er dort nicht mehr rauchen darf, Nikotinkaugummis.

Bevor der Betsch ans Marianum kam, war er Turnlehrer in einer anderen katholischen Privatschule, dem Kollegium Kalksburg, gewesen und hatte dort Ende der Achtziger einen Schüler unterrichtet, der ihm unglaublich höflich, aber auch unglaublich direkt erklärte, er könne mit den beiden Optionen, Fußball und Basketball, nichts anfangen und müsse seine Zeit anders verbringen.

«Wissen Sie, sehr geehrter Herr Professor Betsch», soll der Schüler gesagt haben, so erzählte der Betsch jedenfalls die Geschichte, «das Dilemma, dem eine wahrhaft allgemeine Bildung nicht entkommen kann, liegt in der Unvereinbarkeit ihrer Ziele mit den Neigungen und Talenten der Schüler. Anders gesagt: Wären die Rollen zwischen Ihnen und mir vertauscht und ich der Lehrer eines Fachs, das Ihnen nicht liegt, von dem Sie zudem schon wissen, dass es in Ihrem weiteren Leben keine Rolle mehr spielen wird, dann würde ich versuchen, Ihnen einen Freiraum zu verschaffen. Ich würde zum Beispiel sagen, Sie dürfen auf den Gang gehen und dort Liegestütze machen, wenn Sie nicht mehr ruhig sitzen können. Sie verstehen inzwischen sicher, worauf ich hinauswill: Ich brauche eine dritte Option neben Fußball und Basketball, die mir erlaubt, dem nachzugehen, was in meinem Leben wichtig sein wird, und ich kann zu diesem Zeitpunkt bereits ausschließen, dass Ballsport dafür in Betracht kommt.»

Dieser Schüler, von dem der Betsch meint, er habe das alles *genau so* gesagt, war Daniel Kehlmann, damals zwölf Jahre alt, und weil der Betsch die Geschichte schon seit Jahrzehnten erzählt und immer weiter ausschmückt, hat er tatsächlich vergessen, was einmal ihr wahrer Kern war und in welchem Missverhältnis dieser wahre Kern zu seiner Version steht. Trotzdem verdanken Till und Georg Daniel Kehlmann, dass es für sie eine dritte Option gibt, neben den beiden Ballsportarten, dass sie Gänseblümchen pflücken gehen können, was im Grunde bedeutet, sie können machen, was sie wollen, solange sie sich dabei im Park aufhalten und nicht zu auffällig in ihre Handys schauen.

Ende Oktober, bevor es kalt genug ist, um in die Turnhalle zu übersiedeln, aber schon zu kühl, um in kurzer Hose und T-Shirt herumzusitzen, sodass Till und Georg sich beim Gänseblümchenpflücken tatsächlich bewegen müssen, um nicht zu frieren, beschließen sie, einen Plan in Angriff zu nehmen, über den sie schon lange geredet hatten. Sie drehen eine große Runde im Park, feilen an einstudierten Worten, schweifen aber jedes Mal in Träumereien ab, wie schön es sein könnte, ginge ihr Wunsch in Erfüllung.

Professor Betsch sitzt währenddessen auf seiner Bank und sieht sich auf dem Handy ein Video an, in dem Toni Polster zu mehr Toleranz aufruft und sagt, dass jeder so sein soll, wie er möchte, egal ob schwul oder *lllesbisch* oder, so wie er selbst, hundertzwanzig Prozent hetero.

Als Georg und Till ihn nach der Stunde beim Raucher-eck abpassen und ihm erklären, dass ihre Klassen jeweils eine ungerade Anzahl an Schülern haben und beim Skikurs deshalb ein Doppelzimmer übrig bleiben wird, in dem ein Schüler aus der A- und einer aus der B-Klasse gemeinsam übernachten müssen, lächelt er nur. Betschs erste sexuelle Erfahrung geht zufällig ebenfalls auf einen Skikurs zurück, mit drei anderen Buben, und als Till und Georg ihm vorschlagen, sie könnten sich ein Zimmer teilen, nimmt er sofort an, die beiden hätten Ähnliches im Sinn.

Im Gegensatz zu seiner Gruppenmasturbation damals, die er unverfänglich findet, weil alle daran Beteiligten heterosexuell waren, geht der Betsch bei Till und Georg davon aus, sie seien schwul, so wie er es beim Kehlmann immer dachte und bei allen anderen, denen er erlaubt, Gänseblümchen zu pflücken und Liegestütze mit überkreuzten Beinen zu machen, und er fühlt sich sehr fortschrittlich, als zu hundertzwanzig Prozent heterosexueller Mann so empathisch mit seinen schwulen Schülern umzugehen.

Dieses neue Gefühl, das er Toni Polster verdankt, weil der auf den Punkt gebracht hat, was er selbst sich schon lange gedacht hatte, ohne es so treffend formulieren zu können, beflügelt den Betsch für mehrere Tage, und in der nächsten Turnstunde, als sie alle gemeinsam Liegestütze machen, sagt er, um dieser neuen Fortschrittlichkeit auch sprachlich Rechnung zu tragen, extra *Frauenliegestütze* zu dem, was Till und Georg und die anderen Unsportlichen machen, und nicht *Homoliegestütze*, wie früher.

Georg und Till reisen mit riesigen Koffern, riesiger Vorfreude und einem mittelgroßen Gefühl der Unsicherheit zum Skikurs. In den Koffern transportieren sie Laptops und

Mäuse, LAN-Kabel, Kopfhörer und zwei Holzgestelle von Ikea, die Georgs Mutter gehören und für Frühstück im Bett gedacht sind, mit denen es aber auch möglich sein sollte, liegend AOE2 zu spielen.

Sie spielen zwischen dem Skifahren und dem Abendessen, zwischen dem Abendessen und der Nachtruhe und bis tief in die Nacht, völlig unbehelligt durch die Patrouillen der Turnlehrer, die ab zehn die Gänge entlangschleichen und mit den Vergehen der anderen Schüler – dem Rucksack voller Campari-Soda, den sie konfiszieren, dem Flascherl Poppers, das sie neben drei Jungs im Zimmer von zwei Bulgarinnen finden – so beschäftigt sind, dass sie sich nicht für das magere blaue Licht, das Schnaufen der erhitzten Laptops und das gedämpfte Flüstern aus Tills und Georgs Zimmer interessieren.

Sie spielen gegeneinander über das LAN-Kabel. Till wählt die Maya und Georg die Azteken, irgendwann wechselt Till zu den Wikingern und Georg zu den Franken, dann lassen sie beide den Zufall entscheiden, welches Volk sie spielen. Manche Matches dauern 45 Minuten, und es kommt ihnen trotzdem vor wie ein einziger Wimpernschlag, andere enden schon in der Dunklen Zeit, weil sie beide so aggressiv, so yolo an die Sache herangehen. Sie spielen 2v2 gegen andere über das gelegentlich aussetzende WLAN des Jugendsportheims, dann wieder gegeneinander über das LAN-Kabel, spielen die Nacht durch, schlafen beim Skifahren fast ein und im Sessellift tatsächlich, freuen sich den ganzen Tag darauf, am Abend wieder spielen zu können, spielen, bis ihre Laptops glühen, spielen so viel, dass Till zum ersten Mal das Gefühl hat, zusehen zu können, wie er besser wird, wie Sachen, die er monatelang nicht geschafft hat, plötzlich von selbst gelingen.

In der ersten Französischstunde nach dem Skikurs kommt der Dolinar früher als sonst, schon zehn Minuten nach Beginn der Stunde, in die Klasse, setzt sich auf seinen Platz und sagt eine Ewigkeit lang nichts. Er sieht abwechselnd Till und dessen Mitschüler Johannes Steiner an, kneift die Augen zusammen und sagt: «Ich hatte gerade ein sehr interessantes Gespräch mit dem Herrn Professor Betsch ...»

8

Es gibt ein Limit dafür, wie oft man ein Wort aussprechen kann, bis es seine Bedeutung verliert und nur noch aus einzelnen abstrakten Lauten besteht. Till soll einen Absatz vorlesen, kommt aber nie über das erste Wort hinaus, er verbringt eine ganze Schulstunde mit diesem Wort, während 24 andere Kinder ihm zuhören.

«L'Oiseau», sagt der Dolinar.

«Lö Oseau», antwortet Till.

«Oa», sagt der Dolinar. «Oaso!»

«Aseau», antwortet Till.

«Oaseau», schreit der Dolinar.

«Osoa», wiederholt Till unter Gelächter.

«Plural», sagt der Dolinar.

«Lö soaseaus», sagt Till.

«Leh», bessert der Dolinar ihn aus. «Les oiseaux.»

«Lösoasos», sagt Till.

«Und du glaubst, dir was erlauben zu können?», fragt der Dolinar, als die Glocke zur nächsten Stunde läutet. «Du? Bringst keinen geraden Satz auf Französisch raus, aber glaubst, du kannst mit irgendwelchen A-Klasslern die ganze Nacht aufbleiben? Das war's jetzt mit deinen Spompanadeln,

Kokorda. Du kannst deine Freind am Obend treffen, aber nicht in der Schulzeit und sicher ned am Skikurs!»

Es gibt natürlich keine Liste, die darüber Auskunft gibt, wer es in der Dolinar-Klasse am schwersten hat, aber man könnte eine solche Liste anfertigen. Man könnte mit den psychologischen Strafen beginnen, mit Amir Khakpour, der ganz hinten auf einem Einzelplatz sitzt, mehr als zwei Meter hinter seinen Vorderleuten. Man könnte alle Schülerinnen und Schüler individuelle Listen anfertigen lassen und diese dann in einer Masterliste zusammenführen. Es gäbe zwar Diskrepanzen, denn die meisten Kinder würden sich selbst höher reihen als ihre Mitschüler, weil ihnen das eigene Leid näher ist als das der anderen. Dennoch stünden auf den ersten Plätzen bei allen dieselben Namen: Khakpour auf der 1 und dahinter, in unterschiedlicher Reihenfolge, Palffy, Steiner, Ertl, Blindstein und Ghisetti. Jeder von ihnen hat Anteile von Harry, Ron und Hermine, ist entweder klug und rebellisch oder doof und loyal oder verbringt als Einserschülerin ihre Zeit mit Kindern, die der Dolinar als schlechten Umgang erachtet.

Bis zur dritten Klasse hätte Till in allen imaginierten Listen auf einem der hintersten Ränge gestanden, vielleicht wäre er sogar vergessen worden oder zumindest einer derjenigen gewesen, deren Namen erst fallen, nachdem alle schon dachten, die Liste sei komplett, beim Durchzählen aber merken, dass doch noch jemand fehlt.

Durch Französisch ist Till von den Plätzen 22 bis 25 auf die Plätze 12 bis 17 vorgerückt.

Nach dem Skikurs lernt er, wie es ist, für einen Moment ganz oben zu sein.

9

Eine Scheidung ist wie eine Schachtel Pralinen, nur kann man bei Pralinen meistens relativ gut abschätzen, welche einem schmecken werden und welche nicht, während bei Scheidungen immer die Chance besteht, Pech zu haben. Pech ist zum Beispiel, dass Tills Mutter am Tag vor der Unterzeichnung des Scheidungsvertrags mit ihrem um einige Jahre jüngeren Arbeitskollegen Händchen haltend auf der Praterstraße gesehen wird und Tills Vater ihr daraufhin die einvernehmliche Scheidung verweigert, was zu vielen weiteren Komplikationen führt, denn eine Scheidung, die vor Gericht ausgefochten wird, ist, wie gemeinsam um eine Schachtel Pralinen herumzusitzen und zuzusehen, wie jede einzelne von Anwälten in der Mitte durchgeschnitten und einer Seite zugeteilt wird, heißt: sich darüber streiten, wie man Marzipan in Karamell umrechnet, Verpflichtungen in Urlaubswochen, Geld in Zeit.

Aus Tills Perspektive ist der neue Liebhaber seiner Mutter dennoch ein Glück, denn statt abends Arte zu schauen und Till zu fragen, wie sein Tag war, geht seine Mutter jetzt ins Kino oder tanzen; sie kommt erst spät in der Nacht zurück und manchmal gar nicht, schiebt Till nur sachte ins Bett, wenn er um zwei Uhr früh noch vor seinem PC sitzt, und behandelt ihn auch sonst immer mehr wie einen selbstständigen Mitbewohner und nicht wie ein Kind.

Tills Mutter sucht sich neue Beschäftigungen, und Tills Vater macht das, was Väter gerne tun, wenn sie ihre Kinder einige Zeit vernachlässigt haben, nämlich sich plötzlich sehr vehement in deren Leben einzumischen und ihnen zu sagen, was sich alles ändern muss. In Tills Fall geht es darum, wie viel Zeit er vor Bildschirmen verbringt, wie er sich ernährt, wer seine Freunde sind, wie wenig er sich für Sport interessiert, wie wenig Sport er macht und wie ungern er liest.

Weil sein Vater Steuertricks anwendet, um weniger als die ursprünglich vereinbarten Alimente zu bezahlen, beschließt seine Mutter, Till in den Semesterferien nicht mit ihm auf Skiurlaub fahren zu lassen. Es ist ein Dienstagabend, als sie ihren Ex-Mann darüber informiert. Till, der dienstags bei seinem Vater übernachtet, hört also nicht, wie sie es ihm sagt, sondern nur, was sein Vater im Gegenzug ins Telefon brüllt, nämlich dass diese Entscheidung das größte Verbrechen darstellt, das je an Till begangen wurde, den endgültigen Beweis, dass sie als Mutter keinerlei Interesse an Tills Wohl habe, dass sie, im Gegenteil, nur noch an die Erfüllung ihrer eigenen, immer schon egoistisch gewesenen Sexualität denke, obwohl *dieses Kind*, wie er Till nennt, nichts dringender brauche als eine Woche ohne Computerspiele, ohne seine Mutter und mit viel Bewegung.

Das größte Maß an Freiheit gab es in Tills Leben zwischen seinem achten und seinem zehnten Lebensjahr, an den goldenen Nachmittagen, als seine Mutter gerade wieder begonnen hatte, Vollzeit zu arbeiten, und Till früher aus der Volksschule nach Hause kam als sie. Er sperrte selbst die Tür auf, wärmte das Essen auf dem Herd, spielte Xbox, aß, sah fern, löffelte zum Dessert so viel Vanillepudding direkt aus dem Becher, bis ihm ein bisschen schlecht wurde. Er schaute zwei Folgen *Malcolm Mittendrin* und zwei Folgen *Simpsons* auf ORF1 und setzte sich schließlich kurz vor sechs an die Hausübungen. Wenn seine Mutter ihn beim Heimkommen dort sitzen sah, lächelte sie, streichelte ihm über den Kopf und dachte immer wieder daran, wie oft sie von ihrem Mann und etlichen anderen Menschen gehört hatte, man könne ein Kind nicht einfach so den ganzen Nachmittag allein lassen.

Dass Freiheit erst sichtbar wird, wenn sie fehlt, ist keine neue Erkenntnis. Neu ist sie nur für diejenigen, die plötzlich – sei es mit 12 Jahren oder mit 21 oder noch später – bemerken, dass ihr Leben immer mehr von Aufgaben bestimmt wird, deren Erledigung ihnen keine Freude macht, und die daraufhin erstmals darüber nachdenken, wie frei sie früher waren. Für Till verweist die Woche Freiheit, die er nicht mit seinem Vater verbringt, während der seine Mutter arbeiten geht und abends meistens noch etwas unternimmt, diese Woche, in der er seine Schultasche kein einziges Mal öffnet, auf die goldenen Nachmittage seiner Volksschulzeit, obwohl diese Nachmittage daraus bestanden, sich völlig dem Selbstverlust zu ergeben, während die Semesterferien seinen Fokus schärfen.

10

Till hat einige Hobbys ausprobiert. Er hatte Klavierunterricht, ist Tischtennis spielen gegangen, in den Judokurs und zu den Pfadfindern, und in seinem Zimmer kann man die Relikte all dieser Hobbys sehen: die zerfledderten Noten in seinem Bücherregal, den Judoanzug mit dem weiß-gelben Gürtel ganz unten im Kleiderschrank und, am offensichtlichsten, das Teleskop, das sein Vater ihm letztes Jahr in der Hoffnung geschenkt hat, Astronomie könnte vielleicht Tills Hobby werden, hätte er nur ein eigenes Teleskop.

Keiner dieser Beschäftigungen ist Till aus eigenem Antrieb nachgegangen, aber was heißt das schon, *aus eigenem Antrieb*? Wie soll er wissen, ob das kurze Aufflackern eines

Interesses, das er spürt oder eben nicht, das ihn dazu bringt, bei etwas mitzumachen oder eben nicht, und der vorbeihuschende Schatten der Gleichgültigkeit, der ihn wieder aufhören lässt, Spiegelungen der Welt um ihn herum sind oder tiefere Hinweise darauf, was er wirklich will?

Tills Eltern kennen sich nicht gut genug aus, um einen Unterschied darin zu sehen, ob ihr Sohn mit dem Xbox-Controller in der Hand in seinem Sitzsack liegt und Radio Los Santos hört, während er auf einer Motocross-Maschine durch die Wüste fährt, oder ob er in völliger Stille stundenlang durch die Berge Alaskas reitet, um einen legendären Grizzly zu jagen, zu zerlegen und seine Einzelteile zu verkaufen.

Sie haben kein Gefühl dafür, ob er sich gerade mitten in einem Onlinematch oder an der zentralen Stelle einer Mission befindet, wenn sie sein Zimmer betreten und ihn bitten, kurz auf Stopp zu drücken, oder ob er nur so vor sich hin spielt, Menschen ersticht und über die Dächer von Damaskus flüchtet.

Ja, Tills Eltern könnten nicht einmal den fundamentalen Unterschied zwischen RTS-Spielen wie League of Legends, Dota oder Age of Empires erkennen, bei denen Till aufrecht an seinem PC sitzt und hoch konzentriert spielt, unfähig, einen anderen Gedanken zu fassen, weil er jede Sekunde in Echtzeit strategische Entscheidungen treffen und ausführen muss, und den Open-World-Spielen auf der Xbox, die ihm ermöglichen, sich treiben zu lassen.

Tills Eltern haben selbst nie irgendein Computerspiel genug verstanden, um Spaß daran zu haben, oder nie genug Spaß daran entwickelt, um es verstehen zu wollen. Sie sprechen über Computerspiele, wie jemand, der nicht lesen kann, über Bücher spricht, und ihre Sorgen unterscheiden sich kaum von den Sorgen derjenigen, die zur vorletzten Jahrhundertwende ins Kino gingen und fürchteten, der Zug könne aus der Leinwand über sie hinwegrollen.

Trotzdem kauft Tills Mutter ihm GTA und Red Dead Redemption, denn auch die meisten anderen Eltern kaufen sie ihren Kindern, obwohl beide erst ab 18 freigegeben sind, und sie ist sich, auch wenn sie auf Ö1 immer wieder Gegenteiliges hört, sicher, dass Gewalt in Computerspielen nicht zu realer Gewalt führt, denn in Tills Wesen liegt keine Spur von Brutalität.

Erst als sie kurz vor den Semesterferien, ohne zu wissen, warum, abends vor seiner offenen Tür stehen bleibt und ihm einige Minuten zuschaut, statt gleich in ihr Zimmer zu gehen, kommen ihr Zweifel. Sie sieht, wie die von Till gelenkte Figur aus dem Spital entlassen wird, sich Waffen besorgt und wahllos auf Passanten zu schießen beginnt, auf Polizisten, die ihn zu stoppen versuchen, auf Sanitäter und Feuerwehrleute, sieht, wie er Granaten in Menschenmengen wirft, mit der Bazooka auf Polizeihubschrauber und FBI-Mannschaftswägen schießt, bis er irgendwann stirbt. Und wieder aus dem Spital entlassen wird und von vorne beginnt, auf die erstbesten Menschen zu schießen.

Das Missverständnis, das seitdem zwischen Till und seiner Mutter besteht, basiert darauf, dass sie seine digitalen Amokläufe als schlechtes Zeichen deutet, weil sie fürchtet, sie hingen mit der Scheidung zusammen, während er den Gedanken, spräche seine Mutter ihn aus, gar nicht verstünde, weil für ihn außer Frage steht, dass er seine Zeit nur dann mit bereits durchgespielten Open-World-Spielen verbringt, in denen er keine Missionen erledigt, sondern nur Dinge macht, die man in der echten Welt nicht machen darf, wenn er, für alles andere zu erschöpft, von der Schule nach Hause kommt.

In den Semesterferien verlagert sein Fokus sich vollkommen auf Age of Empires 2. Er spielt *ranked*, also auf einer nach ELO geordneten Rangliste gegen andere ihm zufällig zugeteilte Spieler seines Niveaus, und nicht gegen Georg, der mit seinen Eltern nach Hintertux gefahren ist. Er spielt auf seinem PC, der gerade so die Mindestanforderungen erfüllt, damit Dota oder League of Legends darauf laufen, der aber für ein zwanzig Jahre altes Spiel wie Age of Empires ein Mercedes ist, ein Ferrari, verglichen mit den Rikschas im Informatiksaal, und steigert seine ELO innerhalb einer einzigen Woche um unglaubliche dreihundert Punkte.

Am Anfang haben Georg und er wie Kinder gespielt. Sie spielten die Kampagnen, sie verwendeten Cheats für alles, was zu erreichen eigentlich harte Arbeit sein sollte. Sie tippten *aegis* in den Chat, und schon war jedes Gebäude mit einem einzigen Hammerschlag errichtet, sie tippten *marco* und *polo* und hatten die ganze Karte erkundet, holten sich durch Cheats riesige Mengen der vier Ressourcen, tippten *how do you turn this on* und erschufen blaue Shelby Cobras mit Maschinengewehren, die alles niedermähen.

Mit Cheats zu spielen ist wie Motorboot fahren, es macht sofort Spaß, wird aber schnell wieder fad. Dann muss man sich entscheiden: Bleibt man für den Rest seines Lebens ein Motorbootmensch, jemand, für den Glück darin besteht, auf einen Knopf zu drücken und sofort eine Wirkung zu sehen, oder lernt man segeln und fängt wieder ganz von vorne an.

Till und Georg lernten bald segeln, erarbeiteten sich ein Grundlagenwissen darüber, wie man die ersten paar Dorfbewohner auf Ressourcen verteilen sollte, dass man zuerst nur Nahrung sammelt, dann Holz und erst danach irgendwann Gold und Steine. Sie begannen, einzelne Völker immer wieder zu wählen, die Teutonen wegen ihrer Elite Teutonic Knights oder die Perser wegen ihrer Kriegselefanten, ohne zu bedenken, dass beide Einheiten zwar cool aussehen, aber nur in ganz wenigen Situationen die richtige Wahl sind. Sie wurden Amateure.

Georg war immer deutlich besser als Till, denn Georg konnte nicht nur jeden Nachmittag doppelt so lange AOE2 spielen wie Till, sondern übte auch an den Abenden, wenn Till kaputt in seinem Sitzsack lag und versuchte, alle Mega-Jumps bei GTA zu finden. Und wenn er wieder einmal gewonnen hatte, erklärte er Till seine Fehler: «Du hättest nicht so viele scouts producen sollen, wenn du schon siehst, dass ich gewalled bin! Das hat deine Castle-Time ur verzögert, und ich musste meinen Vorsprung bei den vils dann nur noch weiter ausbauen.»

Wenn Georg und Till über Age Of Empires reden, sagen sie nicht Dorfbewohner oder Plänkler, sondern *vil* oder *skirm*, denn das ist ja die Schönheit des Englischen: Man kann alles abkürzen und wird trotzdem verstanden. Statt Town Center sagt man TC, statt Cavallery Archer CA, während man im Deutschen Dorfzentrum oder Berittener Bogenschütze ebenso wenig abkürzen kann wie Schularbeit oder Konferenzzimmer.

Mag sein, dass Till und Georg wissen, was eine Reuse ist, vielleicht hat Till den Begriff sogar in seinem Fremdwörterheft stehen, weil er bei *Undine* vorgekommen ist. Das Wort fish-trap verstehen sie aber auf jeden Fall, und statt Reuse zu sagen, übersetzen sie es als Fisch-Falle zurück ins Deutsche.

«Hast du ihn gescoutet?» ist für sie ein normaler deutscher Satz. «Hast du ihn erspäht?» So spricht man vielleicht beim

Dolinar, der von seinen Schülern verlangt, König wie Könich und übrig wie übrich auszusprechen. Aber nirgendwo sonst.

Praktisch am Englischen sind auch die Verben, mit denen sich so viel gleichzeitig sagen lässt. Man sagt «He's going castle», wenn man sieht, dass der Gegner versucht, in die Ritterzeit voranzuschreiten. Man sagt «He's going cav», wenn man erkennt, dass er vorhat, auf Kavallerieeinheiten zu setzen. Und so sagen auch Till und Georg: «Er geht castle.» Oder: «Er geht auf ranges.» Und nicht: «Er schreitet in die Ritterzeit voran.» Oder: «Er setzt vornehmlich auf Einheiten aus der Schießanlage.» Sie denken sich absolut nichts dabei, wenn sie Formulierungen verwenden wie: «Das hat mein Scout gescoutet.» Oder: «Du musst seine Trebs trebben!» Oder wenn sie zur Karte Mappe sagen oder zum Eber Eboar, weil der Übergang zwischen Deutsch und Englisch für sie nahtlos ist.

Till und Georg sind es ohnehin gewohnt, falsch zu sprechen. Einer der wenigen Grundsätze, auf den sich alle Autoritätspersonen in ihrem Leben einigen können, besteht darin, dass Anglizismen eine Verfallserscheinung darstellen und möglichst unterbunden werden sollten. Trotzdem gelten dabei sehr unterschiedliche Maßstäbe.

Georg wird es als Fehler angestrichen, bei der Schularbeit als Witz «Sie haben das nicht gegettet» zu schreiben. Till wäre für eine solche Formulierung zwei Monate eingesperrt worden. Denn wenig überraschend verurteilt der Dolinar Anglizismen extremer als seine Kollegen.

Bei ihm ist keine Rede davon, englische Verben im Deutschen mit neuen Flexionsformen zu versehen, er wehrt sich schon gegen die Aufnahme von Ausdrücken wie checken und shoppen in den allgemeinen Sprachgebrauch und kann sich stundenlang über die Formulierung *Das macht Sinn* aufregen. Er ärgert sich, sie in der Zeitung zu lesen oder in der U-Bahn zu hören, er freut sich aber auch insgeheim darüber, weil solche Fehler ihm ermöglichen, jemanden zurechtzuweisen, sich überlegen zu fühlen: «Weil Sinn nur ergeben und nicht gemacht werden kann.»

Wenn man, wie Till bei der letzten Schularbeit, die Formulierung gleich drei Mal in einem Text gebraucht, streicht der Dolinar sie so wütend an, dass der rote Fineliner sich durch das Papier frisst, und benotet die gesamte Arbeit um einen Notengrad schlechter.

Den Dolinar-Schülern ist klar, dass die Regeln, nach denen sie sprechen und schreiben müssen, willkürlich sind, aber sie wehren sich nicht, so wie sie sich auch sonst nicht wehren, weil sie keine Möglichkeit sehen, mit ihrem Widerstand erfolgreich zu sein. Sie sagen «Egipten», weil der Dolinar überzeugt ist, dass «Ägüpten» falsch sei, und als er mit jemandem spricht, der ihn vom Gegenteil überzeugt, und daraufhin festlegt, dass ab jetzt «Ägüpten» die richtige Aussprache sei, folgen sie ihm, und als der Dolinar nach zwei Wochen zurückrudert und verlauten lässt, dass seine Quelle nicht zuverlässig gewesen sei, sagen sie eben wieder «Egipten».

Sie akzeptieren, dass Sprachbilder unerwünscht sind, dass man nicht schreiben darf: *Sie hechtete aus der Schussbahn*, denn hechten können nur Hechte. Viele von ihnen kommen irgendwann zu dem Ergebnis, dass sie Sprache als Ganzes nicht mögen. Sprache ist Arbeit, Sprache ist Unterricht. Sprache ist das unauflösliche Dilemma zu reden wie ein Österreicher, aber sprechen zu sollen wie ein Deutscher: Namen mit Artikeln zu versehen, das Perfekt zu bevorzugen, *eh* und *fix* und all die anderen kleinen Wörter zu benützen, die der Dolinar so hasst.

Sprache legt gleichzeitig fest, dass Till kein richtiger Österreicher ist, weil er nicht Dialekt spricht, sondern eine verwässerte Wiener Umgangssprache, «eine Mischkulanz aus Ahnungslosigkeit und deutschem Seriengequatsche», wie der Dolinar es nennt, weil Till *ghabt* und *ghört* sagt, aber H. C. Artmann nicht authentisch vorlesen kann. Und Sprache ist auch, nie darauf hinweisen zu können, dass der Dolinar seinen Ansprüchen selbst nicht gerecht wird, weil er ebenso wenig Standarddeutsch spricht und keinen richtigen Dialekt, sondern ein grotesk veraltetes Theaterdeutsch mit kärntnerischem Einschlag, eine individuelle Kunstsprache, bei der die Vokale offen gesprochen und bis zur Unkenntlichkeit gedehnt werden: das Deutsch eines italienischstämmigen Kärntners, der sich im 19. Jahrhundert für eine Stelle am Hoftheater von Hannover bewirbt.

Age of Empires braucht nicht viel Sprache. 1 heißt Ja, und 2 heißt Nein. 11 heißt *haha* und 1111 *hahaha*. Wenn Till kurz pausieren muss, drückt er F3, tippt *sry sec* in den Chat und fragt dann: *14*? Er wartet die 1 seines Gegners ab, bevor er zum Fortsetzen wieder F3 drückt. Wenn das Spiel vorbei ist, schreibt er *gg*, und wenn es ein besonders gutes war: *ggwp*. Und manchmal unterhält er sich danach noch mit seinen Gegnern, aber in den allermeisten Fällen ist ihr Englisch deutlich schlechter als seines, weil sie aus Vietnam, Chile oder Frankreich kommen, und auch wenn Till zufällig an einen der vielen Deutschen gerät, die von AOE2 angezogen werden wie die Motten vom Licht (und deren Nationalität man an Benutzernamen wie Dicke Bertha, Lord Metzgermeister oder Bulletchen erkennt), stellt es kein Problem dar, dass er Österreicher ist und kein Deutscher, dass er Wiener ist und kein Österreicher und dass er keinen Wiener Dialekt sprechen und keine Beistriche setzen kann.

Am Sonntag, bevor die Schule wieder beginnt, schreibt Till:
ich bin jetzt 1600+

Und Georg antwortet: *lol gtfo.*

Eine ELO von 1600, wie Till sie jetzt innehat, ist, um es positiv auszudrücken, mehr, als die allermeisten Menschen je erreichen. Eine ELO von 1600 bedeutet, in die obersten 5 Prozent aller Spieler weltweit aufzusteigen, aber gleichzeitig von den Pros genauso weit entfernt zu sein wie vom Durchschnitt. Es bedeutet, dass man Dutzende *hotkeys* internalisiert hat, mehrere grundlegende *build orders* auswendig kennt und in der Lage ist, die Strategie des Gegners zu erkennen und auf sie einzugehen.

Man könnte aber auch sagen, eine ELO von 1600 ist circa so, wie auf Lehramt studiert zu haben. Es bedeutet, dass man andere mit seinem Wissen beeindrucken kann und nicht lügt, wenn man sagt, dass man sich auskennt, aber sobald man mit jemandem redet, der wirklich vom Fach ist, einem echten Germanisten, einer echten Historikerin, einem 2K+Player, erscheint alles, was man zu wissen glaubte, unzureichend, veraltet und kindisch.

Die Bedeutung dessen, was mit Till während der Semesterferien passiert ist, zeigt sich aber erst im Nachhinein, denn dass er eine Woche lang vollkommen auf Age of Empires reinkippen kann, ist an sich kein Wunder. Dass er danach so weitermacht, dass er, auch als sein Stresslevel wieder zu steigen beginnt, nicht mehr auf die Xbox und seine Open-World-Games zurückfällt, sondern sich jeden Abend an den PC setzt, um etwas zu machen, das ebenso viel Konzentration erfordert wie sein restlicher Tag, ist die Neuerung.

Wenn er nach Hause, also in die Wohnung seiner Mutter kommt, fährt er als Erstes seinen PC hoch und öffnet AOE, oft bevor er am Klo war oder einen Schluck Wasser trinkt. Er spielt ein Match und noch eins, merkt nicht, dass er durstig ist oder pinkeln muss, denkt: Nach dem nächsten Match geh ich was trinken. Und spielt trotzdem gleich noch eins. Merkt nicht, wie drei Stunden vergehen, vergisst seinen Durst und seinen Hunger, spielt noch eines und noch eines. Bis irgendwann seine Mutter im Zimmer steht und er, völlig davon überrascht, ein Mensch zu sein, nicht fassen kann, dass außerhalb seines Bildschirms der eigentlich dreidimensionale Raum liegt.

Tills Mutter bekommt von alldem naturgemäß wenig mit. Sie sieht nur, dass er aufgehört hat, mit einem SUV durch Fußgängerzonen zu fahren oder Frauen an Seilen hinter seinem Pferd herzuschleifen, bis sie tot sind, sondern stattdessen auf seinem PC ein Gewusel aus winzigen Einheiten dirigiert, deren Verderben wegen der mittelalterlichen Rüstungen und der geringen Größe in ihren Augen harmlos wirkt: als hätte Till vorher Katzen und Hunde umgebracht und erschlüge jetzt Gelsen und Fliegen, und sie freut sich darüber.

GTA ist wie Bier trinken. Es entspannt schon nach wenigen Minuten, enthemmt, wenn man den ganzen Tag nichts anderes tut. Jeder kennt und fast jeder mag es, aber seine Wirkungsweise zielt nicht auf Ekstase ab, sondern darauf, die Offenheit des eigenen Alltags zu erkennen. Red Dead Redemption, das Till mindestens genauso mag, ist wie kiffen. Es verlängert die Dauer jeder Handlung, es langweilt und sorgt gleichzeitig dafür, dass man keine Langeweile mehr empfinden kann, ermöglicht einem, sich komplett auf einen einzigen Aspekt der Welt zu konzentrieren.

Age of Empires ist wie Ayahuasca. Um an den Punkt zu kommen, wo es seine volle Wirkung entfaltet, muss man sich schon lange darauf eingelassen, gefastet und seinen Trip vorbereitet haben, aber sobald man einmal angefixt ist, möchte man nichts anderes mehr.

Wüsste Tills Mutter, dass es bei Computerspielen nie um Gewalt geht, sondern immer um Immersion, und brächte sie diese Erkenntnis damit in Verbindung, wie sie es empfindet, *in ein Kunstwerk einzutauchen*, in einen Haneke-Film oder ein Händel-Oratorium, dann könnte sie vielleicht nachvollziehen, warum Till sich zu etwas hingezogen fühlt, das ihm jeden Abend garantiert, was Kunst nur in ihren besten Momenten schafft. Unklar bliebe nur, ob dieses Wissen ihre Einstellung zu Computerspielen zum Positiven oder Negativen hin verändern würde, denn genau wie bei Drogen sind nicht die Nachteile das Gefährliche, sondern ihre Vorteile: dass sie einem helfen, das Leben zu vergessen und zu ertragen.

11

In der vierten Klasse stirbt Tills Vater. Später wird gesagt werden, es sei schnell gegangen von der Krebsdiagnose bis zum Tod, und an dieser Logik ist nicht zu rütteln: Er erkrankt, und dann stirbt er. Dennoch kommt es Till so vor, als sei keine Zeit in seinem Leben länger gewesen als diese Monate, die endlosen Abende in der Privatklinik Döbling, die nicht aussieht wie ein Spital, sondern wie ein geschmackloses Hotel, im grünen Turm vom AKH und später im roten, auf der Abteilung für Palliativmedizin, wo die Wände gelb gestrichen sind, um freundlich darauf hinzuweisen, dass dort kein Weg mehr rausführt.

Wenn Besucher kommen, setzt Tills Vater sich auf, lacht, macht Witze und strahlt bisweilen nicht nur die Hoffnung aus, wieder gesund werden zu können, sondern die Gewissheit, es zu schaffen, von der schon wenig später, wenn die Besucher wieder gegangen sind, nur noch eine eingefrorene Spur in seinem Gesicht übrig bleibt.

Er sinkt nach hinten und wird immer schweigsamer, sagt manchmal eine halbe Stunde lang nichts, so lange, bis Till wahllos Geschichten erzählt von Sachen, die in seiner Schule passiert sind, die er irgendwo gehört oder gelesen hat und die ihm alle egal sind, die er nur herunterrattert, weil er die Stille nicht erträgt.

Manchmal ist er richtig erleichtert, dass sie gemeinsam eine der vielen Sportübertragungen ansehen können, die Tills Vater auch sonst ansehen würde, Tennis, Skifahren, Fußball.

Im Dezember geht es Tills Vater wieder deutlich besser. Sein Tumor ist von der Größe eines Apfels auf die Größe einer Walnuss geschrumpft. Nach drei Monaten, in denen er immer schwächer, immer dünner und immer grauer geworden war, in denen ihm Till und seine Tante Essen mitbringen mussten, weil er das vom Spital nicht anrührte, und Till ihn jeden Dienstag und jeden Freitag und jedes zweite Wochenende besuchen kam, seine eigenen Interessen schleifen ließ, um Zeit für seinen Vater zu haben, beschließt dieser, praktisch im selben Augenblick, in dem es ihm wieder gut geht, Tills Schulgeld nicht mehr zu bezahlen.

Vorangegangen war dieser Entscheidung ein Besuch von Tills Mutter, das erste außergerichtliche Aufeinandertreffen seit über einem Jahr, und seine Mutter hatte Till zwar gefragt, ob es okay für ihn sei, wenn sie seinen Vater im Spital besuche, sich aber nicht davon abhalten lassen, es trotzdem zu tun.

Kurz vor Weihnachten sitzen sein Vater und er im Speisesaal der Privatklinik Döbling, sprechen leise, sprechen lauter, schreien einander an, und Till weiß schon bald danach nicht mehr, welche Worte genau gefallen sind. Es bleiben nur Bruchstücke hängen, Andeutungen dessen, was beide Seiten schon lange gefühlt haben müssen, dazu das Schnauben des Vaters, als Till eine Analogie zwischen dem Sport zieht, den sie gemeinsam schauen, und dem E-Sport, den er selbst ausübt, der Moment, als sein Vater das Wort *Versager* in den Mund nimmt.

An die SMS, die er seinem Vater eine halbe Stunde später aus der U-Bahn-Station Spittelau schreibt, wird er sich lange erinnern, knappe Worte, die er vor Zorn bebend in sein Handy tippt und abschickt: *arschlöcher wie du sollten keine kinder haben.*

Den 24. Dezember verbringt Till mit seiner Mutter. Sie kocht Brathuhn, Till öffnet das Paket, in dem nicht The Witcher 3 liegt, das er sich irgendwann gewünscht, aber schon längst wieder vergessen hat, sondern The Witness, ein Adventurespiel, das bloß ein bisschen ähnlich heißt, und als er seine Mutter umarmt und sich dafür bedankt, kommen ihm die Tränen. Dann sehen sie sich, wie immer zu Weihnachten, den Film *Muttertag* an, und als Tills Mutter ins Bett geht, setzt er sich an seinen PC und spielt Age of Empires gegen andere Menschen, die, aus welchen Gründen auch immer, am 24. Dezember online sind.

Am 25. muss er zu seinem Vater, sieht ihn das erste Mal seit Monaten außerhalb eines Spitals, muss zu seiner Tante und seinen Cousins, singt nicht bei den Weihnachtsliedern mit, freut sich nicht über sein Geschenk, einen Acer Predator G6, packt ihn nicht einmal aus und schafft es nicht, auf dem Gruppenfoto zu lächeln. Um halb zehn fährt er nach Hause und sieht seinen Vater danach drei Monate lang nicht.

Georg wird im Herbst an die Rahlgasse wechseln, eine öffentliche Schule mit eher bescheidenem Ruf, und auch Till träumt plötzlich davon, den Schulgeldstreit und alle anderen Probleme mit einem einzigen Schritt zu lösen, seine Nachmittage zurückzuerobern, mit Georg in eine Klasse zu gehen, den Dolinar nie wieder sehen zu müssen und für die vier Jahre Oberstufe unter normalen Menschen zu sein, Menschen, die sich, wenn man ihnen vom Dolinar erzählt, nicht vorstellen können, dass es wirklich noch solche Lehrer gibt.

Er sagt seiner Mutter, dass er auch auf die Rahlgasse möchte. Sie fragt den Dolinar, was er davon hält, und der Dolinar sagt ihr, das sei keine gute Idee.

In der nächsten Deutschstunde betritt er mit dramatischem Gestus die Klasse, legt seine Hand, wie es seine Art ist, mit der Handfläche nach außen auf den Hinterkopf, um inexistente, sich aufbäumende Haare sachte nach unten zu drücken, schaut auf den Boden und sagt: «Kokorda, du kummst mit.» Der restlichen Klasse gibt er eine Aufgabe und weist Till den Weg auf die gegenüberliegende Seite des Hofs zu jener Tür mit der Aufschrift *Besprechungsraum 3*, wo Till erwartet, was Dolinars Schülern als größtmögliche Strafe gilt: ein Einzelgespräch mit ihrem Klassenvorstand, aus dem es kein Entkommen gibt.

Dort, in diesem fensterlosen Kammerl, sitzen sie sich gegenüber, nur dreißig Zentimeter voneinander entfernt, und der Dolinar redet von Tills krankem Vater, von seiner Haltlosigkeit, der Notwendigkeit, dass Till die Matura macht, um später studieren und seine Mutter unterstützen zu können, und verbietet ihm, jemals die Schule zu wechseln.

Danach gehen sie zurück in die Klasse, Till wischt sich auf dem Weg die Tränen, so gut es geht, aus dem Gesicht, und der Dolinar demütigt noch etwas halbherzig zwei Schülerinnen dafür, bei ihren Wortanalysen Adjektive und Adverbien verwechselt zu haben, bis die Glocke zur nächsten Stunde läutet.

Im März ruft Tills Tante an und schlägt vor, dass sie seinen Vater gemeinsam besuchen. Till willigt ein, und sie sitzen zu dritt ein paar Stunden lang herum und unterhalten sich höflich, wie es Menschen tun, die eine Grenze überschritten haben, hinter die sie nicht zurückkönnen. Danach gehen Till und seine Tante zu dem kleinen Brunnen zwischen AKH und Gürtel, und seine Tante reicht ihm eine Zigarette.

Er sagt: «Ich bin erst 14.»

Und sie sagt: «Ach so, ja.» Und will die Packung gerade wieder einstecken, als Till doch danach greift.

Sie sagt: «Dein Vater wird sterben. Er weiß es, die Ärzte wissen es, du solltest es auch wissen. Ich weiß, es ist schlimm, das zu hören, aber du bist noch jung, du kannst das wegstecken. Weißt du, später, wenn man älter wird ... Man wird immer sensibler, man kann immer schlechter mit allem umgehen. Aber du, du bist jung, du steckst das weg.»

Till versteht nicht, was sie ihm sagen will. Dass er Glück

hat, seinen Vater so früh zu verlieren? Aber er fragt auch nicht nach, er ist zu sehr davon abgelenkt, sie den Tod aussprechen zu hören, abgelenkt davon, die erste Zigarette seines Lebens zu rauchen, und als er später an die Szene zurückdenkt, ergeben ihre Worte so wenig Sinn, dass er glaubt, sich verhört zu haben.

Bald nachdem Till auch ganz offiziell weiß, wie es um die Gesundheit seines Vaters steht, sitzt er wieder mit seiner Tante bei dem kleinen Brunnen vor dem AKH, raucht die zweite Zigarette seines Lebens, und sie sagt ihm, dass sie seine Wut versteht, dass er recht damit hat und es schäbig war, wie sich sein Vater verhalten hat, dass es aber jetzt nichts Wichtigeres gebe, als sich auszusöhnen, bevor er stirbt.

Im Juni sehen Till und sein Vater das Spiel Österreich gegen Ungarn an, und nachdem Ungarn 2:0 gewonnen hat, sagt Till, er habe schon nach den Vorbereitungsmatches, die sie gemeinsam geschaut haben, gewusst, dass die Österreicher untergehen würden, er wisse von E-Sports-Turnieren, dass es unmöglich sei, beim Turnier selbst völlig anders aufzutreten als bei der Generalprobe.

Tills Vater, der in der ersten Hälfte des Spiels geschimpft und in der zweiten geschwiegen hat, zischt ihm zu, er solle seine Meinung für sich behalten, und es sei lächerlich, Computerspiele E-Sports zu nennen und damit in die Nähe von echtem Sport zu rücken.

Till will aufstehen und gehen, aber sein Vater, der plötzlich ganz anders dreinschaut, hält ihn zurück.

Er sagt: «Ich habe ... Fehler gemacht. Es tut mir leid.» Tränen rinnen über seine Wangen, und er nimmt Tills Hand und drückt sie so fest, dass es ein bisschen wehtut.

«Du, wegen der SMS, du ... du weißt eh, oder?», sagt Till, und sein Vater sieht ihn kurz an, dann auf den Boden, nickt und drückt noch fester zu.

In dem Moment weiß Till noch nicht, wie sehr dieser kurze Austausch sich in seinem Körper festschreiben wird, dass dies der Moment war, an den er sich in den nächsten Jahren klammern wird, wenn er fürchtet, den Fehler begangen zu haben, vor dem seine Tante ihn gewarnt hatte: weil es die letzte Chance war, mit seinem Vater zu sprechen.

Daran denkt er, wenn er auf einer Rolltreppe fährt und die kleinen Bürsten an seinen Füßen spürt, deren EU-Patent sein Vater angemeldet hat; wenn irgendwo über die EM gesprochen wird; wenn er etwas macht, von dem er weiß, dass es seinem Vater nicht gefallen hätte, oder wenn er an seinem neuen PC sitzt, der genau dem entspricht, was er haben wollte, und den er aus dem Fenster schmeißen könnte, ohne irgendwas dabei zu fühlen.

«So tragisch», sagen andere Menschen später, «tragisch, wie schnell es ging.» Denn sie waren nicht dabei in dem kleinen gelb gestrichenen Zimmer, mit Till und seiner Tante, als sie jeden Atemzug seines Vaters verfolgten, als jeder zehnte schnappend wurde und dann jeder fünfte, als sie darauf hofften, die Schnappatmung möge noch mehr zunehmen, der Tod endlich eintreten, weil sonst nichts zu hoffen blieb.

Sie waren nicht dort am nächsten Tag, als Tills Oma plötzlich wieder ganz genau verstand, was passierte und wer der wächserne Mann im Bett war, dessen Präsens gerade zu Ende gegangen war, als ihr Verstand für einen Moment größtmöglichen Schmerzes aufklarte.

Die Zeit im Spital ist so endlos, dass sie sich über alles legt, was davor war. Mein Vater der Erfinder, mein Vater, der beste, stärkste, größte, reichste Mann dieser Welt, der alles weiß, mit allem recht hat. Mein Vater mit seinem Sonnenlächeln und seinen Sommerlocken. Mein zerknitterter Vater mit der fahlen Gesichtsfarbe und den heraustretenden Augen.

12

In der fünften Klasse ist Till erwachsen. Er hat akzeptiert, dass jeder Mensch jederzeit verschwinden und einen mit all den widersprüchlichen Gefühlen alleinlassen kann, die man ihm gegenüber empfindet. Er wird zur Schultherapeutin geschickt, und weil sie ihn kaum zum Reden bringt, er irgendwann aber doch sagt, er würde gerne einfach nur so in Stille dasitzen, geht er neun Monate lang jeden Dienstag zu ihr und schläft dort eine Stunde lang in ihrem weißen Lehnsessel.

In der letzten Sitzung sagt die Therapeutin: «Das Wichtigste ist, deine Gefühle zu akzeptieren, wie sie sind.»

Und Till sagt: «Ja, danke.»

Er geht zurück in ein Zuhause, in dem ihn alles an seinen Vater erinnert, durch eine Welt, in der er jeden Tag weniger anwesend ist.

Till wird als stabil angesehen, weil er nie darüber spricht, dass da Rasierklingen in seinem Körper stecken und versuchen, mit dem Blut durch seine Venen zu schwimmen, ohne ihn zu töten oder von außen erkennbar zu sein, und auch nicht darüber, welche Löcher sich auf Rolltreppen oder bei der Nennung von gewissen Sportlernamen in seine Eingeweide fressen. Er zuckt zusammen, wenn es irgendwo nach Salbei-Deo riecht, kann die alten Nachrichten seines Vaters auf seiner Mailbox weder löschen noch anhören, rechtfertigt sich tagelang in Selbstgesprächen vor ihm, antizipiert seine Meinung zu allem, was er tut, und könnte jedes Mal losweinen, wenn jemand ihm etwas sagt wie: «Ich bin mir sicher, dein Vater wäre sehr stolz auf dich!»

So ist er, ein typischer junger Mann ohne Vater, ein über Nacht erwachsen gewordenes Kind, das manchmal über seine eigene Erleichterung erschrickt, keinen Vater mehr zu haben, ein Jugendlicher, dessen ganzes Leben darauf basiert, von Autoritäten umgeben zu sein, und der dennoch das Gefühl hat, die einzige wichtige Autorität verloren zu haben.

Es besteht allerdings kein großer Unterschied darin, erwachsen zu sein oder sich nur erwachsen zu fühlen. Tills Klassenkollegen fühlen sich mindestens ebenso erwachsen wie er, nicht weil sie jemanden verloren haben, sondern weil sie Alkohol trinken und Zigaretten rauchen, fortgehen, wie sie es nennen, weil manche von ihnen auch Sex haben und Gras rauchen, vor allem aber weil mehr Schulzeit hinter ihnen liegt als vor ihnen: Nur noch drei Jahrgänge sind älter und können sie jederzeit von jedem Ort in der Schule, den Fußballplätzen, den PCs, den Parkbänken, vertreiben; vier Jahrgänge sind jünger, können also von ihnen vertrieben werden durch das gottgegebene Recht ihres Alters.

Weil ihnen die Firstys winzig vorkommen und weil sie neuerdings kleine grüne Zettel besitzen, mit denen sie die Schule nachmittags für eine halbe Stunde verlassen dürfen, solange der Dolinar oder der Gruber darauf unterschreiben. Weil gerade der Samstagsunterricht für die Unterstufe abgeschafft wurde und sie sich für die Letzten halten, die die alte Welt noch in ihrer vollen Härte kennengelernt haben. Und weil sie zum ersten Mal seit Jahren etwas aussuchen dürfen, auch deshalb fühlen sie sich erwachsen, selbst wenn es nur darum geht, ob sie mit Musik oder mit Bildnerischer Erziehung weitermachen und welches Wahlpflichtfach sie besuchen wollen.

Die Entscheidung zwischen Musik und BE fällt ihnen leicht, denn die BE-Lehrerin ist eine unbeliebte Tirolerin, die gewisse Anforderungen stellt, und der Musiklehrer ein schwacher kleiner Mann, in dessen Doppelstunden die Schüler eigenhändig Filme auf dem Beamer abspielen. Sie brauchen den Musiklehrer nur, damit er ihnen das Medienkasterl aufsperrt. Bei allem, was danach passiert, hat er kein Mitspracherecht mehr.

Sie sehen sich in den Musikdoppelstunden koreanische Horror- und amerikanische Actionfilme an, machen Hausaufgaben für die Stunden danach, und der Musiklehrer steht vorne an der Tafel und tut mit ganz leiser Stimme so, als würde er einem Schüler in der ersten Reihe etwas über Beethoven erklären, er teilt vielleicht sogar pro forma ein paar Kopien von etwas aus, wird aber immer wieder scharf darauf hingewiesen, leiser zu sprechen und nicht im Bild zu stehen.

Er hat es verpasst, den Dolinar rechtzeitig um Hilfe zu bitten. Vielleicht hat er vor dem Dolinar sogar mehr Angst als vor den Schülern und kann ihn deshalb nicht um Hilfe bitten, aber es geht ihm, obwohl die Dolinar-Kinder ganz offensichtlich bei ihm rauslassen, was sie anderswo ertragen müssen, und er manchmal Albträume von den Filmen bekommt, immer noch besser als in der A-Klasse, wo ihn zwei Schüler, die mehr als einen Kopf größer sind als er, in den Mistkübel stecken.

Noch aufregender als die Wahl zwischen Musik und Bildnerischer Erziehung erscheint den Fünftklässlern das Wahlpflichtfach, denn ein Fach aussuchen zu dürfen ist für sie eine völlig neue Erfahrung, und sie kommen sich dabei reif und unabhängig vor, obwohl sie sich zu neunzig Prozent für eines der drei Wahlpflichtfächer mit schickem englischen Namen entscheiden werden, für Life Science, Business oder Intro to Law, die sie auf die Medizinaufnahmeprüfung, ein Wirtschaftsstudium oder ein Jus-Studium vorbereiten sollen, wie ihre Eltern es ohnehin für sie vorgesehen hatten.

Es ist das Drama, das sie noch ihr ganzes Leben begleiten wird: aus allen Möglichkeiten der Welt auswählen zu können und erst im Nachhinein drauf zu kommen, dass ihnen schon früh erfolgreich abtrainiert worden ist, sich etwas anderes vorzustellen als den von ihren Eltern festgelegten Lebensweg.

Aus Dankbarkeit, dass es überhaupt Schüler gibt, die sich für ein Fach außerhalb der Big Three entscheiden, schrauben die Lehrer in Spanisch und Italienisch ihre Ansprüche deutlich herunter, und die Lehrer der Exotenfächer übertreffen sie darin noch.

Das Wahlpflichtfach Literatur vom Professor Feichtler etwa trägt den Titel *Literatur als Film und Film als Literatur* und besteht daraus, Literaturverfilmungen mit den ihnen zugrunde liegenden Büchern zu vergleichen, und alle, die zumindest den Film gesehen und das Buch gekauft haben, bekommen einen Zweier.

Das Fach Systemadministration, das Till belegt, steht dem um nichts nach. Während sich also die anderen aus seiner Klasse mit Präsentationen und Portfolios abmühen, unterhält Till sich mit dem Mathematiklehrer Gruber über Maya, spielt auf dem einzigen akzeptablen PC der Schule, dem im Administratorenkammerl des Informatiksaals, Age of Empires 2 und freut sich auf jeden Donnerstag, an dem er das Studium beim Dolinar als Einziger für zwei Stunden verlassen darf, sowie auf jeden Montag und jeden Mittwoch, an dem er, wie es der praktische Teil seines Wahlpflichtfachs vorsieht, die Aufsicht im Informatiksaal innehat und dort in Ruhe an einem PC sitzen kann, solange nicht irgendein Firsty Cola über eine Tastatur kippt oder ihn um Hilfe bittet.

Außer Till haben sich nur zwei andere Schüler für Systemadministration angemeldet, Georg und ein Bub namens Dzehad aus der D-Klasse, wobei Georg zum Zeitpunkt der Anmeldung schon wusste, dass er im Herbst nicht mehr an der Schule sein würde, und Dzehad immer wieder für längere Zeit fehlt, weil er Morbus Crohn hat, weshalb der Professor Gruber und Till meistens nur zu zweit im Kurs sind.

Normalerweise braucht es fünf Anmeldungen, um ein Wahlpflichtfach stattfinden zu lassen, deshalb musste der Gruber intensiv bei der Direktorin lobbyieren. Er erklärte ihr, es sei für die Digitalisierungsstrategie der Schule essenziell, und verwendete zur Untermalung seiner Bedeutung eine Abwandlung des sprichwörtlichen «Give a man a fish», von der er selbst wusste, dass sie grammatikalisch und womöglich auch inhaltlich nicht vollkommen wasserdicht war.

Weil die Direktorin darauf nichts antwortete, fügte der Gruber noch an, dass es, sollten keine Schüler mehr zu Systemadministratoren ausgebildet werden, notwendig würde, wieder Lehrkräfte für die Aufsicht im Informatiksaal zu rekrutieren, die, im Gegensatz zu seinen Schülern, dafür bezahlt werden müssten.

Auf dieses Stichwort hin erklärte sich die Direktorin schließlich doch bereit, zwei bis drei Schüler aus dem Erasmus-Kontingent pro forma dem Wahlpflichtfach Systemadministration zuzuteilen, um ein Zustandekommen zu ermöglichen und die Digitalisierungsstrategie der Schule weiter *mit Lichtgeschwindigkeit* voranzutreiben, so wie sie es bei ihrem Amtsantritt vor acht Jahren in Aussicht gestellt hatte.

Die übrigen zwei Erasmus-Schüler, ein Franzose und eine Ungarin, werden dem Wahlpflichtfach Literatur vom Professor Feichtler zugeteilt, ohne dass dieser dafür besonders lobbyiert hätte.

Es gibt unter der Lehrerschaft verschiedene Gerüchte darüber, warum ausgerechnet der Feichtler, der Deutsch und Geschichte unterrichtet sowie seit wenigen Jahren auch das Wahlpflichtfach Literatur, von der Direktorin alles bekommt, was er möchte, auch das, was anderen nicht gewährt wird, dem Russischlehrer nicht, der einen der Erasmus-Schüler sogar schon eigenständig überzeugt hatte, Russisch lernen zu wollen, um sein Wahlpflichtfach zu retten, der Ethiklehrerin nicht, deren Wahlpflichtfach überhaupt noch nie stattfinden konnte.

Anfangs sagte man dem Feichtler und der Direktorin sogar eine Affäre nach, was natürlich eine absurde und, wenn man die beiden kennt, auch einigermaßen abstoßende Vorstellung ist. Die Wahrheit gestaltet sich, so wie fast immer, viel verworrener: Die Direktorin, die nicht nur, wie man in christlich-sozialen Kreisen sagt, *schwarz bis zur Unterwäsche* ist, sondern *schwarz bis zum Grund ihrer Seele*, sieht im Sozialisten Feichtler so etwas wie eine schützenswerte Art, eine dieser Kröten, denen man Zäune und Brücken baut, damit sie nicht auf der Autobahn zerquetscht werden, wenn sie dem Ruf ihres Instinkts folgen, den letzten roten Mohikaner, bei dessen Reservat man lieber eine Konzession zu viel machen sollte als eine zu wenig, denn so funktioniert schließlich die österreichische Demokratie.

Der Feichtler wiederum, dessen egalitäre Art ihn seine Bevorzugung gar nicht bemerken lässt, dankt es ihr, indem er, fieberhaft und politische Grenzen überschreitend, nach Repräsentationen dieser Schule in der Literatur sucht. Er war schon zweimal bei Lesungen von Robert Menasse und hat ihn gefragt, ob die Fußballszene in seinem Roman *Selige Zeiten, brüchige Welt* nicht im Marianum spiele, was Menasse beide Male verneinte, und erst als Menasse beim zweiten Mal kurz stockte, das Gesicht verzog und ihn kritisch musterte, fiel dem Feichtler auf, dass er die Frage schon einmal gestellt hatte.

Der Feichtler hat auch die *Verwirrungen des Zöglings Törleß* mehrmals aufmerksam gelesen, um irgendeinen Hinweis darauf zu finden, dass mit dem Konvikt zu W. vielleicht doch das Marianum gemeint sei. Er würde in Kauf nehmen, dass der sich anbahnende Faschismus, der darin, wie in allen anderen Schulromanen, durchschimmert, somit der für diese Schule typische gewesen wäre. Aber leider, egal wie sehr er sucht, er findet keine Anhaltspunkte für seine Theorie.

Er will nicht noch einen Außenseiter wie Herzmanovsky-Orlando oder Peter Altenberg, niemanden, der Anhänger der Ariosophie war und von der Reinheit der Deutschen träumte, der zu Lebzeiten obskur blieb und es noch immer ist, der sich als anekdotisch abkanzeln lässt, weil sein Schreibcafé mehr Menschen ein Begriff ist als sein bekanntestes Werk, niemanden, der dabei war, als 1907 auf Burg Werfenstein zum ersten Mal eine Hakenkreuzfahne in Österreich gehisst wurde, in Rot auf goldenem Hintergrund, umgeben von vier blauen Lilien.

Ach, wäre doch die Koedukation schon zweihundert Jahre

früher eingeführt worden, vielleicht hätte dann Marie von Ebner-Eschenbach diese Schule besucht und nicht nur ihr Mann Moritz, der für nichts bekannt ist, außer dafür, der Mann von Marie von Ebner-Eschenbach zu sein.

Wäre doch Ludwig Wittgenstein hier gewesen statt seines Neffen Paul, dem Thomas Bernhard sein zärtlichstes Buch gewidmet hat, in welchem er aber leider das Marianum nur ein einziges Mal erwähnt.

Ach, brächte die besitzende Klasse dieses Landes noch hin und wieder einen Handke oder einen Bernhard oder eine Jelinek hervor. Oder zumindest einen Arno Geiger, der dieser Schule so verbunden bleibt, dass er später als Gast in das Wahlpflichtfach des Professors Feichtler kommt und bei seinen Schülern die Begeisterung für Literatur entfacht!

13

Tills Wecker läutet um 7 Uhr 10. Er drückt zweimal auf Snooze und bleibt bis 7 Uhr 30 liegen, dann klettert er von seinem Hochbett, wäscht sich, zieht sich an und verlässt um spätestens 7 Uhr 55 die Wohnung seiner Mutter in der Schaumburggasse. Um 8 Uhr wird das hüfthohe Gitter des Tors in der Favoritenstraße geschlossen.

Ab da führt der einzige Weg in die Schule durch die kleine Portierstür links davon, hinter der ein Mann mit dem Titel *Erziehungsleiter* wartet, um einen aufzuschreiben. Nach fünfmaligem Aufgeschriebenwerden kriegt man einen *Laufzettel*, was bedeutet, dass man zwei Wochen lang vor 7 Uhr 45 bei der Direktion sein und sich dort eine Bestätigung holen muss. Kommt man dem nicht nach, wird man zum Sozialdienst verpflichtet und muss im Park Müll aufsammeln gehen oder eine andere Hilfstätigkeit ausführen, von der die Erziehungsleitung hofft, sie könne das Zugehörigkeitsgefühl steigern und die Achtsamkeit im Umgang mit dem Schulgebäude erhöhen.

Die ersten zwei Wochen nach Einführung der Sozialdienste war es auch tatsächlich so, wie man es sich in Anlehnung an deutsche Reformpädagogik zurechtgelegt hatte: Die Schüler scheuerten die Spuren der neben die Mistkübel geworfenen Jausenmilch von den Wänden und brachten Rollwägen mit Geschirr von der Küche zum Speisesaal. Als sich aber der Sohn der Vizevorsitzenden des Elternvereins bei einem Sozialdienst verkühlte, einigten sich alle relevanten Interessengruppen schnell darauf, das Ausmaß der Hilfstätigkeiten wieder auf ein der Fragilität der Kinder angemessenes Niveau zu reduzieren, was die Abschreckungswirkung deutlich einschränkte.

Um 8 Uhr 15 verlässt der Erziehungsleiter seinen Posten. Ab diesem Zeitpunkt sind die Portiere dafür zuständig, zu spät kommende Schüler aufzuschreiben, aber sie wissen nicht, wann man einen Arzttermin hatte, in welche Klasse man geht oder wie man heißt, und interessieren sich auch tatsächlich für nichts auf der ganzen Welt weniger als für die wie im Zeitraffer an ihnen vorbeigleitenden Schüler, die sie mal durchlassen, mal aufschreiben, je nachdem, in welcher Stimmung sie sich befinden.

Bis maximal 8 Uhr 15 kann man mit dem Entgegenkommen der Lehrer rechnen, einen nicht als fehlend im Klassenbuch zu vermerken. Wenn man also, wie Till, der gerade das Tor zugehen sieht, nur ein wenig zu spät ist, muss man sich entscheiden: Geht man gleich hinein, wird vom Erziehungsleiter aufgeschrieben und riskiert damit einen Laufzettel?

Oder wartet man, bis er weg ist, und landet im Klassenbuch? Oder schwänzt man gleich die ganze erste Stunde und kommt zur zweiten, weil man dann ungehindert an den Portieren vorbeikann mit all den anderen, die sich vom Religionsunterricht abgemeldet haben oder aus irgendeinem anderen Grund erst später kommen müssen.

Till geht hinein. Er ist sich sicher, seit mindestens einer Woche nicht aufgeschrieben worden zu sein, und wie um seine Ehrlichkeit zu belohnen, lässt der Erziehungsleiter ihn heute mit einem Zwinkern durch.

Ein großer Teil der Schulzeit von Till und seinen Kollegen besteht daraus, Gänge hin und wieder zurück zu gehen: von der Klasse, ganz im Südosten, zu den Musiksälen und den BE-Sälen, die an die Diplomatische Akademie im Norden angrenzen, zurück in die Klasse; vom dritten Stock in die moderne Turnhalle im Untergeschoß, in die Chemiesäle im zweiten Stock des Mitteltrakts, ins Schwimmbad, zurück in den dritten Stock und so weiter.

Deshalb hat jeder irgendwann seine Lieblingswege. Till geht heute, wie jeden Morgen, durch die drei Höfe nach rechts, an dem hässlichen Street-Art-Bild vorbei und dort die schmale Küchentreppe nach oben, die an der Direktion und am Konferenzzimmer vorbeiführt. Am Abend, das weiß er jetzt schon, wird er die Küchentreppe runter in den ersten Stock nehmen und dann den Gang vom Konferenzzimmer entlang und die Feststiege hinunter, die sie damals beim Tag der offenen Tür besichtigt hatten. Und er wird, um seinen Tag abzuschließen, auf den Marmorlöwen spucken.

Es gibt nicht viele Traditionen am Marianum. Es gibt die Tradition, eine weiße Fahne vor die Fassade zu hängen, wenn alle aus einem Jahrgang die Matura bestanden haben, und die Tradition, diejenigen, bei denen schon absehbar ist, dass sie die Matura nicht bestehen werden, rechtzeitig aus der achten Klasse zu werfen.

Es gab früher auch die Tradition, Firstys beim ersten Schneefall einzureiben, bis dabei ein paarmal die falschen erwischt und etwas zu brutal eingerieben wurden.

Es gab die Tradition des Klatschens, bei der ältere Schüler einen Firsty am Gang schnappten, in ihre Klasse zogen, auf einen Tisch legten und ihm mit der flachen Hand auf den Bauch klatschten.

Und es gab die Tradition ausufernder Maturastreiche, die, ebenso wie am Schottengymnasium, erst vor Kurzem von der Schulleitung abgeschafft wurde, weil man befürchtet, mit Videos von solchen Aktionen das Image der Schule dauerhaft zu beschädigen.

Umso wichtiger ist den Schülern die eine Tradition, die man ihnen noch nicht hat nehmen können, nämlich die, auf den Marmorlöwen zu spucken, sie von Generation zu Generation weiterzugeben, sie festzuhalten in Fotos und Videos, junge Lehrer damit zu schockieren und mit alten zu wetten, dass, wenn alle aus einer Klasse die Prüfung schaffen, der Lehrer vor ihren Augen auf den Löwen spucken muss.

Deshalb grinsen die Schüler, die in dunklen Blazern und mit blau-rot-weiß gestreiften Krawatten oder Tüchern beim Tag der offenen Tür an der Feststiege stehen, wenn jemand den Löwen besonders hervorhebt oder gar berührt, deshalb belustigt es die gesamte Schule, wenn im Jahresbericht ein Foto der Direktorin erscheint, deren rechte Hand auf dem Löwenkopf liegt. Denn selbst wenn er vorher gereinigt worden ist, kann die Aura jahrhundertelanger Bespuckung nicht einfach so weggewischt werden.

Als Till in seine Klasse kommt, merkt er sofort, dass irgendwas Gutes passiert sein muss, und schon nach wenigen Sekunden hört er das magische Wort: *Supplierstunde.*

Jeden Tag um 7 Uhr 55 hängt die Sekretärin eine Liste neben das Konferenzzimmer, in der man nachlesen kann, welche Lehrer fehlen, welche Stunden entfallen und wer *suppliert*, also vertretungsweise in die Klasse kommt.

Es gibt nichts Schöneres, als sich eine Stunde Latein oder Englisch zu ersparen, und selbst wenn die schlimmsten, also die Dolinar-Stunden, nie ausfallen, weil es für ihn eine Frage der Ehre ist, nicht in Krankenstand zu gehen, und obwohl die Lotterie auch schlecht ausgehen kann, zum Beispiel, wenn sich der Supplierlehrer so wichtig nimmt, dass er unterrichtet, statt Schularbeiten zu korrigieren – selbst dann löst das Wort Supplierstunde in den Köpfen der Kinder dasselbe aus wie ein schöner Traum oder die Vorfreude auf etwas, was noch ungreifbar weit in der Zukunft liegt.

An einen Tag wie heute mit vier Supplierstunden kann sich niemand aus der 5B erinnern. Allerdings ist der Sekretärin offenbar ein Fehler passiert, denn für die zweite der ausgefallenen Turnstunden ist die Lateinlehrerin zugeteilt, die selbst fehlt. Es entwickelt sich ein Gespräch zwischen jenen, die den Irrtum melden möchten, und jenen, die nichts machen und darauf hoffen wollen, dass sie die Stunde völlig unbetreut verbringen können.

Till mischt sich nicht ein. Bevor eine Entscheidung getroffen werden kann, öffnet sich die Tür, und ein Physiklehrer, den sie alle aus den Medien kennen, weil er populärwissenschaftliche Bücher über Physik schreibt und in Meinungsartikeln gegen die Klimahysterie und für die Anhebung des Pensionsalters eintritt, den sie aber noch nie als Lehrer erlebt haben, weil er nur eine einzige Klasse unterrichtet, leidlich, wie der Dolinar nicht müde wird zu betonen, betritt ihre Klasse.

Er geht zur Tafel, schreibt *Prof. Dr. Lassner* drauf und sagt zu Luzian Bramminger in der ersten Reihe, dem er seine Hände entgegenstreckt: «Wären Sie so freundlich, mir den Mantel abzunehmen, ich will ihn nicht mit Staub beflecken.»

Unter dem Gekicher seiner Klassenkollegen steht Bramminger auf und tut etwas, was er noch nie getan hat, nämlich einem erwachsenen Mann seinen Mantel abzunehmen.

Dann klopft der Lassner sich die Hände ab, sagt: «Nun, Sie haben ja sicherlich genug zu tun», und drückt den Rest der Stunde auf seinem Laptop herum, geht zweimal auf den Gang telefonieren, flüstert dabei geradezu und verlässt kurz vor dem Pausenläuten die Klasse mit dem Satz: «Die Pflicht ruft!»

Till borgt sich inzwischen das Reclam seines Sitznachbarn aus, um das zweite Kapitel von Adalbert Stifters *Brigitta* zu lesen. Er liest den ersten und den zweiten Satz, und erst beim vierten merkt er, dass es im dritten gerade um einen Traum ging und er schon an etwas anderes gedacht hat.

Er geht wieder zurück zum letzten Satz, den er bewusst wahrgenommen hat, hangelt sich von Absatz zu Absatz, kämpft sich so durch eine Doppelseite, blättert zufrieden um, muss aber gleich wieder zurückblättern, weil seine Zufriedenheit mit Gedanken zu tun hatte, die ihn vom Buch weggeführt haben – wie viel ihm nach dieser Seite noch fehlt und was er machen wird, wenn er endlich fertig gelesen hat –, während das, was dort steht, an seinem Auge vorbeigezogen ist wie eine Landschaft am Zugfenster.

In der dritten Stunde kommt der Musiklehrer supplieren. Er hat die DVD von *High School Musical 2* mit. Eine Schülerin legt stattdessen *I Saw the Devil* ein, die Fußballspieler gehen Fußball spielen, und Till versucht, das Kapitel fertig zu lesen, während ein koreanischer Agent den Mörder seiner Frau jagt und fängt und wieder freilässt, nur um ihn wieder einzufangen, geht dann aber doch ins Informatikkammerl und spielt dort ein AOE2-Match, dann sofort noch eins und noch eins, und erst beim Match danach fällt ihm auf, dass neben dem Soundtrack des Spiels, der Musik, den Geräuschen der arbeitenden Dorfbewohner, der Kämpfe und der hereinkommenden Upgrades und Warnungen noch ein anderes Geräusch zu hören ist: sein vibrierendes Handy.

14

«Na, Kokorda. Wo warma denn?»

Alle sitzen schon da, ein Drittel der Klasse in Fußballschuhen und verschwitzten T-Shirts und mit schuldbewusst gesenkten roten Köpfen, aber alle sitzen schon da, als Till die Klasse betritt.

«Ich habe im Informatikkammerl an einem Projekt für mein Wahlpflichtfach gearbeitet.»

«In der Supplierstunde?»

«Ich dachte ...»

«Setz dich hin und leg deine Deutschsachen auf den Tisch.»

Till geht zu seinem Kasterl und nimmt das Schulübungsheft und das Fremdwörterheft heraus.

«Auch die *Brigitta*!»

Till tut so, als ob er das Reclam suchen würde, obwohl er genau weiß, dass es neben seinem Bett liegt.

«Ich hab es zu Hause vergessen, aber ...»

«Ich höre nur *Hab ich nicht ... wusste ich nicht ... ich dachte ...* Du sollst nicht denken, Kokorda, du sollst deine Sachen beisammenhaben! Das gilt auch für euch, Palffy, Steiner, Blindstein, Khakpour, Ertl! Ihr könnt mir gleich beweisen, dass ihr gelesen habt, wenn ihr schon zu bled seid, um es auch mitzubringen. Und wenn ihr morgen nicht eure *Brigittas* auf den Tischen liegen habt, dann gnade euch Gott!»

Es ist ein Glück, dass Till als Erster befragt wird, denn den Anfang des Kapitels hat er tatsächlich gelesen, und sosehr er dabei auch abgedriftet ist, er wusste schon beim Lesen, wonach der Dolinar fragen würde: nach veralteten Ausdrücken, nach Aufzählungen und nach Begriffen, von denen alle zu wissen glauben, was sie bedeuten, ohne sie erklären zu können. Er schafft es zu erraten, was mit «Deutscher Flaus» gemeint ist, jeweils drei Arten von Bäumen und Tieren aufzuzählen, die der Major in seinem Garten hat, und, weil er an die Simmeringer Heide denkt, wo er als Kind mit seinem Vater Drachen steigen war, auch einigermaßen zu erklären, was eine Heide im Vergleich zu anderen Landschaften ausmacht.

Danach nimmt der Dolinar sich Steiner vor, und schon die erste Frage, nämlich wie viel Zeit insgesamt im zweiten Kapitel vergeht, ist schwerer zu beantworten als alle drei Fragen an Till.

«Ja, das ist schlimm, Steiner, wenn man nicht nur in Deutsch eine Null ist, sondern auch in Mathematik. Kein Wunder, dass der Gruber immer sagt, mit dir sei nichts anzufangen, wenn du es nicht einmal schaffst, ein paar Tage zusammenzuzählen. Ja?»

Eine Schülerin aus der dritten Reihe, die das Reclam aufgeschlagen vor sich liegen hat und jetzt eine Minute lang alle

Absätze danach durchgegangen ist, ob sie mit «Am nächsten Tag» beginnen, hebt die Hand, während Steiner von mehreren Seiten Zahlen zugeflüstert werden.

«Fünf?»

«Na bitte, wenn sogar die Skrbensky des weiß, dann kann es wirklich so schwer nicht sein. Nächste Frage, Steiner», sagt der Dolinar und blättert in seinem Reclam, wie nur er es fertigbringt: mit Fingerkuppen, die ins Papier schlagen und ein krachendes Geräusch erzeugen. «Auf Seite dreißig sagt der Major: ‹Einmal habe ich geglaubt, ich werde ein Künstler oder Gelehrter werden ...› Wieso ist er es nicht geworden?»

Und bevor wieder das Geflüster losgehen kann, fängt der Dolinar an zu schreien: «Und wehe ich hör auch nur einen einzigen Pieps jetzt! Palffy! Wöber! Wer so bled ist wie ihr, sollte sowieso niemandem einsagen. Ab jetzt werte ich jedes Zucken der Mundwinkel und jedes Flüstern als ausdrückliche Bitte, den Nachmittag mit den anderen Stifter-Experten schreibend zu verbringen. Haben wir uns verstanden?»

Ein paar Schüler versuchen trotzdem, Steiner ein Zeichen zu geben, manche aus Eitelkeit, andere aus Mitleid. Einer der Fußballer, der in der ersten Reihe sitzen muss, zeigt unter seinem Tisch ein Herz und einen Daumen runter, und Steiner, der jetzt langsam irgendwas sagen muss, sieht es und setzt an: «Wegen seinem Herz...

«Ja?»

«...problemen.»

Die Erleichterung, nicht derjenige zu sein, der sich gerade blamiert hat, bricht so unvermittelt aus den Kindern heraus, dass ihr Lachen auch für unbeteiligte Zuschauer nicht bösartig klänge, sondern bloß ehrlich. Viele kennen die richtige Antwort selbst nicht, verstehen nur, dass die gerade gegebene ganz fundamental falsch gewesen sein muss.

Die gemeinsame Anspannung entlädt sich wie in einem kurzen, reinigenden Gewitter. Sie lachen los, gemeinsam mit dem Dolinar, lachen über Steiner, über dessen Dummheit, und beginnen zu hoffen, dass heute einer jener Tage sein könnte, an denen der Dolinar sich so in einen von ihnen verbeißt, dass alle anderen ungeschoren davonkommen.

«Aha, du findest das witzig, Palffy? Du armes, armes Kind. Sitzt da im stinkaden Fußballgewand, keinen blassen Schimmer von irgendwas, zwei Fünfer im Halbjahreszeugnis, aber lachen über die anderen. Na, dann erzähl mal. Wie ist das mit den Herzproblemen vom Major?»

Heute ist kein solcher Tag. Heute war es gefährlich zu lachen, und Palffy, der sein Reclam nicht mithatte und Fußball spielen war, hätte es besser wissen müssen.

«Noch ein Versuch, Palffy. Auf Seite 31 wird das Gemälde einer jungen Frau beschrieben. Wie wird diese junge Frau beschrieben?»

In der ersten Reihe halten ein paar unter der Bank den Daumen hinunter, und Palffy rät: «Schiach, äh, also hässlich.»

Und der Dolinar fragt: «Und ihr Blick?»

Die Daumen gehen hinauf, und Palffy sagt: «Schön!»

«Nein, schön steht da ned, Palffy. Das ist nicht eine deiner blöden Serien, sondern Stifter, um Herrgott Christi willen!»

«Wild.»

«Bravo», sagt der Dolinar ironisch, weil ihm, wie allen anderen, völlig klar ist, dass Palffy nicht von alleine darauf gekommen sein kann.

«Und wer, Palffy, ist diese Frau? Denk jetzt gut nach, bevor du sprichst! Wer ist die Frau?»

Die größte Gefahr bergen nicht die schweren, sondern die ganz einfachen Fragen. Man kann Palffys Abwägung eins zu eins in seinem Gesicht nachvollziehen, sehen, wie verunsichert er ist. Er zögert, die klare, naheliegende, logische Antwort zu geben, weil sie, sollte sie aus irgendeinem Grund doch falsch sein, seinen Untergang besiegeln würde. Schließlich ringt er sich doch dazu durch. «Brigitte?»

«Brigittaaaaaa, du Null. Brigittaaaaaa! Du kannst dich heute nach dem Mittagessen gleich hinsetzen Palffy, 350 Wörter *Über den Sinn von Namen*, mit besonderer Betonung des Unterschieds zwischen A und E. Genug ist genug.»

Was begonnen hatte wie der vielleicht schönste Tag aller Zeiten, ist ein ganz normaler Dienstag geworden, ein weiterer dieser Dienstage, an denen sie als Allerletzte zum Mittagessen kommen, eine halbe Stunde nach dem offiziellen Ende des Unterrichts, und wenn es ausnahmsweise gutes Essen gab, Pizza, Schnitzel, dann ist davon nichts mehr übrig, und sie bekommen nur noch die Alternative, die keiner wollte, und wenn es, wie meistens, furchtbaren, ungewürzten Fraß gab, der seit Stunden warm gehalten wurde, dann ist er jetzt noch ein wenig widerlicher: die Salzkartoffeln noch wässriger, das Letscho noch zerkochter und der Fleischstrudel zum daran Ersticken.

Man könnte meinen, eine halbe Stunde sei, auf den ganzen Tag gerechnet, so wenig Zeit, dass es keinen Unterschied macht, sie zu haben oder nicht. Aber sieht man um 14 Uhr 30 in Palffys Augen oder in die Augen von Amir Khakpour, der noch an einem Strafaufsatz von letzter Woche arbeitet, dann sieht man sehr deutlich, welchen Wert eine halbe Stunde haben kann.

Eine halbe Stunde reicht, um vom dritten Stock in den

Park zu laufen, ein paar jüngere Schüler zu vertreiben, zwanzig Minuten Fußball zu spielen und wieder zurück in den dritten Stock zu laufen.

Eine halbe Stunde reicht, um mit der U-Bahn zum Stephansplatz zu fahren, die Rotenturmstraße hinunterzulaufen, bei Sababa ein Pita-Schawarma zu bestellen, es mit Soße zu füllen, einzupacken und auf der kurzen U-Bahn-Fahrt zurück herunterzuschlingen.

Eine halbe Stunde reicht, um danach anderthalb Stunden ruhig sitzen zu können.

Eine halbe Stunde reicht für das Glück, denn sie wissen, dass es an guten Tagen auch einmal eine ganze Stunde oder, wenn der Dolinar auf die ganze Klasse angefressen ist, ein Tag ohne Freizeit sein kann.

Deshalb läuft Till ans andere Ende der Schule ins Informatikkammerl, spielt dort eine Partie AOE2 und rennt wieder zurück, und die anderen rennen in den Park oder zum SPAR in der Mayerhofgasse, und doch ist für sie alle die halbe Stunde gerade lang genug, um nicht auszureichen, um zu zeigen, was möglich wäre, und es nicht einzulösen.

Trotzdem würde keiner von ihnen mit denen tauschen wollen, die diese halbe Stunde nicht haben.

Der Nachmittag verläuft überraschend friedlich. Der Dolinar verbessert keine Schularbeiten, liest nicht die peinlichsten Stellen daraus vor, erwischt niemanden dabei, wie er auf sein Handy schaut, oder bei einer der tausend anderen verbotenen Sachen: beim Trinken, Kaugummikauen, miteinander Reden, unter der Bank Kartenspielen, beim Lächeln, beim Glücklichsein.

Das liegt auch daran, dass seine Schüler mit der Zeit gut darin werden, konzentriertes Lernen vorzutäuschen. Till, zum Beispiel, hat vor sich etwas liegen, was für den Dolinar, sollte er plötzlich aufstehen und herüberkommen, nicht von einer Mathematikaufgabe zu unterscheiden wäre. Es handelt sich aber um Tabellen mit Informationen über die vier neuen AOE2-Zivilisationen, die Burmesen, die Khmer, die Malaysier und die Vietnamesen, die Till, vom Dolinar völlig unbehelligt, studiert, um am Abend auszuprobieren, wie man sie am besten einsetzen kann.

So verbringt er die Zeit bis zur Jause. Dann holt er sich, wie die anderen auch, am Buffet eine Schokomilch und eine Semmel, geht den Weg am Glaspavillon entlang zum Glockentürgang, wo alle zwei Meter eine Mülltonne steht, damit die Schüler die Milchpackerl nicht gegen Wände, Decken und Türen schmeißen. Und um die Zeit, bis er am Marmorlöwen vorbeikommt, zu verkürzen, hebt Till, nachdem er sich überzeugt hat, dass keiner ihn dabei sieht, im Glockentürgang den Arm und fetzt den Rest seiner Schokomilch auf die Wand über der letzten Mülltonne.

15

Jede Nacht steht Till vor derselben Entscheidung, die gar keine ist, sondern nur das Verschleppen der einzig möglichen Entscheidung. Jede Nacht sieht er das irgendwann ein, fährt seinen Computer runter, putzt Zähne und klettert in sein Hochbett, um fünf, sechs oder sieben Stunden seiner wertvollen Freizeit mit Schlaf zu verschwenden.

Neben seiner Matratze liegen eine Packung Taschentücher, das Handyladegerät, sein Laptop und drei Bücher: *Städtebauliche Prosa* von Roland Rainer, *Brigitta* von Adalbert

Stifter und ein Sachbuch mit dem Titel *Überflieger. Warum manche Menschen erfolgreich sind und andere nicht*, das Georg ihm geschenkt hat.

Tills Mutter liest vor dem Einschlafen, also hat sie auch ihrem Sohn nahegelegt, vor dem Einschlafen zu lesen, statt Videos auf dem Laptop anzusehen, zumal das blaue Licht die Schlafqualität bekanntlich massiv mindert. Und weil Till einer der Menschen ist, die lieber gleich nachgeben, als ewig über etwas zu diskutieren und es dann trotzdem tun zu müssen, hat er die *Überflieger* mit ans Bett genommen und liest jetzt die ersten drei Seiten des Prologs, bevor er sich, wie in den Nächten davor, zum Einschlafen auf seinem Laptop den Stream eines jungen Amerikaners namens T90Official ansieht.

Das Elterndasein ist ein undankbarer Zustand. Eltern sind gewissermaßen die Widerlegung des Bibelworts mit dem Säen und der Ernte, denn für sie liegen zwischen Investition und Ertrag nicht Monate, sondern Jahre, Jahrzehnte, so viel Zeit, dass die beiden keine Konsequenz mehr voneinander sind. Umso mehr freuen sie sich, wenn es doch einmal klappt, wenn sie etwas säen und schon wenig später den Lohn dafür einstreichen dürfen – umso glücklicher war Tills Mutter, als er mit dem in Leinen gebundenen Band *Städtebauliche Prosa* auf sie zukam und darum bat, ihn ausborgen zu dürfen, freudig überrascht von seinem plötzlich erwachten Interesse an Architektur.

Um zu verhindern, dass es gleich wieder verpufft, ist Diskretion gefragt. Deshalb spricht Tills Mutter ihn danach nicht auf das Buch an, stellt ihm keine Fragen. Sie lässt stattdessen, so beiläufig, dass Till es gar nicht bemerkt, weiterführende Lektüre aus dem Bestand ihres Vaters auf dem

Couchtisch liegen, einen Bildband über Ernö Goldfinger und ein Buch mit Skizzen von Alison Smithson, und sie verbringt Stunden damit, sich über die neue Perspektive zu freuen, sich Erklärungen zurechtzulegen, wieso Till ausgerechnet zum Brutalismus einen Zugang findet, in dieser bis zum Äußersten historisierten Stadt.

Ob es seine Computerspiele waren, die ihn zur Stadtplanung gebracht haben? Und welche Rolle spielt ihre eigene Gewohnheit, vor dem Einschlafen zu lesen, dabei? Vielleicht, denkt sie, träumt Till dank ihrer Anregungen intensiver, entdeckt die räumliche Dimension des Träumens neu und fühlt sich deshalb zur Architektur hingezogen.

Die Idee kommt ihr, als sie selbst aus einem eindrücklichen Albtraum aufgewacht ist, der keine Handlung hatte, sondern nur aus der Enge eines Zimmers in Grönland bestand, einer alle Hoffnung erstickenden Enge, die sich durch Türen in andere Zimmer hineinquetschte, in einen Supermarkt und eine Turnhalle, und immer um einen pummeligen jungen Mann kreist, der Till ist, ohne ihm ähnlich zu sehen oder sonst irgendwas mit ihm gemeinsam zu haben.

Am Ende steht eine Blumentapete mit einer Tür darin, die sich öffnet und direkt hinausführt aufs Meer. Till tritt hindurch, als gäbe es dort etwas, worauf er steigen kann, er fällt, und seine Mutter sieht ihn im blauen Unterwasserlicht nach unten sinken und liegt bis zum Läuten ihres Weckers im Bett, ohne noch einmal einzuschlafen.

Dass Tills Mutter einen markanten Albtraum hat, ist insofern erwähnenswert, als es im Widerspruch zu ihren Gewohnheiten steht. Sie ist fünfzig, das heißt, sie hat schon viele Versionen von sich selbst gesehen, viele Arten aufzuwachen und einzuschlafen, von denen ihr die meisten heute unvorstellbar erscheinen. Die einzigen zwei Konstanten waren, dass sie nach Möglichkeit im Bett las und sich, bis auf ganz wenige Ausnahmen, auf ihren tiefen Schlaf und ihre auf eine angenehme Art belanglosen Träume verlassen konnte.

Tatsächlich zählt Schlafen, wie Atmen und Gehen und Kauen und Riechen, zu den Dingen, deren Wichtigkeit einem erst ins Auge springt, wenn sie infrage stehen. Tills Mutter macht in den Wochen nach dem Grönlandtraum, während sie Stunden damit verbringt, wach zu sein und schlafen zu wollen, in neue Arbeitstage gehen muss, ohne auch nur im Geringsten erholt zu sein, dieselbe Erfahrung, die alle machen, die nicht mehr kauen oder atmen, gehen oder riechen können und denen es nichts bringt, dass die restliche Welt noch steht und alle anderen mit dem, was ihnen unmöglich geworden ist, keine Schwierigkeiten haben.

Tills Mutter ist abergläubisch. Sie klopft auf Holz, um Sachen nicht zu *verschreien*, und sie glaubt an Fügungen, weshalb es in ihrem Leben immer wieder zu solchen Fügungen kommt. Auch jetzt, so scheint es, lässt sich das Schicksal nicht lumpen, denn es kann natürlich kein Zufall sein, dass sie, wenige Minuten nachdem sie den Entschluss gefasst hat, ihr Problem anzugehen, auf Ö1 von einer neuen Studie hört, der zufolge die Art des Bildschirmlichts einen weniger schädlichen Einfluss auf die Schlafqualität hat als der Inhalt an sich, und noch weniger kann es Zufall sein, dass sie am Abend desselben Tages zufällig mithört, wie eine telefonierende Frau in der Straßenbahn jemandem erzählt, das Handyspiel Candy Crush habe bei ihren Schlafproblemen geholfen. Daraufhin wandern *Anatomie einer Nacht* und die anderen beiden Anna-Kim-Romane vom Bücherstapel, der sich über zwei Nachttische und die leere Betthälfte ausbreitet, zurück ins Regal, und auch die dicken Schinken von

Péter Esterházy und Orhan Pamuk, die dort so lange gelegen haben, dass ein Teil der Staubschicht in ihre Schutzumschläge eingegangen ist, verschwinden.

Tills Mutter installiert Candy Crush und lädt das Handy erstmals am Nachttisch statt bei der Steckdose am anderen Ende des Zimmers.

Schon in der ersten Nacht bemerkt sie eine Verbesserung. In ihrem Kopf schwirren beim Einschlafen verschiedene Süßigkeiten herum, die es anzuordnen gilt, zu verschieben, nach und abseits der Regeln des Spiels, und sie wacht neun Stunden später auf, ohne sich an etwas anderes zu erinnern als an das fröhliche Zerplatzen der Zuckerl.

In der folgenden Woche, während sie das Ritual jeden Abend wiederholt, normalisiert sich ihr Schlaf, und sie findet nichts Paradoxes daran, das Gegenteil von dem zu tun, was sie ihrem Sohn rät. Ihr fällt wieder ein, wie sie, schwanger mit Till, das Rauchen aufgegeben hatte und immerzu Snake auf ihrem Nokia-Handy spielte.

Wenn man ans Schicksal glaubt, gibt es keine Widersprüche, und heute, am Tag der vier Supplierstunden, als Till nach Hause kommt und das Abendessen noch nicht fertig ist, weil Tills Mutter nach ihrer Arbeit eine halbe Stunde auf der Couch gesessen und Candy gecrusht hat, fühlt es sich für sie an wie ein Schritt in Richtung ihres Sohnes.

Beim Essen versucht sie vergeblich, etwas über Tills Schultag zu erfahren, und spricht ein weiteres Mal nicht das Thema Architektur an.

Danach verschwindet Till in sein Zimmer und spielt AOE2, bis seine Mutter ins Bett geht. Und früher als sonst, schon um Mitternacht, klettert auch Till auf sein Bett, wirft die *Brigitta* durch die Luke nach unten, um sie morgen nicht zu vergessen, nimmt, wie jede Nacht, das Buch von Roland Rainer zur Hand und legt es sich auf den Bauch, wo es, wie jede Nacht, ganz wunderbar seine Funktion als Laptopunterlage erfüllt, während er zur Stimme von Tristan Berry einschläft, die zeitgleich in Tausenden anderen Kinderzimmern erklingt, in Studentenheimen, WG-Zimmern, Junggesellenbuden, Elternschlafzimmern, in Australien, Estland und Indien.

Tristan Berry, ein 24-jähriger Amerikaner, den Fans von Age of Empires 2 als T90Official kennen, kommt oft in die Situation, seinen Beruf erklären zu müssen: gegenüber seinen Freunden, seinen Eltern, den Freunden seiner Eltern, den Eltern seiner Freundin, die in Florida Meeresbiologie studiert, und deren Freunden.

Er benützt die Worte Streamer und Caster und YouTuber, erwähnt Twitch, wenn er glaubt, verstanden zu werden. Älteren Menschen erklärt er seinen Beruf meist in Analogie zu dem eines Sportkommentators, und das mit Recht. Wenn Tristan Pro-Matches auf Twitch überträgt und sich darüber beschwert, dass ein Argentinier aus den Top 30 vergisst, das zweite *woodchopping*-Update zu erforschen, oder in Begeisterungsstürme ausbricht, weil ein Kanadier mit acht *crossbows* zwei Katapulte zerstört, dann tut er tatsächlich das Gleiche wie ein Sportkommentator: Er versucht, ein live stattfindendes Sportereignis bis ins Detail in Worte zu fassen.

Heute sieht man eine andere Seite seiner Arbeit. Heute überträgt Tristan ein Segment namens Low-ELO-Legends, wo er nicht Matches von Pros kommentiert, die fast alles richtig machen und bei denen jeder kleine Fehler das Spiel entscheiden kann, sondern Matches von unterdurchschnittlichen Spielern, die fast alles falsch machen, dafür aber kreativer an Age of Empires herangehen, weil sie die Regeln, die sie brechen, gar nicht kennen.

Manche von ihnen behandeln AOE2 wie Sim City und konzentrieren sich nur darauf, eine schöne symmetrische Stadt zu bauen. Andere glauben aus unerklärlichen Gründen, dass die weiblichen und die männlichen Dorfbewohner sich in Hinblick auf ihre Fähigkeiten unterscheiden, und machen sich selbst das Leben schwer, indem sie ihre ganze Energie darauf verwenden, die weiblichen vils Felder bestellen und Beeren sammeln und die männlichen vils Holz hacken und Gold schürfen zu lassen.

Low-ELO-Legends ist eines der Formate, die Till am wenigsten interessieren. Er dreht den Stream nur zum Einschlafen auf, und viele andere Menschen machen es genauso, sie lassen sich von Tristans angenehmer Stimme in den Schlaf tragen.

Tristan weiß, dass er als Einschlafhilfe missbraucht wird. Er weiß es, weil immer wieder Zuschauer in seinen Chat schreiben oder fünf Dollar spenden, um Tristan in einer für alle hörbaren, von einer Computerstimme vorgelesenen Nachricht zu bitten, nicht so laut zu schreien. Er weiß es, weil er private Nachrichten bekommt, in denen ihm Menschen dafür danken, dass er ihnen mit ihrer Insomnie geholfen hat. Und er weiß es, weil er die Statistiken kennt und sieht, wie jede Nacht zwischen 22 und 0 Uhr mitteleuropäischer Zeit die Anzahl der Kommentare rapide zurückgeht, während die Anzahl der Zuseher gleich bleibt. Dann weiß Tristan: Sie schlafen.

Er hält gerne als Einschlafhilfe her. Er weiß, dass es beim Geschichtenerzählen nicht darum geht, Langeweile zu vermeiden, sondern darum, die Langeweile zu umarmen. Tristans größter Erfolg auf YouTube, das Video, das ihm erlaubte, seinen Job zu kündigen und sich völlig auf AOE2 zu konzentrieren, hat wesentlich zu dieser Erkenntnis beigetragen. Es war keines von denen, in die er viel Arbeit investiert und Hoffnung gesetzt hatte, sondern ein, seiner Meinung nach, total bescheuertes Video namens *Forest Nothing*, in dessen Verlauf er mehrmals ausdrückt, wie sehr er bereut, sich dazu bereit erklärt zu haben. Denn in dem als 4v4 zwischen lauter Amateuren ausgetragenen Match, das über eine Stunde dauert, passiert sehr lange nichts. Statt von Wiesen, auf denen Einheiten sich bewegen und Dorfbewohner Gebäude errichten könnten, ist die ganze Karte von dichtem Wald bedeckt. Mühsam müssen die Spieler sich den Weg zueinander freihacken. Und wenn sie nach einer Ewigkeit endlich angekommen sind und einander bekämpfen, ist es auch schon wieder vorbei.

Immer wenn es wenig Action gibt, beginnt Tristans eigentliche Arbeit: Er erzählt Geschichten. Und so erfahren seine Zuschauer viel über die verschiedenen Pros und Amateure, vor allem aber über Tristan selbst, über seinen Humor, seine Familie und sein Leben. Tristan wuchs mit mehreren älteren Geschwistern in Pennsylvania auf, war als Jugendlicher übergewichtig und schüchtern und durfte weder Pokémon spielen noch Harry-Potter-Filme ansehen, weil seine Eltern beides für satanistisch hielten, und als er schließlich doch einen sah, wunderte er sich, weil es im Film als unwürdig dargestellt wird, in einem Kabuff unter der Treppe zu wohnen, und er verstand, dass sein gemütliches kleines Zimmer eigentlich ein Kabuff unter der Treppe gewesen war.

Für Tristans Erfolg gibt es verschiedene Gründe. Er spricht ein klar verständliches Englisch, was ihn von allen Streamern aus Spanien, Deutschland und dem Baltikum abhebt.

Tristan ist nett. Er ist eloquent, ohne gebildet zu sein. Und er wendet den ältesten Trick an, den es gibt, um sich davor zu schützen, nicht ernst genommen zu werden: Er nimmt sich selbst nicht ernst.

Natürlich machen sich seine Zuschauer trotzdem über ihn lustig. Sie schreiben *T90blind*, wenn er wieder mal etwas übersehen hat. Sie verarschen ihn für seine Ignoranz in Sachen Geschichte und Geographie und dafür, dass er, gefragt nach seinem Filmgeschmack, antwortet, er möge am liebsten *medieval movies* wie *Gladiator* und *Troja*. Und sie verarschen ihn für seine lehrerhafte Art, dieselben Details endlos zu wiederholen. Millionen Mal muss Tristan schon darauf hingewiesen haben, dass die Inder einen Bonus haben, der sie Küstenfisch schneller sammeln lässt, und wieso es nicht ratsam ist, zuerst die Bäume zu fällen, die verstreut um das Dorfzentrum herumstehen.

Vielleicht besteht kein so großer Unterschied darin, ob man Streamer ist oder Sportreporter oder Lehrer. Ob man Elbisch lernt oder Finnisch, ob man die Geschichte von Westeros studiert oder die von Westfriesland. Tristan spricht zu Menschen, die jünger sind als er, und versucht, ihnen etwas beizubringen. Tristan kennt sich nur mit seinem Beruf aus, mit Videocontent und Age of Empires 2, während er von allem anderen erstaunlich wenig weiß. Er eint sein Publikum, indem er als Projektionsfläche für ihren Spott herhält, er interveniert, wenn es ihm zu viel wird, mahnt einen freundlicheren Umgangston an und lässt einzelne Störenfriede von seinen Mods sperren, damit das, was Age of Empires besonders macht, die relative Freundlichkeit der Community, erhalten bleibt.

Tristan verbindet Amateure und Pros, Gelegenheitsspieler und Scenario-Mode-Nerds. Er bringt sein Einschlafpublikum zu Turnieren und sein Turnierpublikum zu seinen Einschlafstreams.

Einige Amateurspieler, die Tristan entdeckt hat, sind inzwischen selbst berühmt. Fatslob zum Beispiel, ein Schwede, der immer dieselbe Karte mit denselben Einstellungen und Zivilisationen spielt. Und dabei immer dasselbe macht: Er schickt ganz am Anfang des Matches Dorfbewohner vor, um den Weg zum Gegner zu blockieren, und lässt sie mehrere Mauern bauen, sodass sein Gegner keinen Weg zu ihm findet. Er zermürbt ihn über Stunden mit immer neuen Mauern und erträgt stoisch jede Beschimpfung, weil es die Ehre seiner Gegner verletzt, gegen jemanden zu verlieren, der nur mit einer einzigen Strategie erfolgreich sein kann.

Von außen betrachtet, ist nichts daran besonders aufregend, dass ein 50-jähriger Schwede viele Hundert Stunden lang nicht nur auf alle analogen Möglichkeiten dieser Welt und auf alle anderen Computerspiele verzichtet, sondern sogar auf alle Möglichkeiten, die es innerhalb des Kosmos von AOE2 gibt, all die verschiedenen *gamemodes* und *maps* und Zivilisationen, um immer wieder genau das Gleiche zu tun: Wikinger gegen Wikinger auf der einzigen Karte zu spielen, bei der es möglich ist zu campen. Insofern könnte man es ironisch finden, dass Tristan das Video *The Legend of Fatslob* nennt. Andererseits, was sind Legenden anderes als erfolgreiche Geschichten? Und die hunderttausend Klicks beweisen den Erfolg dieser Geschichte und ebenso die der Fortsetzungen, die Titel wie *Fatslob Continues Slobbin'* und *Fatslob is STILL playing black forest* tragen.

Das Finale von *Hidden Cup 2*, einem Turnier, das Tristan finanziert und streamt, sehen zehntausend Menschen. Dort treten die Top 16 von AOE2 gegeneinander an, aber nicht unter ihren echten Namen, sondern unter Pseudonymen, die erst nach dem Finale offengelegt werden. Tristan lässt die Vergabe und die Kommunikation mit den Spielern von einem seiner Mods erledigen, kennt also selbst die Auflösung nicht und rätselt, genauso wie sein Publikum, drei Tage lang, welcher Spieler sich hinter welchem Namen verbirgt. Er ändert immer wieder seine Einschätzung und erfährt, wie alle anderen, erst nach dem Finale, ob wieder der gewonnen hat, der seit sieben Jahren immer gewinnt: TheViper.

TheViper, ein 24-jähriger Norweger, ist der Marcel Hirscher von AOE2, der Valentino Rossi, der Beste in allen Disziplinen. Auch bei Hidden Cup 2 bestand die Sensation daher nicht darin, dass TheViper gewann, sondern darin, dass Tiiiko, ein gerade erst in den Top 10 etablierter Spieler, bis ins Halbfinale vordringen und dabei so spielen konnte, dass man annehmen musste, er sei TheViper.

Seitdem ist Tristan oft nach Tiiiko gefragt worden und hat immer wieder erklärt, was er über ihn weiß: Dass er nicht 17 ist, wie es in seinem Profil steht, sondern erst 15; dass er untertags selten online ist, maximal eine halbe Stunde, und, erst wenn die Europäer langsam ins Bett gehen und die Spieler aus Latein- und Nordamerika in den Lobbys auftauchen, drei oder vier Stunden spielt, auffällig wenig für einen Pro; dass er aber kein Peruaner ist, wie viele glauben, nur weil er bei Hidden Cup 2 die peruanische Flagge im Profil hatte, sondern aus einem Land kommt, dessen Flagge aussieht, als hätte sich die peruanische Flagge schlafen gelegt.

Am Mittwoch steht Till Kokorda um 7 Uhr 40 auf. Er putzt sich die Zähne, klemmt eine Semmel in den Mund, läuft die

Schaumburggasse hinunter und sieht schon von Weitem, dass das Schultor verschlossen und er schon wieder zu spät ist.

16

Diesmal lässt ihn der Erziehungsleiter nicht durch. «Dich sehe ich hier zu oft, das ist immer ein schlechtes Zeichen», sagt er und schreibt ihn auf.

Till geht über den Hof und denkt darüber nach, wie oft er noch zu spät kommen kann, bevor er einen Laufzettel bekommt. Auf einmal fällt ihm ein, dass die *Brigitta* zu Hause auf dem Fußboden liegen geblieben ist. Panik, ein Loch im Bauch, als ob er Schlüssel, Geldbörse oder Handy verloren hätte.

Er steigt die drei Stockwerke hinauf in seine Klasse, nuschelt jedem Lehrer, an dem er vorbeikommt, ein *Sgoterfesor* entgegen und sitzt, ohne sich beeilt zu haben, rechtzeitig auf seinem Platz: bevor die Religionslehrerin ihn ins Klassenbuch eintragen kann. Mittwochs ist sie gut drauf, weil ihr die O. B.s erspart bleiben, diese grässlichen Nichtkatholiken, die sie beaufsichtigen soll, ohne sie unterrichten zu dürfen. Moslems, Juden, Protestanten, vor allem aber Atheisten und Bekenntnislose, nicht einmal mehr Falsch-Gläubige, sondern im wahrsten Sinne des Wortes Un-Gläubige, an Religion so Desinteressierte, dass sie nicht einmal mehr erklären könnten, ob sie Atheisten oder Agnostiker sind.

Die O. B.s, insbesondere Khakpour, Wöber und Ghisetti, haben sich zum Ziel gesetzt, die Religionslehrerin in ihrem letzten Jahr vor der Pension noch in den Wahnsinn zu treiben. Sie wissen, wie schlecht die Religionslehrerin hört, und sie wissen, dass ihre Zurechnungsfähigkeit wegen der Medikamente, die sie nimmt, nicht nur angekratzt, sondern tatsächlich bis zu einem gewissen Grad infrage gestellt ist, und loten jede Woche aus, wie sie diese Grenze weiter verschieben können. Sie sitzen hinten auf der Couch, schwätzen, lachen, essen Chips, sind kurz leise, wenn sie zurechtgewiesen werden und dann gleich wieder laut, und irgendwann kommt Khakpour auf die Idee, eine halbe Sekunde lang aufzuschreien, während die Lehrerin mit dem Rücken zur Klasse steht, und dann so zu tun, als sei nichts passiert.

Früher hätte sie alle aufstehen lassen und verhört. Sie hätte eine Strafe für die ganze Klasse angedroht, bis der Schuldige identifiziert gewesen wäre, und sich darauf verlassen können, dass irgendwer das Schweigen bricht. Wäre sie damit nicht weitergekommen, hätte sie den Dolinar eingeschaltet und daraufhin eine Entschuldigung und einen Blumenstrauß vom verantwortlichen Schüler bekommen. Nie wieder wäre sie in dieser Klasse einem solchen Versuch der psychologischen Kriegsführung ausgesetzt gewesen.

Aber leider erscheint der Religionslehrerin inzwischen nicht nur die glorreiche autoritäre Vergangenheit weit entfernt, sondern auch die unmittelbare Gegenwart. Sie nimmt alles wie durch einen Schleier wahr, fühlt sich in einem nebeligen Sumpf gefangen, bleibt immer wieder stecken, ohne genau zu wissen, worin, kann Geräusche nicht zuordnen, weil in ihrem Kopf bisweilen ein Lärm herrscht, als spielte dort jemand Schlagzeug. Sie kann ihrer Wahrnehmung nicht trauen, zuckt nur kurz zusammen, dreht sich zur Klasse, mustert sie kritisch und wendet sich wieder der Tafel zu, unsicher, ob sie sich das Kichern ebenso einbildet wie den Aufschrei davor.

Natürlich, das irdische Leben ist kurz, verglichen mit der

Endlosigkeit der Hölle, in der die O. B.s schmoren werden. Dennoch wünscht sich die Religionslehrerin manchmal, Gott möge schon früher intervenieren, ihr Gott, nicht dieser neue Hippiegott, der Deutsch spricht und von Akustikgitarren begleitet wird, sondern der zürnende, alttestamentarische Gott, an den auch der Dolinar glaubt, GOTT, der diese durchtriebenen Kinder mit einem Blitz zu Staub verwandeln könnte.

Aus Sicht der O. B.s besteht das Geniale an dem neuen Spiel darin, andere zu Komplizen zu machen, ihr Schweigen zum Teil der Verschwörung, und so eine Einheit zu bilden, die nicht auf Zivilcourage basiert, sondern auf deren Abwesenheit. Sie bringen sogar die Streber dazu, sich mit ihrem Streich solidarisch zu verhalten, nämlich indem sie sich nicht dazu verhalten, weil sie eine Situation geschaffen haben, bei der es mehr Aufwand bedeutet, sie anzusprechen als zu schweigen.

Immer wieder spielen sie im Folgenden das Geräusch eines wiehernden Pferdes auf voller Lautstärke ab, und selbst als die Religionslehrerin einmal wie wild durch die Klasse rennt und wahllos die Tischladen einzelner Schüler durchsucht, können sie sich darauf verlassen, dass sie dem Dolinar nicht davon erzählen wird.

In gewisser Weise geht es der Religionslehrerin wie dem Musiklehrer. Auch sie könnte nicht mehr sagen, ob die Dolinar-Kinder weniger schlimm sind als jene in den Parallelklassen, wo man sie mit einem Laserpointer blendet und Penisse auf ihre Overheadfolien malt, oder eigentlich noch schlimmer, weil ihre Grausamkeit ein Ventil ist, während die der A- oder der C-Klasse nur aus Langeweile und Gleichgültigkeit erwächst.

Heute dürfen die O. B.s ausschlafen, und die Religionslehrerin kann eine ruhige Stunde verbringen und ihre Overheadfolien über Franz von Assisi zeigen, ohne dabei von den Ungläubigen gestört zu werden. Till kann in der ersten Schulstunde die Latein-Hausübung abschreiben und herumfragen, ob irgendwer eine zweite *Brigitta* dabeihat und ihm so das Leben rettet. Er denkt zu spät daran, dass er Emma Ghisetti, mit der er sich okay versteht, seit sie letztes Jahr nebeneinandergesetzt worden sind, bitten könnte, ihm auf dem Schulweg noch ein Reclam zu kaufen, aber sie müsste dafür einen Umweg gehen, und es wäre zwar möglich, dass sie ihm den Gefallen tut, aber ebenso, dass sie ihn schon für die Frage verarscht.

Nach der ersten Stunde, auf dem langen Weg in die Umkleidekabinen, ist immerhin die Lage geklärt, und Till weiß, dass er nicht allein untergehen wird. Palffy, Blindstein und Ertl haben ihre *Brigittas* ebenfalls vergessen, und Khakpour hat faszinierenderweise noch nicht mal eine gekauft.

Leider, so empfinden es die meisten seiner Schüler, aber durchaus nicht jenes Dutzend Schülerinnen, denen er über die Jahre beim Skikurs eine Hand aufs Knie gelegt oder ein anzügliches Kompliment gemacht hat, ist der Betsch inzwischen pensioniert, und sein Nachfolger, Professor Stipsits, ein 45-jähriger Burgenländer, raucht zwar ebenfalls Kette, hat sonst aber nichts mit dem Betsch gemeinsam. Er glaubt weder an Fußball und Basketball noch ans Gänseblümchenpflücken und war schockiert darüber, dass die Schüler noch keine einzige Leichtathletikeinheit hatten, obwohl sie, laut Lehrplan, heuer das Österreichische Leistungsturnabzeichen erwerben sollen.

Seit der Stipsits sie unterrichtet, so der seltene Konsens

zwischen Fußballern, Basketballern und Gänseblümchenpflückern, der einzige Konsens zwischen A-Klasse und B-Klasse, ist ihr Leben schlechter, als es vorher war. Statt zwei Stunden lang zu tun, was ihnen Freude macht oder ihnen zumindest egal ist, müssen sie jetzt zu Beginn jeder Turnstunde drei Runden auf der Laufbahn drehen, müssen weitspringen, hochspringen, Schlagball werfen. Nur das Speerwerfen bleibt ihnen, aus Sorge der Schulleitung um den Zustand des Rasens, erspart.

Allerdings hat man dem Professor Stipsits im Gegenzug versprochen, nach den Hürden suchen zu lassen, die seit Jahren niemand mehr genutzt hat, und weil der ebenfalls burgenländische Schulwart, der mit deren Wiederbeschaffung betraut wurde, obwohl die eigentlich in den Aufgabenbereich des Turnwarts fällt, tatsächlich fündig geworden ist, gibt es heute Hürdenlauf.

Während die Hürden aufgebaut werden und der Stipsits ihnen die Sprungtechnik vorführt, bleibt Till bei Palffy, Ertl, Khakpour und Blindstein stehen, in der vagen Hoffnung, es könnte sich noch eine Lösung für sie alle auftun.

Palffy möchte in der großen Pause, direkt nach der zweiten Turnstunde, über die Mauer klettern, zum nächsten Buchgeschäft laufen und dort *Brigitta*s kaufen.

Blindstein sagt, das sei ein wahnsinniger Plan und Palffy ein Trottel, woraufhin Palffy ihn einen Loser und einen Feigling nennt.

Ertl stellt Palffy logistische Fragen, die darauf hindeuten, dass er die Idee zumindest in Erwägung zieht, und Khakpour, der als Einziger von ihnen schon mehrmals über die Mauer geklettert ist, sagt gar nichts.

«Und du?», fragt er dann, an Till gerichtet.

Till zuckt mit den Schultern.

«Bleibst du lieber hier wie der Blindi und lässt dich vom Dolinar eine Woche einsperren, oder kommst du mit?»

Till schaut auf einen Punkt zwischen Amir Khakpours Augen, in denen immer die Möglichkeit flackert, sein Gegenüber lächerlich zu machen. «Könnt ihr mir eine *Brigitta* mitnehmen, wenn ich euch Geld gebe?»

Palffy und Khakpour lachen, der Stipsits schreit «Ruhe!», und gleichzeitig bleibt einer der A-Klässler mit den Zehenspitzen an einer Hürde hängen und kracht, deutlich hörbar, auf den Granulatboden.

Es folgt ein noch lauteres Lachen, ein noch lauteres «Ruhe!», und während alle sich dem A-Klässler nähern, um zu sehen, ob und wie sehr er blutet, läuft Khakpour zurück in die Umkleide und holt sein Handy.

Weil er zu den O. B.s gehört und direkt zur zweiten Stunde kam, hat Khakpour als Einziger von ihnen seine Geldbörse in der Umkleide, und weil es sein Handy ist, mit dem sie auf der Thalia-Seite nachschauen, wie viele Exemplare von Stifters *Brigitta* dort ausliegen, steht er gewissermaßen im Zentrum der Aktion.

Da es, wie sich herausstellt, in der Thalia-Filiale am Hauptbahnhof nur eine einzige *Brigitta* gibt, wäre es naheliegend, dass Khakpour Anspruch auf diese erhebt. Allerdings setzt Ertl, als sie um Khakpours Handy herumstehen und auf die kleine Zahl beim Unterpunkt *Filialabholung* starren, mit einem «Shotgun!» etwaige Ansprüche Khakpours außer Kraft. Kein anderes Regelwerk genießt unter jungen Männern so universelle Gültigkeit wie das Anspruchanmelden durch «Shotgun!» oder dessen Abwehr durch den Ausruf «Nixdrin!».

Till ist erleichtert, dass Palffys wahnsinniger Plan scheitert, bevor sie ihn weiterverfolgen können. Aber um sich diese Erleichterung einzugestehen, müsste Till sich zuerst eingestehen, dass er innerlich schon zum Ausbruch bereit war, ausgerechnet an der Seite derer, denen gegenüber er in den letzten fünf Jahren nie Mitleid empfand, weil die Strafen, die sie ausfassten, ihm immer als logische Konsequenzen ihres Fehlverhaltens erschienen. Dazu kommt, dass es schwer ist, Erleichterung darüber zu empfinden, nicht über die Mauer klettern zu müssen, wenn im selben Augenblick die Angst vor Dolinars Strafe nur noch stärker aufflammt.

Überhaupt ist es schwer, zu wissen, was man genau fühlt, weil es ja nicht nur einfache Gefühle wie Traurigkeit und Wut und Erleichterung gibt, sondern all die Gefühle, die man zwar spürt, aber nicht in Worte fassen kann, all die Mini-Gefühle, die an vergangene Erfahrungen anknüpfen, an Muster, auf die man als Kind oft draufgeschaut hat oder Gerüche bestimmter Putz- oder Waschmittel.

Ein solches Mini-Gefühl breitet sich in Till aus, während Amir Khakpour beim Hürdenlauf drankommt und sein Handy nicht bei Palffy, Ertl oder Blindstein lässt, sondern ausgerechnet bei ihm, Till.

Gerade ist ein zweiter A-Klässler über eine Hürde gestolpert, er bleibt hängen, zieht sie ein kleines Stück mit, knickt auf ihr um, reißt sich dabei das Seitenband, und während er, weinend und von zwei Klassenkollegen gestützt, in Richtung Krankenstation humpelt, murmelt der Stipsits entnervt: «Ich schaff's ja auch, ohne mir wehzutun.»

Und keiner der Schüler, die sich in diesem Moment denken, er habe es vielleicht leichter beim Hürdenlauf als sie, weil er größer ist, verbalisiert diesen Einwand.

Eine der Eigenschaften, die den Stipsits unter seinen

Schülern besonders unbeliebt machen, ist dieses fehlende Gespür für Unterschiede. Im November sagte er zu Steiner, der sich über den Regen und die Kälte beschwerte: «Mir ist auch kalt, aber ich jammere deswegen nicht herum.» Als ihn daraufhin alle entgeistert ansahen, weil sie in kurzen Hosen und T-Shirts auf dem Boden saßen und er mit Pulli, Funktionsjacke und Regenschirm auf einer Bank, deutete er ihre Blicke als Symptom ihrer Schwäche, als Grund, wieso diese Kinder abgehärtet werden müssen.

Während der nächsten Runde auf der Laufbahn versteckt Khakpour sich hinter dem einzigen Baum, der dafür geeignet ist, und zückt sein Telefon. Als Till am Baum vorbeikommt, telefoniert Khakpour schon, und als Khakpour sich bei dessen dritter Runde zu Till umdreht und ihm den Daumen entgegenstreckt, kommt das Mini-Gefühl wieder. Es knüpft daran an, wie es war, mit Khakpour auf Entdeckungstour zu gehen, in den ersten Wochen ihrer gemeinsamen Zeit hier, bevor Khakpour Khakpour war und Till Till. Als sie nicht mehr die Volksschulversionen von sich selbst waren, aber auch noch nicht ihre Marianumversionen. Bevor Khakpour beim Gehen in der Zweierreihe heimlich Tills Schultasche leicht angehoben und immer mehr Gewicht auf seine eigene Hand verlagert hat, nur um im richtigen Zeitpunkt loszulassen. Vor Tills erster Kopfplatzwunde. Bevor der Dolinar Khakpour auf einen Einzeltisch ganz hinten setzte.

Jetzt winkt Khakpour Till zu sich heran, und als wäre er kein bisschen aufgeregt, als hätte er schon oft hinter diesem Baum gesessen, dem einzigen, der innerhalb der Laufbahn wächst, geht Till neben ihm auf die Knie, registriert kaum die Blicke der anderen, die an ihnen vorbeijoggen, den Blick von Fritzi, während er den Kopf an Khakpours Handy hält und die Besitzerin des kleinen Buchgeschäfts am Elisabethplatz etwas genervt sagen hört: «Ja, wir haben mehrere Exemplare von *Brigitta*. Ja, es sind mehr als zwei. Ja, wir haben sie lagernd. Ja, ich lege sie zur Seite.»

17

Wenn man lange in Wien lebt, bekommt man irgendwann das Gefühl, jeden Menschen zu kennen. Man ist hängen geblieben. Man hat sich von der Phantasie, Wien sei eine Weltstadt, in das provinziellste aller möglichen Leben hineinlocken lassen. Jeden Menschen, den man kennenlernt, kannte man schon, jedes Leben, das mit diesem Menschen möglich erscheint, erschien schon vorher möglich.

Wenn man aber plötzlich einen neuen Menschen kennenlernt, einen Menschen, der in derselben Stadt lebt, aber einem auf keine einzige Art verbunden ist, und man sich – logischerweise – sofort in diesen Menschen verliebt, öffnet sich irgendwo ein Fenster.

Mögen andere mit Menschen schlafen, die sie schon seit Jahrzehnten kennen, die schon jahrelang mit Freunden von ihnen liiert waren, dieselben Bildungseinrichtungen besucht oder ähnlichen Cliquen angehört haben, wie lächerlich und kleinkariert erscheinen sie den Glücklichen, die neue Menschen finden, Menschen, bei denen die Frage, ob es *die* Karo oder *der* Maxi sei, ins Leere laufen. «Nein», antwortet man, «nicht er, nicht sie, niemand, den du kennen kannst.»

Für Till spielen solche Fragen noch keine Rolle, aber als er mit Khakpour hinter dem Baum kauert, fühlt er etwas damit Vergleichbares, die Freude, in seiner abgenutzten Umgebung etwas Neues zu entdecken, ein offenes Fenster.

In der großen Pause gehen sie mit schnellen Schritten und in ihre Kniekehlen schlagenden Sporttaschen den Hügel hinauf, und Khakpour und Ertl streiten über die genauen Regeln von Shotgun, denn das Beanspruchen des Beifahrersitzes im Auto über «Shotgun!» gilt erst, wenn Sichtkontakt zum Auto besteht, weshalb Khakpour und Palffy die Meinung vertreten, Ertl hätte warten müssen, bis sie den Buchladen oder sogar das Reclam selbst sehen, was Ertl als *vollkommen plemplem* bezeichnet.

Till mischt sich nicht in die Diskussion ein, folgt ihr nur mit einem Ohr, und dennoch lenkt sie ihn von dem Gefühl ab, das sich in seinem Bauch ausbreitet und nur schwer eingegrenzt werden kann. Es könnte ebenso Panik sein wie Vorfreude. Man glaubt zu verstehen, wenn man irgendwo liest, jemand habe Schmetterlinge im Bauch oder vor Angst ein Loch ebendort, jemandem schlage das Herz bis zum Hals, oder sein Magen drehe sich um. Dabei äußern sich diese Gefühle alle in derselben Körperregion, und oft ist es nur der Kontext, der deutlich macht, ob es sich um eine erwartungsvolle Leere im Bauch handelt oder um eine völlig hoffnungslose.

Einigermaßen sicher ist, dass Tills Nervosität auf dem Weg zur Mauer abnimmt. Als sie an den Tennisplätzen und dem Waldplatz vorbei sind und das Eck beim Theater Akzent erreichen, merkt er, dass er sich die Mauer den ganzen Tag wider besseres Wissen zwanzig Meter hoch vorgestellt hat, comichaft hoch, und jetzt, wo sie davorstehen, ist es, als käme er an einen Ort, von dem er geträumt und den er im Traum erkannt hat, und begriffe nun, wie dieser Ort wirklich aussieht.

Sie verstecken die Sporttaschen. Khakpour klettert als Erster drüber, Palffy hinterher, und schon ist Till dran, schon ist Till oben auf der Mauer, steigt auf die Mistkübel und steht auf der Straße.

Der Realitätsbruch, den der Regelbruch herbeiführt. Wie Tiere, die sich der Welt außerhalb ihres Zoos bewusst werden und sich daran erinnern, ursprünglich, vor vielen Jahren, in Freiheit geboren worden zu sein.

Ertl läuft los Richtung Hauptbahnhof, schaut bei jeder Seitengasse kurz ums Eck, bevor er weiterläuft.

«Der kommt gleich wieder angekrochen», sagt Khakpour.

Und tatsächlich sehen sie ihn beim Elisabethplatz schon wieder auf sie zulaufen. Er fragt Khakpour nach Geld. Khakpour möchte Zinsen auf sein Darlehen. Um von Khakpour drei Euro zu bekommen, muss Ertl sich verpflichten, ihm später dreißig zurückzugeben. «Ein Zinssatz von tausend Prozent!», wie Ertl empört vorrechnet.

Khakpour hat Zeit, denn das kleine Buchgeschäft, in dem drei *Brigitta*s für sie reserviert sind, ist schon in Sichtweite. Sobald Ertl das teuer erkaufte Geld in der Hand hält, läuft er Richtung Thalia davon. In zehn Minuten beginnt die Deutschstunde.

«Schön zu sehen, dass Stifter von jungen Menschen noch mit solcher Dringlichkeit gelesen wird!», sagt die Buchhändlerin.

«Das suchen wir uns ja nicht aus», antwortet Khakpour.

«Trotzdem toll! Dass das noch gelesen wird! Und großes Glück mit dem Zeitpunkt, normalerweise haben wir nicht so viele Exemplare lagernd.»

Unglaublich, wie leicht das Leben sein kann. Till sieht auf die Uhr, noch acht Minuten. Der Dolinar kommt immer zu spät, manchmal zehn, manchmal fünfzehn Minuten. Diese Zeit ist bei Palffys Plan einkalkuliert. Nur zweimal im Jahr kommt der Dolinar pünktlich, und immer ertappt er dann jemanden bei etwas Verbotenem. Solange nur heute kein solcher Tag ist!

Till geht im Kopf die möglichen Gefahren durch, die sie noch überwinden müssen. Auf dem Weg zurück gesehen zu werden. Beim Klettern über die Mauer gesehen zu werden. Auf dem Weg in die Klasse gesehen zu werden. Reinzukommen, und der Dolinar sitzt schon auf seinem Platz.

«Könnten Sie jetzt bitte die Bücher holen!», sagt Khakpour, der den Small Talk nicht mehr aushält.

«Da sind sie doch.»

«Wo?»

«Da», sagt die Buchhändlerin etwas pikiert und deutet neben die Kasse.

«Was soll das bitte sein?», schreit Palffy.

Till schreckt aus seinen Tagträumen auf und braucht ein paar Sekunden, um die veränderte Situation zu erfassen.

«Ich weiß, diese neuen Suhrkamp-Taschenbücher sind kein Hingucker, aber das ist eine wirklich gute neue Ausgabe mit Erläuterungen und einem Nachwort von Heribert Kuhn, sehr erhellend!»

«Sind Sie dumm? Wir brauchen das Reclam!», kreischt Palffy. Und dann, an Khakpour gewandt: «Du hast ihr doch gesagt, dass wir das Reclam brauchen, oder?»

Bevor sie das Buchgeschäft verlassen, werden Khakpour und Palffy eine beachtliche Menge Schimpfwörter los, und obwohl sich die wenigsten davon auf die Buchhändlerin beziehen und die schlimmsten erst auf dem Rückweg fallen, bleibt die Buchhändlerin ziemlich verstört zurück. Nicht weil sie zartbesaitet wäre oder solche Ausdrücke nicht schon vielfach gehört hätte. Sondern weil sie bis zu diesem Moment davon ausgegangen ist, Homophobie und Rassismus seien aussterbende Konzepte und, zumindest unter gebildeten jungen Menschen dieser Generation, kaum mehr verbreitet.

Einen bürgerlichen Buben wie Palffy im Jahr 2018 völlig ungeniert Ausdrücke wie *Teppichknüpfer* und *Kameltreiber* verwenden zu hören, löst in ihr explosionsartiges Unwohlsein aus, aber dass der so beschimpfte Junge, das Rassismusopfer, darauf nicht reagiert, wie in dem Workshop zur Zivilcourage, den die Buchhändlerin letztes Jahr mit ihrem Sohn absolviert hat, also nicht paralysiert ist oder weint oder sich zurückzieht, sondern den blonden Aggressor als *die mieseste arschfickende Drecksschwuchtel aller Zeiten* bezeichnet und die Buchhändlerin als *blöde Sau*, macht die Situation noch schlimmer und verwirrender.

Die Buchhändlerin denkt noch eine Weile über die schimpfenden Buben nach und über den dritten, der sich dabei völlig rausgehalten hatte und der ihr bekannt vorkam. Während die drei Buben die Elisabethstraße hinunterlaufen, fragt sie sich, welches Verhalten schlimmer ist, der Rassismus des Blonden oder die Homophobie des anderen? Das Schweigen des dritten? Oder dass sie selbst nicht schnell genug Worte fand, um ihre in diesen Dingen kompromisslose Haltung zu zeigen?

Erst am Abend kommt sie zu dem Ergebnis, dass es auf diese Fragen keine Antwort gibt, ohne alle Umstände zu kennen. Ist der Blonde wirklich schwul? Wie marginalisiert ist der andere? Musste seine Familie aus Syrien flüchten? Ist er ein in der Türkei verfolgter Alevite, ein Kurde? Oder nur ein reicher Wiener Perser?

Vielleicht würde es die Buchhändlerin beruhigen, auch jene Schimpfwörter zu hören, die Palffy und Khakpour erst nach Verlassen des Buchgeschäfts wechseln. Sie wäre wahrscheinlich zuerst noch ein bisschen geschockter, denn im

Vergleich erscheinen die Ausdrücke *Kameltreiber* und *Drecksschwuchtel* beinahe harmlos. Langfristig könnte es die Buchhändlerin allerdings beruhigen, zu hören, dass auch der homophob beleidigte Junge homophobe Sachen sagt und auch der rassistisch beleidigte Junge sich rassistisch äußert, und vor allem könnte es sie als Feministin bestärken, wieder einmal vorgeführt zu bekommen, dass alle Beschimpfungen in irgendeiner Weise mit der Abwertung von Frauen zu tun haben. Es würde sie natürlich schmerzen, die beiden adretten Buben so grausame Sachen über die Mutter und Schwestern des anderen sagen zu hören, aber es würde sie immerhin daran erinnern, dass die Identität von Menschen sich nicht aus ihren Diskriminierungen ergibt.

Die Buchhändlerin hat natürlich insofern recht, als die Verwendung der Worte *schwul* und *behindert* als Synonyme für *schlecht* und der völlig selbstverständliche Gebrauch rassistischer Stereotype unter Kindern dieser Generation schon weniger normal sind als bei allen vor ihnen, und die meisten Klassenkollegen von Till würden Wörter, wie Palffy und Khakpour sie verwenden, nicht in den Mund nehmen.

Daraus ergibt sich aber auch, wieso diese Art des Schimpfens immer existieren wird. Je einiger sich alle anderen in ihrer Ablehnung sind, desto mehr reizt es gewisse Kinder, weiterhin so zu schimpfen. Schließlich wollen sie mit ihren Worten ja nicht mehrheitsfähig sein, sondern verletzen und schockieren. Und darüber hinaus hat diese Art des Umgangs auch etwas Verbindendes, denn Palffy und Khakpour wissen, dass jeder von ihnen für diese Ausdrucksweise von der Schule fliegen könnte, und wenn sie beide so miteinander reden, kann keiner den anderen verpetzen, haben sie sich gegenseitig in der Hand.

Sie laufen, so schnell sie können, die Elisabethstraße hinunter. Till hält, wie schon vorher im Buchgeschäft, den Mund. Er ärgert sich nicht über Khakpour und nicht über Palffy, sondern nur über sich selbst, über seine eigene Dummheit. Darüber, dass er, statt zu warten, bis sich die sprichwörtliche Türe öffnet, zum Fenster rausgeklettert ist, jetzt dort feststeckt und hoffen muss, irgendwie wieder rückwärts herunterzukommen, um dann in genau der gleichen blöden Situation zu sein wie am Anfang.

Bei den Mistkübeln halten sie inne, und Khakpour, der jetzt eine Weile nichts mehr geantwortet hat, während Palffy ihn mit vielen Variationen des Wortes «dumm» bedacht hat, sagt: «Nenn mich, was du willst, Palffy. Sag über meine Mutter und meine Schwester, was du willst. Aber wehe du nennst mich noch mal dumm, du vertrotteltes Stück Scheiße. Jumbo Schreiner nennt auch niemanden fett, also red du nicht über die Intelligenz von anderen, du Behinderter.»

Till erschrickt, weil ihm auffällt, dass auf der anderen Straßenseite, in dem verspiegelten Kabäuschen vor der spanischen Botschaft, ein Polizist steht und durch die offene Tür zu ihnen herübersieht. Noch vier Minuten, bis die Stunde beginnt.

«Können wir trotzdem?», fragt er Khakpour.

Khakpour schaut Till mit Verachtung an und beginnt zu klettern, ohne den Polizisten eines Blickes zu würdigen. Till folgt ihm, noch bevor Palffy es machen kann, weil er schon vor sich sieht, wie der Polizist den Letzten von ihnen am Bein nach unten ziehen wird, was natürlich nicht passiert, weil dem Polizisten völlig egal ist, ob irgendwelche Kinder über eine Mauer klettern, die außerhalb seiner Zuständigkeit liegt.

Als sie wieder drinnen sind, geht es Till wie einem Tier, das einsehen muss, dass es außerhalb des Zoos nicht leben kann. Sie laufen durch den Wald, am leeren Tennisplatz vorbei, dann eine unsichtbare Linie entlang, die aus dem südöstlichen Eck des Schlosses entspringt, auf der man sie weder aus den nach Süden noch aus den nach Osten ausgerichteten Fenstern sehen kann. Sie sprinten die letzten fünfzig Meter und schleichen, an die Mauer gedrückt, bis zur Glockentür, die ein Fluchtweg und damit immer offen ist.

«Vielleicht kommt der Ertl so viel zu spät, dass der Dolinar auf alles andere vergisst», sagt Khakpour in einem Anflug von Versöhnlichkeit.

«Vielleicht hältst du die Goschn, du Hurenkind», sagt Palffy.

«Vielleicht hau ich dir in die Goschn, du Gehirnampeltierter», antwortet Khakpour in Anspielung auf Palffys Gewohnheit, Sachen falsch zu sagen.

«Vielleicht», sagt Till und überrascht sich selbst damit, «haltet ihr beide die Goschn, bevor uns wer hört.»

Sie schweigen, als sie die Treppen hinaufgehen, schweigen, als sie im dritten Stock wieder zu laufen beginnen, als sie vor der Klassentüre abbremsen und Till mit einem bis zum Hals schlagenden Herzen die Türe öffnet.

Das Geräusch von 25 gleichzeitig aufstehenden Menschen, den nach hinten geschobenen Sesseln, das Ächzen des Fußbodens, das Geräusch des Verstummens aller Gespräche. Dann schallendes Lachen. Das Lachen der Nichtbetroffenen, die insgeheim gehofft hatten, ihre Mitschüler würden erwischt werden und so für Unterhaltung sorgen.

Zwei Minuten später öffnet sich die Tür wieder, und Till steht genauso auf wie alle anderen, lacht aber nicht, als die anderen lachen, weil es nur Ertl ist. Als dreißig Sekunden später die Tür erneut aufgeht und der Dolinar mit einem eisigen Ausdruck im Gesicht hereinkommt, zuckt er zusammen.

Der Dolinar fährt sie an, was es denn zu lachen gebe. Er geht, kaum hat er seinen Mantel und seine speckige Ledertasche abgelegt, von hinten nach vorne durch die Klasse und kontrolliert die *Brigittas*. Khakpour ist der Erste, den er erwischt, dann Palffy, dann Blindstein, der versucht, ein altes Reclam als *Brigitta* auszugeben, indem er mehrere Stifte so darauf platziert, dass man den Titel nicht lesen kann.

Dafür erhält er, zusätzlich zu der Strafe, die auch Khakpour und Palffy ausfassen, einen zehnminütigen Vortrag vom Dolinar, in dem all seine früheren Verfehlungen erwähnt und zu einem Gesamtbild zusammengefügt werden. «Und 400 Wörter *Über das Vortäuschen falscher Tatsachen*.»

Till ist der Letzte, den er erwischt. «Schon wieder du?», fragt der Dolinar mit hoher Stimme und kneift die Augen zusammen, wie er es immer tut, wenn er jemandem vermitteln will, dass der sich jetzt in seinem Schussfeld befindet. «Na, dann viel Spaß in dieser Gesellschaft, Kokorda!»

In der Folge geht es überraschenderweise nicht um den Inhalt des nächsten Kapitels, sondern um Stifters Lebensdaten, darum, wer 1805 und 1868 jeweils Kaiser von Österreich war. Wieso man zu diesem Zeitpunkt nicht mehr vom *Kaiser des Heiligen Römischen Reiches Deutscher Nation* spricht. Und wer der Kaiser war, der diesen Wechsel vollzogen hat.

Bis dahin leistet sich niemand einen Fehler, denn Dolinars Schüler haben die Antworten auf diese Fragen längst internalisiert. Sie rattern *Franz-zwei-eins* völlig selbstverständlich runter, als wüsste jeder, was damit gemeint ist. Es ist kein Zufall, dass den ersten groben Fehler ausgerechnet der einzige Deutsche aus ihrer Klasse begeht, Jan, der letzten Herbst mit seinen Eltern aus Baden-Württemberg nach Wien gezogen ist, weil sein Vater einen Managementposten bei Siemens angetreten hat. Jan, für den die Abfolge österreichischer Herrscher nicht seit fünf Jahren, sondern erst seit ein paar Monaten Prüfungsthema ist.

«Und wer war vor Franz-zwei-eins Kaiser...in?», fragt der Dolinar mit einem schiefen Lächeln.

Und Jan, der in allen Fächern außer Sport einer der besten Schüler ist, aber die Tendenz hat, immer wieder völlig naiv in Dolinars Fallen zu tappen, antwortet: «Maria Theresia.»

Etwas Schlimmeres hätte er nicht sagen können.

«Bis du vollkommen wahnsinnig?», schreit der Dolinar. «Willst du mir sagen, dass du nicht weißt, wann unsere Stifterin gestorben ist? Wie ihre Kinder heißen? Joseph der Zweite, na, schon mal gehört? Leopold der Zweite? Du bleder Bua kannst heute mit den anderen Verbrechern in der Klasse bleiben und einen Stammbaum der Habsburger anfertigen!»

So schlimm ein Mittwoch auch sein mag, und dieser ist einer der schlimmsten in Tills Schulzeit, er kann nie so schlimm sein wie ein Dienstag oder ein Donnerstag oder ein Freitag. Denn mittwochs endet die Schule eine Stunde früher als sonst, schon um halb fünf, und noch dazu pünktlich, weil der Mathematiklehrer Gruber sie beaufsichtigt und nicht der Dolinar.

Seit Till darüber hinaus die Aufsicht im Informatiksaal innehat und das Studium für zwei Stunden verlassen darf, ist der Mittwoch seine Atempause, um den Rest der Woche durchzustehen. Und nachdem er heute den zweiten Tag in Folge keine Freizeit hatte, sondern mit *den anderen Ver-*

brechern an seiner Strafe saß, geht er umso glücklicher um 15 Uhr in den Informatiksaal.

Er spielt zwei Matches, verliert beide und sieht sich dann, statt noch ein drittes zu spielen, auf YouTube ein Video an, das ihn kurz seine Umgebung und seine Lebensumstände vergessen lässt. Ein Video, das T90 offenbar in den letzten Tagen gestreamt hat, wie man am Chatfenster rechts erkennt, wo peruanische Flaggen und *hi youtube* gespammt wird. Ein Video von einem Match, an das sich Till noch genau erinnert.

Ihm wird heiß, sein Herz klopft, als er hört, wie sein Username wiederholt und seine Erfolge gewürdigt werden, und diesmal ist durch den Kontext völlig klar, dass es ein erwartungsvolles Herzklopfen ist: nicht weil Till eitel wäre, sondern weil alle Menschen eitel sind.

«Und sonst geht's uns noch gut?»

Till zuckt zusammen und wirft dabei seinen Eistee vom Tisch. Der Dolinar war noch nie im Informatiksaal. Er wirkt dort noch mehr wie ein Fremdkörper als überall sonst.

«Wisch das auf! Geh sofort zurück in die Klasse und schreib deinen Aufsatz, verdammtnocheinmal!»

«Aber ...»

«Kein Aber, Kokorda! Gehma, sofort!»

«Aber ich habe hier Aufsicht.»

«Einen Scheißdreck hast du! Das hört sich jetzt alles auf. Mit deinen Extrawiascht ist es jetzt vorbei. Ich seh schon, dass du offenbar zu viel Freiheiten genießt. Und ihr auch, Computer abdrehen und auf Wiedersehen!», sagt er, an die drei Firstys gerichtet, die gemeinsam eine PowerPoint-Präsentation ausarbeiten.

Der kleinste Firsty formt mit seinen Lippen ein A, setzt dazu an, *aber* zu sagen, eines der Wörter, die den Dolinar am meisten triggern, überlegt es sich aber noch rechtzeitig anders und steht mit seinen beiden Kollegen auf, um sich auf den Weg in die Bibliothek zu machen, wo auch ein paar PCs stehen.

«Ich habe der Direktorin schon gesagt, dass du von deinen Pflichten im Informatiksaal entbunden bist, weil deine schulischen Leistungen nicht ausreichen. Und wenn die Schularbeit in drei Wochen auch nur ansatzweise spiegelt, was du in letzter Zeit demonstriert hast, werde ich mir noch weitere Maßnahmen überlegen müssen. Jetzt geh!»

Mit gesenktem Kopf betritt Till die Klasse, sieht alle Blicke auf sich gerichtet, entnimmt Grubers Miene, dass er schon Bescheid weiß, dass er ihn dem Dolinar gegenüber nicht verteidigt, dass er ihn aufgegeben hat und böse auf ihn ist. Beleidigt, ohne etwas zu sagen, wie er es immer ist.

Als Till um kurz vor fünf nach Hause kommt, liegt ihm nichts ferner, als seiner Mutter zu erzählen, wie sein Tag war. Er geht, ohne die Schuhe auszuziehen, in sein Zimmer, packt die *Brigitta*, als wollte er ihr wehtun, so wie Eltern früher ihre Kinder am Arm gepackt und zugedrückt haben, als sie sie nicht mehr schlagen durften, aber trotzdem physische Gewalt ausüben wollten: So drückt er das Reclam in seine Schultasche.

Auch später, beim Abendessen, kommt kein richtiges Gespräch zustande. Tills Mutter, für die das kurze Zeitfenster zwischen dem Ende ihrer Arbeit und dem Rückzug ihres Sohnes in sein Zimmer den einzigen Moment gegenseitigen Austauschs darstellt, redet über Candy Crush und über ein neues Buch des Architekten Carl Pruscha, ohne dass Till wirklich zuhört.

Früher hatte sie ein schlechtes Gewissen, weil Till den ganzen Nachmittag allein war, jetzt hat sie es, wenn sie das

Gefühl hat, nicht mehr zu ihm durchzudringen, an ihm vorbeizuleben, neben ihm her. Im Grunde versteht sie ebenso wenig, in welcher Situation Till sich befindet, wie er versteht, was seine Mutter den restlichen Tag über erlebt und was sie alles in die kurzen Gespräche beim Abendessen hineinprojiziert. Wie schmerzhaft es ist, sich von einem Menschen zu entfremden, den man in sich getragen, geboren, gefüttert und großgezogen hat.

Nach dem Essen geht Till in sein Zimmer und sieht sich wieder das Video von T90 an – es hat in wenigen Tagen schon 20000 Klicks akkumuliert –, spielt dann doch noch mehrere Matches, bis seine Mutter sich verabschieden kommt.

Till sagt: «Schlaf gut!», um direkt weiterzuspielen, drückt dann doch F3 und tippt *sry sec* in den Chat, weil seine Mutter keine Anstalten macht, gleich wieder zu gehen.

«Weißt du, was ich beim Abendessen sagen wollte, ist, dass man nie aufhören darf, sich selbst zu überraschen. Verstehst du? Also sich nicht zu früh auf etwas festlegen, weil man ja immer noch neue Seiten von sich entdecken kann. So wie ich! Ich dachte immer, Computerspiele interessieren mich nicht, und jetzt spiele ich Candy Crush. Oder so wie bei dir mit der Architektur. Du kannst dir ruhig zugestehen, dich für neue Sachen zu interessieren. Du bist ja so jung!»

Till sagt etwas, das zustimmend klingt, und lächelt, obwohl er keine Ahnung hat, wovon seine Mutter redet. Als sie die Tür schließt, tippt er *14?* und spielt noch ein paar Minuten weiter, ohne sich richtig konzentrieren zu können. Er gibt auf, obwohl er schon beinahe gewonnen hatte. Sein Gegner schreibt ratlos: *whyy??*

Till antwortet *sry*, schließt das Spiel und starrt einige Zeit auf den Desktop. Er öffnet noch einmal das Video von T90, sieht sich die ersten Minuten an, spürt dasselbe Glück, das er schon am Nachmittag gespürt hatte, bevor Dolinars Stimme alles in sich zusammenstürzen ließ. Er versucht, sich vorzustellen, wie er es sehen würde, wenn er absolut nichts über AOE2 wüsste, hört genau hin, was T90 sagt, wie er erklärt und erzählt, und klopft dann an die Tür seiner Mutter.

«Mama?»

Sie sitzt mit ihrem Handy im Bett und sieht ihn mit großen Augen an.

«Kann ich dir etwas zeigen?»

18

Was genau sich Tills Mutter auf dem kurzen Weg in sein Zimmer erwartet, weiß sie selbst nicht. Aber als sie merkt, dass sie sich an Tills Computer setzen werden, ist sie fest entschlossen, sich ihre Enttäuschung nicht anmerken zu lassen.

«Sehen wir uns das Video an und reden dann?»

«Okay.»

Till steht auf, damit seine Mutter sich, zum ersten Mal, wie ihr gerade auffällt, auf seinen Gamingsessel setzen kann. Er stellt sich neben sie, startet das Video und beobachtet sie aus den Augenwinkeln. Und er sagt nichts, damit seine Mutter verstehen kann, was T90 sagt, und die Puzzleteile selbst zusammensetzt.

T90 sagt: «Hello ladies and gentlemen and welcome to a very special cast. I will start the game in a second, but first I wanted to explain that I've casted this game already, so no, BringMeBiscuits, this is not live, this game was played in 2017 as part of the *Hidden Cup 1*-qualifiers.»

Tills Mutter sieht ein Haus und drei winzige Menschen, ein Pferd, Schafe. Sie sieht Wiesen und Wälder und horcht kurz bei dem Wort YouTube auf und dann noch mal, als sie zu verstehen meint, dass es um Kekse geht.

«I've decided to cast it again, ahead of next weekend's *who's number 2*-tourney, since both these players will participate in that. So now, without further ado, let's start this baby.»

Plötzlich wird es schwarz, die Wiesen und Wälder verschwinden, und alles beginnt, sich chaotisch zu bewegen, die Menschen, das Pferd, die Schafe, die in verschiedene Richtungen gehen, ein anderes Pferd, das hinter einem Reh hertrabt, ein anderes Haus. Oder ist es wieder das von vorher?

Tills Mutter müsste sich sehr konzentrieren, um zu erkennen, dass einer der Reiter ein grünes und der andere ein blaues Leiberl trägt, sie sieht nur Pferde und Menschen, ohne sich orientieren zu können, sieht im Grunde gar nichts, weil der Bildausschnitt sich zu schnell ändert, sieht den herumspringenden Cursor klicken und Felder markieren und muss sich zwingen, den Blick abzuwenden, weil ihr schwindelig wird.

Was T90 sagt, dringt nicht zu ihr durch: «We have a great 1v1 match-up here on Arabia between DauT in the blue playing as the Britons and Tiiiko in the green who chose to play as the Saracens. I'm still looking for a good click-baity title for the youtube upload, something like *Clash of Generations*, because as most you know, DauT is well in his thirties, which makes him the oldest top-10-player, while Tiiiko is the youngest.»

Neben dem hektischen Geschehen auf den Wiesen, wo überall plötzlich neue Gebäude stehen und die Landschaft verändern, wo Menschen von Ebern gejagt werden, während zwei Reiter gegeneinander kämpfen und dabei unnatürlich einen Hügel rauflaufen, als ginge es nicht darum, wer den anderen erschlägt, sondern darum, wer weiter oben steht, wird Tills Mutter auch von den vielen Zahlen und Icons abgelenkt, die überall um die Ränder des Spielfelds herumgruppiert sind.

Sie sieht den Chat rechts, in dem so schnell geschrieben wird, dass sie nicht versteht, ob er mit dem Video zusammenhängt, weil ihr unvorstellbar erscheint, dass jemand gleichzeitig beides, Video und Chat, verfolgen kann.

Sie sieht nicht im richtigen Moment hin, um den Usernamen BringMeBiscuits im Chat zu lesen und zu begreifen, dass der Sprecher vorher nicht Kekse verlangt, sondern auf eine Frage aus dem Chat eingegangen ist. Und weil niemand ihr erklärt hat, dass in der Mitte oben die beiden Namen der Spieler stehen, denkt sie jedes Mal, wenn sie DauT hört, damit sei das englische Wort *doubt* gemeint.

Tills Herz beginnt wieder zu klopfen.

T90 sagt: «And that's exactly what DauT is thinking right now. He's a boomer by default, so he's preparing to wall up real' early and will just extend his civ advantage. And Tiiko, the most highly esteemed young prodigy of AOE2, who for the last year has consistently been in the Top 10, but back then was just a new kid on the block, is actually helping him by getting housed. Build a house, man! Build a house already!»

Till stoppt das Video.

«Verstehst du das? Wieso es schlimm ist, housed to sein?»

Tills Mutter schüttelt den Kopf.

«Also, man kann nur so viele Einheiten und *vils* erschaffen, wie man Häuser hat, und wenn man nicht schnell genug Häuser baut, dann kann man nicht wachsen, und der Gegner hat automatisch einen Vorteil, weil seine Wirtschaft wächst und die vom anderen stagniert.»

«Okay.»

«Und sonst? Verstehst du sonst etwas nicht?»

«Ehrlich gesagt, verstehe ich gar nichts.»

«Wie? Was verstehst du nicht?»

«Alles.»

«Was zum Beispiel?»

«Alles! Wer redet da? Ist das der, der alles steuert? Wieso wird es immer wieder schwarz?»

«Also, es spielen zwei Spieler gegeneinander, der Grüne und der Blaue, und beide steuern ihre Einheiten gleichzeitig. Der Typ, der redet, ist der Caster. Der steuert nichts. Der überträgt nur das Spiel und klickt dabei ständig auf verschiedene Sachen, um die Statistiken überprüfen zu können. Es passiert dauernd irgendwo was, und der Caster oder Streamer entscheidet, was er zeigt. Er kann nicht immer alles zeigen, er wählt halt aus, was er wichtig findet.»

«Okay», sagt Tills Mutter zweifelnd. «Und wieso wird es jetzt immer wieder schwarz?»

«Das ist der *fog of war*, also, äh, der Nebel des Kriegs. Die Spieler sehen immer nur den Teil der Map, wo sie Einheiten oder Gebäude haben. Der Rest ist schwarz. Und der Caster kann das an- und abdrehen. Normalerweise stellt er es ab, damit man alles sieht. Aber manchmal will er es aus der Perspektive eines Spielers sehen, um zu wissen, was der sieht.»

«Okay.»

«Wenn du dich nicht auskennst, was wir gerade sehen, kannst du immer hier unten auf die Minimap schauen. Da sieht man die beiden Bases, die grüne und die blaue, und dieser kleine Rahmen zeigt, welchen Ausschnitt wir gerade sehen.»

«Und was ist das Ziel?

«Na ja, die wichtigste Aufgabe ist, die Wirtschaft immer weiter auszubauen und ständig neue *vils* zu erschaffen ...»

«Neue was?»

«Dorfbewohner, villager, *vils*. Diese kleinen Maxerl.»

«Die hier?»

«Nein, das ist eine Militäreinheit, ein Archer. Also es gibt zwei Arten von Maxerln, die hier, die keine Leiberl tragen, das sind die *vils*, das können Männer und Frauen sein. Die sammeln die Ressourcen und bauen Sachen. Und mit den Ressourcen erschafft man die Army, das können Bogenschützen oder Ritter sein oder *siege weapons*. Während man das macht, muss man aber alle zwanzig Sekunden schauen, ob eh alle *vils* effizient arbeiten und neue erschaffen werden, damit man möglich schnell ins nächste Zeitalter kommt also ... voranschreitet. Das kostet eine bestimmte Menge Ressourcen, aber wer im nächsten Zeitalter ist, hat bessere Technologien zur Verfügung. Es geht darum, ein Gleichgewicht zwischen Militär und Wirtschaft zu finden, verstehst du? Weil, wenn einer wirtschaftlich total überlegen ist, dann schafft er es schneller in die neue Zeit und macht einen fertig. Aber umgekehrt kann man auch zu viel in die Wirtschaft investieren, zu greedy sein, und dann bringt es einem nichts, weil der andere einem die ganze Wirtschaft umbringt.»

«Man darf die Zivilisten umbringen?»

«Was denkst du denn, Mama!»

Nach einer Weile setzen sie das Video fort, sehen zu, wie Till seinen Gegner mit einer unterlegenen Zivilisation an die Wand spielt, worüber T90 in Begeisterungsstürme ausbricht, wenngleich er auch immer wieder mit Till schimpft, weil Till zu wenig scoutet und keine Reliquien sammelt, mehrmals vergisst, rechtzeitig Häuser zu bauen.

Till erklärt seiner Mutter das Konterprinzip der Militäreinheiten von AOE2: wie Schere, Stein, Papier, nur mit mehreren Händen. Dann aber nennt er so viele Beispiele und so viele Details, dass seine Mutter ihm wieder nicht folgen kann. Und weil wiederholt von *straight meta players* die Rede ist, zu denen Till, wie T90 betont, eben nicht zählt, weil er immer wieder mit völlig ungewöhnlichen, dem Meta widersprechenden Strategien glänzt, erklärt er ihr sogar, was das in der Gamingwelt bedeutet.

«Meta ist so was wie die Grammatik, die Regeln, nach denen man spielen muss, aber halt nicht offiziell, sondern weil man weiß, dass es so am besten ist. Und das verändert sich immer, weil jede Abweichung, die sich durchsetzt, dadurch auch Meta wird.»

Wäre Till Philologie- oder Linguistikstudent, würde er vielleicht auf Ferdinand de Saussure verweisen und Meta mithilfe des Begriffs *parole* beschreiben, also sagen, Meta sei wie ein System des etablierten Sprachgebrauchs. Und wäre es prinzipiell möglich für einen Menschen, sich in den Erfahrungshorizont eines anderen Menschen hineinzuversetzen, dann könnte das vielleicht sogar einen Unterschied machen.

Tatsächlich ist Till aber außerstande, sich vorzustellen, wie wenig von dem, was er sagt, bei seiner Mutter ankommt. So wie sie sich nicht vorstellen kann, was er alles weglässt und vereinfacht.

Er hätte wahrscheinlich mit dem Aufbau des Bildschirms anfangen sollen. «Hier rechts, das ist das Chatfenster, da schreiben diejenigen, die live zusehen, während das Spiel auf

Twitch gestreamt wird. Da oben sieht man die Namen und die Ressourcen der beiden Spieler. Darunter steht, welche Upgrades sie erforscht haben, rechts ihre Punktezahl ...»

Aber mit jeder Sache, die Till erwähnt, muss er fünf weitere erklären, mit jeder Regel fünf Ausnahmen. Während er das Gefühl hat, alles viel zu sehr zu vereinfachen, kennt seine Mutter sich immer weniger aus. Sie fühlt sich, als wäre sie wieder ein Kind, das im Traum eine Schularbeit wiederholen muss, und der Stoff ist ganz weit weg.

Irgendwann, noch vor dem Ende des Spiels, sagt sie ganz vorsichtig, dass sie nicht mehr aufnahmefähig ist, und Till antwortet, dass er sie versteht, weil er ihr die Überforderung tatsächlich schon ansieht. Er hätte ihr zwar gern noch die Pointe gezeigt, nämlich warum das Video eben nicht *Clash of Generations* heißt, sondern *Viper Smurf*. Er hätte es ihr nicht einmal erklären müssen, weil T90 das selbst übernimmt: Er weist auf den In-Game-Chat hin, wo DauT nach seiner Niederlage zuerst *gg* tippt, wie es die Etikette erfordert, und danach *u viper smurf?*, um dem Publikum auf seine typisch redundante T90-Art zu erklären, *smurf accounts* seien Zweitaccounts von besonders guten Spielern, und DauT wolle damit andeuten, er habe gerade gegen TheViper verloren, den besten Spieler der Welt, obwohl er natürlich weiß, dass bei der Qualifikation keine *smurf accounts* zugelassen sind, was seine Frage zu einem Kompliment macht.

«Und das möchtest du machen? Spiele kommentieren wie dieser Tee-Neunzig?», fragt Tills Mutter nach dem Zähneputzen, als sie ihm einen Kuss auf die Stirn gibt.

«Man sagt Tea-Ninety, nicht Tee-Neunzig, Mama. Und nein, will ich nicht. Ich bin ein Pro-Player, kein Caster. Ich bin der, den wir grad gesehen haben, der grüne Spieler, der *promising young prodigy*, der mit 15 schon zu den Besten der Welt gehört. Ich bin Tiiiko!»

Erst im Bett wird Till bewusst, dass es unwichtig ist, ob seine Mutter jeden einzelnen Spielzug versteht, weil das sowieso nicht geht. Oder auch nur das Spielprinzip, in groben Zügen. Wichtig war, ihr zu zeigen, dass er nicht nur so vor sich hin spielt, sondern schon jetzt auf einem Niveau ist, bei dem ihm Tausende Menschen zusehen, sich vor ihr zu outen, damit, neben Georg, noch ein anderer Mensch weiß, was er kann.

Aber dafür, denkt er jetzt, hätte es gereicht, ihr sein *liquipedia*-Profil zu zeigen, wo seine Turnierergebnisse und sein Platz auf der Weltrangliste vermerkt sind.

Genau dort, auf Tills *liquipedia*-Profil, landet seine Mutter, als sie, im Bett liegend, seinen Usernamen googelt. Der Umstand, dass sie zum ersten Mal seit Ewigkeiten ein langes Gespräch mit ihrem Sohn geführt hat, macht sie seltsam traurig – oder vielmehr der Umstand, dass es in diesem Gespräch nicht um Tills Vater oder Tills Gefühle ging, sondern um ein Computerspiel.

Sie fängt an, Candy Crush zu spielen, schließt es wieder und googelt verschiedene Begriffe, die ihr noch im Kopf umherschwirren, googelt *mini map*, googelt *meta*, dann *meta gaming*, dann *meta meaning gaming* und liest, *meta* sei das Akronym von *most effective tactical approach*, was zwar gar nicht stimmt, ihr aber doch dabei hilft, zu verstehen, was Till mit «weil man weiß, dass es so am besten ist» gemeint hat.

Am Ende geht sie noch mal auf Tills *liquipedia*-Profil und scrollt durch seine Turnierergebnisse des letzten Jahres, setzt die Daten dort mit seinen Lebensdaten in Verbindung und erinnert sich, als sie sieht, dass Till am 22. Juni letzten Jahres von sich aus im Halbfinale eines Turniers aufgegeben hat, wie sie zwei Tage nach dem Tod seines Vaters zu ihm ins Zimmer gekommen war und ihn angeschrien hatte, er solle doch zumindest *ein Mal seinen Scheiß-Computer abdrehen*! Till hatte sie angesehen, als wüsste er in diesem Moment gar nicht, wer und wo er ist.

Sie beginnt, aus Scham zu weinen, legt ihr Handy wieder ans andere Ende des Zimmers und liest noch eine halbe Stunde lang in Anna Kims *Anatomie einer Nacht*, bevor sie einschläft.

Auch Till hat gemerkt, dass er heute weder spielen noch ein weiteres AOE2-Video ansehen möchte. Stattdessen liest er den Prolog von *Überflieger. Wieso manche Menschen erfolgreich werden und andere nicht.* Er liest so, wie er vom Dolinar lesen gelernt hat: Er verinnerlicht verschiedene Informationen, zum Beispiel, wie das Dorf der italienischen Auswanderer heißt, um die der Prolog kreist, welchen Beschäftigungen sie nachgehen, welche Tiere sie halten, wie ihre Kirche und ihre Adelsfamilie heißen.

Das heißt, er versucht, es zu verinnerlichen, fragt sich aber nie, was der Text ihm sagt oder mit ihm zu tun hat, und gerät, als er das Buch weggelegt und sich dabei kurz sehr erwachsen gefühlt hat, in einen Albtraum, der gar kein richtiger Albtraum ist, sondern die Wiederholung des letzten Schultags der vierten Klasse, als er mit Georg vor dem Eissalon *Giardino* auf einer Bank saß und drei Kugeln Pfefferminzeis aß.

Sein Vater war eine Woche vorher gestorben, und sie hatten sich seither nicht gesehen, auf dem Begräbnis nur einen flüchtigen Handschlag ausgetauscht, durch einen Wasserfall an Tränen und Scham hindurch. Auf dem kurzen Weg zum Eiscafé sagte Georg noch einmal: «Mein herzliches Beileid.» Er spürte wohl, wie unpassend das klang, und war erleichtert, als Till anfing, von dem Film *Minions* zu reden, und sie die witzigsten Stellen wiederholen konnten.

In der kurzen Pause, als Georg aufs Klo gegangen war, überkam Till ein Gefühl, das diesen Junitag aushöhlte, das alles infrage stellte, den kleinen Platz mit den Bäumen, die Sonne und die Ferien – eine Verzweiflung, kaputt durch diese scheinbar intakte Welt zu gehen. Und er schämte sich dafür, dass Georgs Schulwechsel ihn so traurig machte und, zumindest in diesem Moment, nicht der Tod seines Vaters.

In seinem Albtraum sitzen sie wieder auf der kleinen weißen Bank neben dieser menschengroßen Eistüte, die an einer kleinen, eisgroßen Eistüte schleckt, und erzählen witzige Szenen aus dem *Minions*-Film nach, und am Ende kommt Georg wieder auf die gleichen Sachen zu sprechen, die er auch in echt gesagt hatte.

Er sagt: «Es wird sich nichts ändern!» Und drückt ihm die *Überflieger* in die Hand.

Er sagt: «Wir werden vielleicht sogar mehr Zeit haben als vorher!» Und beginnt einen langen Monolog, in dem er Till begreifbar zu machen versucht, dass er nie mit AOE2 aufhören darf, dass sein Talent auch eine Verpflichtung mit sich bringt, dass er zumindest zehntausend Stunden nur damit verbringen muss. Er sagt: «Es ist, als wärst du Marcel Hirscher, aber wärst im Burgenland geboren.»

Der Unterschied zwischen Vergangenheit und Albtraum besteht nur darin, dass die menschengroße Eistüte im Traum ihre Zunge über das kleine Eis bewegt, statt wie in echt starr zu bleiben. Und dass Till die Tränen runterrinnen, die er in der Realität zurückgehalten hat. Dass er unerklärlich laut schluchzt, so laut, dass er beim Aufwachen nicht glauben kann, dass es keiner gehört haben soll.

19

Am nächsten Morgen kontrolliert Till fünf Mal, dass seine *Brigitta* im Rucksack ist. Er schafft es rechtzeitig in die Schule. Er denkt an das Gespräch mit seiner Mutter. Er übersteht die ersten vier Stunden, den Geographietest, für den er erst unmittelbar davor lernt, die Lateinstunde, in der es um die Schularbeit nächste Woche geht. Er legt, bevor der Dolinar die Klasse betritt, die *Brigitta* gut sichtbar auf den Tisch und räumt sie ebenso schnell weg wie alle anderen, als der Dolinar sie anfährt, dass Stifter in der Französischstunde nichts verloren habe.

Er macht einen Fehler bei der Übersetzung der französischen Nachrichten, die sie sich gemeinsam anhören, dann noch einen Fehler bei der Unterscheidung zwischen Konjugation und Deklination und kriegt, zusätzlich zu seinem noch ausstehenden Aufsatz *Über die Vollständigkeit von Unterrichtsmaterialien*, die Aufgabe, die Wörter *décliner* und *conjuguer* in allen bereits bekannten Zeiten zu konjugieren, was ihm ziemlich egal ist, weil er sowieso nachsitzen müsste.

Er bleibt, während die anderen ihre halbe Stunde Freizeit genießen, mit den Verbrechern, den *Brigitta*losen und den Französisch-Nullen in der Klasse und versucht, mit seinen Strafen weiterzukommen.

Der Dolinar geht rauchen, und Khakpour, Steiner und Ertl spielen *Krug*. Krug ist kein richtiges Spiel, es geht nur darum, sich in der Klasse ein Opfer zu suchen, sich um dieses Opfer herumzustellen und es dann abwechselnd zu ärgern, zu boxen, zu zwicken, ihm einen abgeschleckten Finger ins Ohr zu stecken. Jeder nur einmal und möglichst schnell und kurz, damit sich die Wut des Opfers nicht gleich entlädt. Wie *Jenga*, wenn es von Insassen eines Gefängnisses erfunden worden wäre: Das Opfer ist der Krug und jede kleine Grausamkeit ein weiterer Schluck Wasser, der in diesen Krug eingefüllt wird, bis er irgendwann übergeht.

Derjenige, bei dem das Opfer zurückschlägt, hat verloren. Für das Opfer gibt es keine Art zu gewinnen. Es kann sich nur entziehen, schon bei der allerersten kleinen Brutalität zurückschlagen, sich als Opfer unattraktiv machen. Till, der sich den vollkommen kontextlos geäußerten Satz vom Turnlehrer Betsch – dass es beim Kämpfen nicht darum gehe, wer stärker ist, sondern darum, wer *gstörter* ist – zu Herzen genommen hatte, flippte gleich bei Khakpours allererstem Versuch, mit ihm Krug zu spielen, aus, schrie ihn an, spuckte und kratzte, wodurch er bis heute nicht wieder als Opfer auserkoren wurde.

Fritzi, den Khakpour, Steiner, Hanuschka und Ertl mangels Möglichkeit, sich um ihn herumzustellen, gerade abwechselnd mit kleinen Papierbällchen bewerfen, ist Pazifist. Als sie noch befreundet waren, haben Till und er manchmal darüber gestritten, ob man sich zur Wehr setzen muss oder durch dieses Sich-zur-Wehr-Setzen so wird wie diejenigen, die einen quälen.

Fritzi ignoriert die Papierkugeln. Die Stimmung in der Klasse ist seltsam. Etwas liegt in der Luft, aber bevor es sich materialisieren kann oder der Stimmung Taten folgen, kommt der Dolinar zurück und fragt, wie weit sie mit ihren Aufsätzen sind.

Er zerreißt Tills Konjugationstabelle, weil Till das zweite

u von *conjuguer* vergessen hat, und sagt: «Na, dann weißt du schon, was du morgen machen wirst.»

Till denkt daran, dass er morgen Georg sehen wird. Er denkt daran, dass er heute endlich wieder AOE2 spielen muss, um zumindest ein wenig für das Turnier am Wochenende zu üben. Er denkt an die nächste Woche als Abfolge von Tagen, von denen jeder einen Haken hat und jeder einen minimalen Trost.

Montags ist der Dolinar nicht da, aber sie haben Latein-Schularbeit und Till darf nicht in den Informatiksaal.

Dienstags: Deutsch und Französisch.

Mittwoch früher nach Hause.

Donnerstag ist der schlimmste Tag, weil der Trost des Wochenendes noch weit entfernt ist, aber die Erschöpfung der Woche schon unendlich groß.

Freitag ist der schlimmste Tag, weil er die Erschöpfung vom Donnerstag steigert und, während alle anderen sich aufs Wochenende freuen, für diese Schüler schon feststeht, dass sie am Samstag für vier Stunden wiederkommen müssen.

Heute sieht Till davon ab, seine Jausenmilch gegen die Wand zu schleudern, weil gerade der Schulpfarrer durch die Glockentür reinkommt, seinen Gruß erwidert und ihm ein wenig ironisch auf die Schulter klopft.

Till geht zurück in die Klasse, denkt, dass er damit immerhin einen Fehler vermieden hat, und gibt im Studium vor, am Laptop sein Geographiereferat auszuarbeiten. Er liest Foreneinträge, in denen über die Ergebnisse des anstehenden Turniers spekuliert wird, in denen Menschen, die er nicht kennt, eine Meinung zu ihm haben.

Georg schlägt als Treffpunkt nicht seine Wohnung, sondern das Einhorn vor, ein Lokal, das Till nicht kennt. Als er danach googelt, sieht er, dass es genau in dem Eck des 6. Bezirks liegt, wo der Dolinar wohnt.

Georg hat das anstehende Turnier mit keinem Wort erwähnt. Till spielt bis drei Uhr früh und verliert fünfzig ELO-Punkte, weil er immer wieder unachtsam ist, Löcher in seinen Mauern übersieht und wichtige Upgrades vergisst.

Am Freitag, nach wenigen Stunden Schlaf, die sich wie wenige Minuten anfühlen, wacht Till auf und rennt, ohne zu duschen oder zu frühstücken, in die Schule. Das Tor schließt sich, während er über den Zebrastreifen geht. Jetzt muss er sich mit den anderen bei der Portierstür anstellen, bekommt vom Erziehungsleiter einen Laufzettel und läuft in die Klasse mit dem Gefühl, in einer ewigen Abwärtsspirale gefangen zu sein.

In der Biostunde sucht er seine *Brigitta* in der Tischlade, um das dritte Kapitel fertig zu lesen. Er findet sie nicht. Till schleudert alle Hefte und Bücher auf den Boden, wird vom Biolehrer getadelt, findet die *Brigitta* noch immer nicht.

In der Pause geht er zu seinem Kasterl, fegt alles, was drin ist, auf den Boden, denkt mehrmals, er hätte die *Brigitta* gefunden, nur um festzustellen, dass es sich um ein anderes Reclam handelt. Er sieht immer wieder nach, immer wieder an denselben Orten, wird immer geladener, immer ratloser.

Er atmet durch, schaut durch die Klasse, und sein Blick trifft auf den von Khakpour, der lächelt und ein gelbes Büchlein in der Hand hält. Till geht auf ihn zu, nimmt ihm das Reclam weg, sicher, auf der ersten Seite seinen eigenen Namen zu finden.

Die erste Seite ist herausgerissen.

Khakpour lacht ihm ins Gesicht: «Kann ich mein Reclam

jetzt wiederhaben? Du hast mich grade dran erinnert, dass ich noch meinen Namen reinschreiben muss.»

«Gib her, du Wichser», schreit Till, und als Khakpour wieder lacht, möchte Till ihm ins Gesicht schlagen.

Stattdessen geht er zurück auf seinen Platz und sagt noch mehrmals *Wichser, Wichser, Wichser*. Sein Leben ist vorbei. Er wird nie wieder Freizeit haben, nie wieder in den Informatiksaal gehen, nie wieder Dolinars Aufmerksamkeit abschütteln können. Er merkt, wie Tränen in ihm aufsteigen, Wuttränen, wie damals, als Steiner ihm in der ersten Klasse den Zettel weggenommen hatte, auf dem in der Handschrift seiner Mutter stand: *Ich liebe dich! Du bist der Beste!*, und Till ihm hinterherlief, ohne ihn jemals einzuholen, während Steiner immer wieder rief: «Ich liebe dich! Du bist der Beste!»

Aber Till weint nicht. Er schluckt die Verzweiflung und die Wut herunter und holt seine Lateinsachen raus. Er starrt sein Lateinheft an. Anstelle der Religionslehrerin betritt in der vierten Stunde der Musiklehrer die Klasse. Jubel. Jetzt können sie *I Saw The Devil* fertig sehen, was nur eine Minderheit von ihnen freut, aber ebenjene Minderheit, die bestimmt, welche Filme angesehen werden.

Ghisetti legt die DVD ein.

Palffy kommt zu Tills Platz. Die letzten *Brigitta*losen, die zwei ärmsten Schweine dieser Welt. So tief bin ich gesunken, denkt Till, auf einer Stufe mit Palffy, der auch am dritten Tag in Folge zu blöd ist, seine *Brigitta* mitzunehmen.

Palffys heutiger Plan ist noch um vieles wahnsinniger als der von vorgestern, aber Till, ja, was ist eigentlich mit Till? Wieso entgleitet ihm die Kontrolle dermaßen, wieso fühlt er sich so seltsam, bewegt sich, wie in eine große Plastikkugel eingehüllt? Wie kann er Palffy folgen? Aus der Klasse, die Treppen runter und an die Wand gedrückt bis zum Eck der Mauer, die unsichtbare Linie entlang, die dem südöstlichen Eck der Schule entspringt, wo niemand sie sehen können sollte, wo sie aber definitiv jemand sieht: Emma Ghisetti steht am Fenster, winkt ihnen und lacht laut.

Sie laufen weiter, am Tennisplatz vorbei, wo der Schulpfarrer in schwarzen Shorts und kurzärmeligem schwarzen Hemd mit weißem Kragen gegen einen der Turnlehrer spielt. Sie klettern über die Mauer, steigen vor dem Theater Akzent auf zwei E-Roller, rollen den Hügel hinunter über den Schwarzenbergplatz am Musikverein und am Stadtpark vorbei bis zum Buchgeschäft Morawa.

Der Fahrtwind ist alles, woran Till denkt. Till weiß, dass sie längst von der Schule geflogen sind, dass, noch bevor sie das Drehregal mit den Reclams erreicht haben, auch ihre Eltern verständigt worden sind. Er weiß, dass es ihnen nichts bringen wird, die beiden *Brigitta*s in ihren Hosentaschen zu haben, weshalb es keine Rolle spielen wird, dass die Scooter weg sind und auch keine anderen in der Nähe, und sie zur U-Bahn-Station Stephansplatz laufen müssen.

Palffy zittert vor Aufregung, weil er zu dumm ist, um ihre Situation zu verstehen. Er ist dumm, aber ein guter Mensch, und Till fragt sich, wieso er ihn immer mehr verachtet hat als Khakpour, der klug und ein Arschloch ist. Till denkt daran, wie Khakpour und die anderen Fußballer einmal in einer nur 15-minütigen Freizeit bei Sababa Pitas essen waren und rechtzeitig zurückgekommen sind.

Er versucht, es durchzurechnen: zwei Minuten zum Portier, drei Minuten zum Stephansplatz, zwei Minuten zu Sababa ...

«Hey!»

Till öffnet die Augen.

«Hörst du mir überhaupt zu? Wir haben noch fünf Minuten!», sagt Palffy und zeigt auf sein Handy, während sie in die U-Bahn-Station Karlsplatz einfahren.

Es ist, als hätte Till im Splitscreen mit jemand anderem gespielt und dabei die ganze Zeit auf den falschen Bildschirm geschaut, ohne zu bemerken, dass seine Bewegungen auf dem Joystick nicht den Bewegungen seiner Figur im Spiel entsprechen. Jetzt wacht er auf.

Er sieht auf die Uhr, und gerade als er wieder Hoffnung schöpft, zucken sie beide, Palffy und er, zusammen. Der Dolinar ist in den Nachbarwaggon gestiegen.

Till und Palffy legen sich auf den Boden. Der Dolinar steigt bei der Taubstummengasse aus, und sie warten bis zum Schließton der Türen, springen dann hinterher, kauern sich hinter einen Mistkübel, der kaum Sichtschutz bietet.

Der Dolinar dreht den Kopf in ihre Richtung und geht dann zum Ausgang. Hat er sie gesehen? Tills Angst ist einen Moment lang die größte Sache der Welt. Sie sehen ihren Lehrer die Rolltreppe zur Mayerhofgasse hinaufhuschen, mit langen, federnden Schritten und niedrigem Körperschwerpunkt.

«Es ist vorbei», sagt Till, und Palffy schaut ihn wütend an.

Sobald der Dolinar um die Ecke ist, laufen sie los. Tills Blick klebt an den Bürsten. Oben angekommen, sehen sie ihn mit seiner Ledertasche die Straße überqueren.

«Es ist vorbei», sagt Till noch einmal, und Palffy schüttelt wortlos den Kopf. Sie hocken hinter dem Ausgang der U-Bahn-Station und schauen zu, wie der Dolinar durch die Portierstür, hinter dem hüfthohen Gitter des Tors vorbei und zur Feststiege geht.

«Es ist zu spät. Bis wir bei der Mauer oben sind, ist er

schon längst in der Klasse, sogar wenn er noch ins Konferenzzimmer muss», sagt Till.

Palffy erwidert seinen Blick mit einem entschlossenen Ausdruck im Gesicht. «Ja ...», sagt er und wartet, bis die Ampel grün wird. Dann dreht er sich um, lächelnd, und ruft: «Go bitch or go home!»

Und bevor Till ihn ausbessern kann, dass der Spruch lautet «Go big or go home», ist Palffy schon über die Straße, wo ein abbiegendes Auto stehen bleibt und ihn anhupt, läuft direkt auf das hüfthohe Tor zu, und obwohl Till spürt, was passieren wird, obwohl er es im Turnunterricht gesehen hat, kann er es nicht glauben: Palffy schafft es rüber, der Portier kann ihn nicht einholen, sich sein Gesicht nicht merken, wird erst aus seinem Kabäuschen kommen, wenn Palffy schon in den nächsten Hof einbiegt. Palffy wird es vielleicht sogar vor dem Dolinar in die Klasse schaffen.

Nein.

Palffy bleibt mit einer Fußspitze am Gitter hängen, knallt auf den Boden, sein Schmerzensschrei hallt im Torbogen wider. Till sieht hilflos zu, wie der Dolinar von der Feststiege zurückkommt, sieht ihn mit an die Stirn gelegtem Handrücken neben Palffy zu Boden sinken wie Maria beim sterbenden Jesus.

Till dreht um und läuft die Mayerhofgasse entlang, biegt in die Danhausergasse ein, in die Waltergasse, ist sich sicher, dass der Dolinar ihn gesehen hat, läuft trotzdem weiter den Hügel hinauf, die Marianumgasse entlang bis zum Theater Akzent, klettert über die Mauer, hört am Tennisplatz den Schulpfarrer etwas rufen, ignoriert ihn, läuft den Hügel hinunter, ohne der unsichtbaren Linie zu folgen, kommt vollkommen verschwitzt in der Klasse an.

Stühlerücken, Aufstehen, Lachen.

Dann Stille, als den anderen auffällt, wie bleich Tills Gesicht ist und wie erschrocken er dreinschaut.

15 Minuten später kommt der Dolinar. «Steiner!», ruft er, noch bevor er zur Gänze über die Schwelle ist. «Hol deinen Freund Palffy in der Krankenstation ab und fahr mit ihm ins Kaiser-Franz-Josef-Spital, damit nachgeschaut wird, ob er sein minimales Gehirn heute über die bereits bestehenden Einschränkungen hinaus beschädigt hat. Und nimm Schreibsachen mit! Sobald ihr wieder da seid, möchte ich die Aufsätze sehen, die ihr mir noch schuldet.»

Es folgt eine normale Stunde, wobei allen Anwesenden klar ist, wie sehr dies dem widerspricht, was vorgefallen ist, vorgefallen sein muss, ungleich spektakulärer in der Vorstellung derer, die nicht dabei waren. Eine Stunde, deren scheinbare Normalität kaum zu ertragen ist.

Dass Till noch eine Zusatzstrafe bekommt, weil er die *Brigitta* zwar mithat, aber ihm der Nachname des Majors nicht einfällt, ist nebensächlich. Dass er das vierte Kapitel nach dem Namen Murai durchgehen und zu jeder Erwähnung des Namens fünf Sätze schreiben muss, erscheint lächerlich, angesichts dessen, was Palffy für ihren gemeinsamen Ausbruch droht, was auch Till droht, jetzt und bis in alle Ewigkeit, sobald Palffy oder der Schulpfarrer oder einer der Mitschüler, die ihn zu spät haben reinkommen sehen, beschließen, ihn zu verpetzen. Die Angst legt sich wie eine Bleischicht über Tills Existenz.

Aber keiner macht Anstalten, ihn zu verpetzen. Der Schulpfarrer, an dem sie auf dem Weg zum Mittagessen vorbeikommen, lächelt Till an. Er gehört zum Opus Dei und damit zu einer Gruppe von Menschen, die Moral nicht als etwas

Momentanes begreifen, sondern über Jahrhunderte hinweg kalkulieren, als kontinuierlichen Einsatz für das Gute, für Gott und die Kirche, mit allen Mitteln, deshalb liegt das Petzen nicht in seiner Natur. Vielmehr nützt er seine Erinnerungsfähigkeit, um im Kopf Karteien aller Schüler zu führen, sie danach zu filtern, wer und in welcher Funktion dem Werk Gottes nützlich sein kann, und sich zu merken, wem er welche Verfehlung nachgesehen hat, nicht um sie damit zu erpressen, sondern um ihnen zu zeigen, dass er ihre Verfehlungen eben nie gegen sie verwendet hat.

Auch Palffy hält dicht, bis auf Weiteres, und als er am Beginn der Freizeit mit Steiner zurückkommt, einen Verband um den Kopf, aus dem einzelne Strähnen seiner langen, normalerweise zu einem Mittelscheitel gekämmten Haare rausstehen, und mit Schürfwunden im Gesicht, wirkt er zerstört, aber irgendwie auch stärker: als hätte er Dinge gesehen, die allen anderen unbegreiflich bleiben müssen, als werde er nie mehr einer von ihnen sein.

Der Dolinar geht rauchen. Die auf über zehn Schüler angewachsene Gruppe der Verbrecher sitzt vor ihren Aufsätzen, macht Witze über Palffy und Till, imitiert Tills erschrockenes Gesicht. Ein paar bewerfen Luzian Bramminger mit Papierkugeln.

Khakpour fragt: «Hey, Palffy, was machst du?»

Palffy antwortet nicht.

«Hey, Palffy!», wiederholt Khakpour. «Was machst du?»

Palffy schaut demonstrativ in sein Heft.

Khakpour lächelt und wiederholt seine Frage ein drittes Mal.

Palffy springt auf, schreit: «Was ich mache? Was ich mache? Ich schreibe einen verschissenen Aufsatz und dann noch einen und noch einen, und dann puder ich deine verschissene Mutter, und dann muss ich wahrscheinlich noch einen verschissenen Aufsatz darüber schreiben, *Über das Pudern verschissener Mütter*.»

Palffy möchte seine Aussage, wie er es aus Filmen kennt, mit einer Geste unterstreichen, und mangels anderer Ideen fegt er wutentbrannt die eigenen Sachen vom Tisch. Er schreit: «Lachts nicht!» Wirft unter noch größerem Gelächter auch die Sachen von Khakpour, Hanuschka und Ertl runter. Blindstein ruft *Kamikaze* und wirft seine eigenen Sachen hinterher, und plötzlich stehen sie alle und schubsen sich, und ihr Lachen, ein aufgemascherltes, in tiefster Verzweiflung wurzelndes Gelächter, eine tropische, olympische Hysterie, bricht sich Bahn, trägt sie minutenlang dahin, spannt ihre Bauchmuskeln und implodiert in dem Moment, als der Dolinar die Tür öffnet: «Habt ihr jetzt völlig den Verstand verloren?»

Würden Till und seine Klassenkollegen Antonio Gramsci lesen statt Adalbert Stifter, dann wüssten sie, dass Hegemonie immer auf Konsens basiert, dass all die Sachen, die uns wie Erleichterungen unseres Elends vorkommen – die Spiele, die Freizeit –, in Wahrheit dieses Elend erst ermöglichen. Weil es uns erpressbar macht, an etwas zu hängen; weil die Erleichterungen vom Elend uns das Elend erst ertragen lassen.

Hätten sie Gramsci gelesen, dann wüssten sie auch, dass der kollektive Moment zwischen ihnen einen revolutionären Funken in sich trug. Sie wüssten, dass es ihre vollkommene Hoffnungslosigkeit war, die sie kurz davon befreite, auf Zugeständnisse durch ihren Unterdrücker zu hoffen; dass sie nie freier waren als in diesen wenigen Sekunden.

Aber Till und seine Klassenkollegen lesen nicht Gramsci,

arbeiten nicht am Widerstand, sondern, wie alle Menschen, die sie kennen, nur daran, jeder für sich möglichst unbeschadet durchzukommen. Sie müssen froh sein, wenn sie sich zumindest darauf verlassen können, von den anderen nicht verpetzt zu werden. Und mit dieser papiernen Hoffnung, dass Palffy, der Schulpfarrer und alle 23 Mitschüler, die ihn zu spät in die Klasse haben kommen sehen, für immer den Mund halten, selbst wenn sie von der Herde getrennt und in die Ecke gedrängt würden, sodass es ihnen wie ein Akt der Notwehr erscheinen könnte, Till dem Dolinar auszuliefern – mit dieser Hoffnung muss Till fortan leben.

Der Dolinar, der selbst nie Gramsci gelesen hat, erkennt sofort, welche Art von Gemeinschaft in diesem Moment aufblitzt, und ruft eine Freizeitsperre für die gesamte 5B aus. Er lässt alle Schüler, die nicht schon da sind, herholen und Aufsätze schreiben. Er ist sich sicher, dass Palffy einen Komplizen hatte, und sicher, diesen Komplizen ausforschen zu können, sei es Steiner, Hanuschka, Ertl, Khakpour oder Ghisetti.

Zudem fühlt er sich auf eine ungewohnte Art gefordert, denn auch wenn Till und seine Klassenkollegen es sich nicht vorstellen können, der Dolinar, den sie kennen, ist sanft, ist entspannt, verglichen mit dem, der er war: das Produkt von 15 Jahren, in denen er kaum je provoziert wurde, in denen er sich auf der Angst ausruhen konnte, die er zuvor gesät hatte und die zu einem selbstverständlichen Teil seines Mythos geworden ist.

Dass einer seiner Schüler, noch dazu Marianist in dritter Generation, während der Unterrichtszeit aus der Schule abhaut, ist ein Tabubruch. Aber dass dieser Schüler auf eine so saublöde Art wieder in die Schule einzusteigen versucht, dabei scheitert und Aufmerksamkeit erzeugt – das ist das

Schlimmste. Denn der Dolinar hält, ebenso wie Palffys Eltern und die meisten sich als konservativ beschreibenden Menschen, das Bekanntwerden einer Verfehlung immer für schlimmer als die Verfehlung selbst.

Palffy ist froh, nicht von der Schule zu fliegen. Es entgeht ihm, ebenso wie allen anderen, dass der Dolinar im Grunde gar nicht daran interessiert ist, jemanden rauszuwerfen. Die Drohung muss immer im Raum stehen, ebenso wie die Drohung, einzeln herausgepickt und von den anderen getrennt zu werden, bisher illustriert durch Khakpour, der immer, wenn die anderen etwas zu zweit machen, allein bleiben muss und sich die *Simpsons*-Folge, in der Bart seine Seele verkauft, nicht mehr anschauen kann, weil sie ihn so traurig macht.

Khakpour, bestimmt der Dolinar, darf wieder vorne sitzen, damit Palffy ganz allein hinten ist. Palffy wird ignoriert, Palffy wird nicht drangenommen, egal, wie oft er aufzeigt, und er wird diesen Zustand noch mindestens einen Monat lang ertragen. Denn der Schulverweis ist die *ultima ratio*, die letzte Konsequenz, etwas, was der Dolinar als Drohung aufrechterhalten, aber in der Praxis vermeiden möchte, weil es ihn die Kontrolle über das Leben der Kinder kosten und damit das Ende seiner Erziehung bedeuten würde.

Und zu seiner Verteidigung muss man sagen, dass der Dolinar nachvollziehbare Gründe hat, den Standpunkt zu vertreten, seine Schüler seien bei ihm in besseren Händen als überall sonst, denn es kommen ihn ja weiterhin Ehemalige besuchen, sie schreiben ihm Briefe und gehen mit ihm ins Café U1, erzählen ihm von ihrem Leben, holen seinen Rat und seinen Segen ein und äußern mit keinem Wort, wie sehr sie ihn während ihrer Schulzeit verflucht haben mögen, wie sicher sie gewesen waren, ihn nie wiedersehen oder in Schutz nehmen zu wollen, ihm auch in Zukunft nie dankbar zu sein.

Der Dolinar meldet sich nicht bei ehemaligen Schülern. Sie melden sich bei ihm. Und insofern ist es wahrscheinlich unvermeidbar, dass er glaubt, mit seiner Erziehung einiges richtig zu machen, unabhängig davon, ob seine derzeitigen Schüler dem vehement widersprechen würden.

20

Laut Lukas Ertl gibt es ein Gleichgewicht des Schreckens auf der Welt. Das Gute und das Schlechte bleiben immer gleich, sie verteilen sich nur unterschiedlich über den Planeten. Deshalb ist jeder glückliche Mensch schuld am Unglück eines anderen, jeder Mensch, der geliebt wird, nimmt einem anderen die Chance, geliebt zu werden.

Emma Ghisetti, die gerade vorbeigeht, um etwas aus ihrem Kasterl zu holen, als Ertl seine Theorie ausbreitet, kommentiert sie mit den Worten: «Das würde ich auch sagen, wenn ich so ein Incel wär wie du.»

Ertl aber bleibt dabei und hört, als der Dolinar für eine halbe Stunde rauchen geht, nicht auf, davon zu reden, dass jetzt, wo sie alle bestraft werden und alle unglücklich sind, irgendwo in Neuseeland eine ganze Klasse glücklich sein muss. Oder nicht eine Klasse, sondern 25 verschiedene Leute. Und vielleicht nicht in Neuseeland, sondern im Senegal. Oder auf Sri Lanka.

Till kann inzwischen schon den Rücken seiner Vorderleute, der Art, wie sie ihre Stifte halten, ansehen, wie gern sie ihn verpetzen würden, und verhält sich unauffällig.

Er kommt um Viertel nach sechs zu Hause an, wirft seine Schultasche in ein Eck, isst zwei Brote, redet zwei Sätze mit seiner Mutter, duscht, zieht sich an, zieht sich um und macht sich auf den Weg. Till war noch nie im Einhorn, deshalb setzt er sich in den oberen Bereich, bestellt bei einem großen Kellner mit etwas fahriger Gestik, der ihm das Gefühl gibt, nicht hierherzugehören, einen Makava, sieht sich im Lokal um, wo außer ihm nur gut angezogene Studentinnen sitzen. Der Kellner hat eindeutig recht mit seinem Urteil.

Till weiß nicht, dass das Herz des Einhorns, der Grund, aus dem Georg jetzt fast jeden Tag herkommt, im Untergeschoß liegt, neben den Klos: ein großer Tisch mit Bank und drei kleine Tische, an denen jeden Tag dieselben Männer sitzen und süße Hasch-Öfen rauchen.

Es ist natürlich ein Klischee, dass Georg an der Rahlgasse zu kiffen beginnt, wo die Rahlgasse, Wiens erste Schule mit grüner Direktorin, schon seit vielen Generationen als eine der Kaderschmieden der Wiener Kifferkultur gilt. Früher, als vegetarisches Essen und Biolandwirtschaft der Mehrheitsgesellschaft noch wie obskure Phantasien erschienen und man selbst im Zentrum des alternativen Wiens noch kilometerweit zum nächsten Bio-Shop wandern musste, als Proto-Bobos aus der Gegend in ein dunkles Geschäft ganz im Eck der Amonstiege pilgerten, um ihr Gemüse zu kaufen, früher, als das Einzugsgebiet der Rahlgasse zwar bürgerlich war, aber noch nicht exklusiv bürgerlich, noch nicht gutbürgerlich, wie Wien heute fast überall innerhalb des Gürtels ist, bevor die reichtumsbedingte Zunahme an fürs Kiffen geeigneten Balkonen und Dachterrassen unter den Rahlgasslern vollständig überhandnahm, zudem deren Eltern immer weniger Zeit hatten, um zu Hause zu sein und den Drogenkonsum ihrer Kinder zu kontrollieren, bevor im Burggarten

Polizisten zu patrouillieren begannen, um genau das zu verhindern, konnte man die Rahlgassler jeden Tag dort sitzen sehen, zwischen Palmenhaus und Hofburg, zwischen Touristen und spazierenden Pensionisten, mit Bongs und großen Eisteeflaschen ausgestattet, damit beschäftigt, den Ruf ihrer Schule weiter zu verfestigen.

Es gibt aber noch andere berühmte Kifferschulen, die Albertgasse, die De-La-Salle-Schule, die Vienna International School, die Hegelgasse und das Marianum selbst, das sich mit seiner Mischung aus Wohlstandsverwahrlosung, schulischem Druck und Eigentumsleerstand den Spitznamen *Marihuanum* immer wieder aufs Neue verdient.

Insofern macht nicht die Rahlgasse Georg zum Kiffer, sondern hilft ihm nur, im Burggarten, auf den Dachterrassen seiner Klassenkollegen und in den Kellern von Einhorn und Nachtasyl diesen Teil seiner Persönlichkeit zu entfalten, der sich am Marianum ebenso entfaltet hätte.

Und obwohl er am Marianum vielleicht weniger Zeit zum Kiffen hätte, an Möglichkeiten würde es ihm nicht fehlen, schließlich war er in einer Klasse mit Marko Peitl, der schon jetzt, mit 15, als einer der schlimmsten Kiffer bezeichnet werden muss, die jemals das Gebäude von innen gesehen haben. Seine Mutter ist ironischerweise eine anerkannte Jugendpsychologin mit Schwerpunkt Suchtprävention, und während sie von Kongress zu Kongress reist, sitzt Marko Peitl allein in ihrer 300-Quadratmeter-Wohnung im 7. und kifft, umgeben von einer Gruppe von Buben, die alle nur da sind, um Gras von ihm zu bekommen, und sieht sich mit und ohne diese Buben eine Million Mal das Video zu «Put the Lime in the Coconut» an.

Die Diskrepanz zwischen Peitls Mutter und Peitl, also die Inkompatibilität des in der großen Pause im Rauchereck kiffenden Peitl und seiner bei einem Talkshowauftritt, den sie in der Psychologiestunde ansehen, nachdrücklich für mehr Zutrauen in die eigenen Kinder plädierenden Mutter – diese Diskrepanz beschäftigt Till und seine Mitschüler. Geschichten wie die von Peitl und seiner Mutter, Geschichten, deren Symbolik zu offensichtlich erscheint, haben manchmal einen beunruhigenden Effekt. Sie erinnern uns daran, dass all die Fügungen und Wendungen, die wir aus Büchern und Filmen kennen, all die banalen und klischeebehafteten Zufälle und Kausalketten, an die wir uns in der Fiktion gewöhnt haben, bisweilen auch im normalen Leben auftreten und uns dann nicht mehr über das Leben sagen, als Filme es tun.

Manche fanden es lustig, Peitls Mutter im Unterricht leidenschaftlich für etwas eintreten zu sehen und gleichzeitig das Gerücht zu hören, ihr Sohn habe gestern verschimmeltes Gras geraucht, weil er nichts anderes bekommen konnte. Aber die meisten, und Till ganz besonders, finden es traurig, wenn Kinder das Lebenswerk ihrer Eltern so infrage stellen, es erinnert sie an all die Unterschiede zwischen ihnen und ihren eigenen Eltern, all die unüberbrückbaren Differenzen, die auch mit dem Tod kein Ende finden, aber plötzlich endlos klein erscheinen, unwichtig.

Nachdem Georg eine halbe Stunde lang nicht aufgetaucht ist, geht Till aufs Klo, zögerlich, als könnte jeder falsche Schritt ihn entlarven, und von den Treppen aus sieht er Georg, der in einer Gruppe sitzt und sich über ein Brettspiel beugt.

«Hey.»

Neben Georg sitzt ein dünner, etwas krank aussehender Typ mit Aknenarben im Gesicht, dazu mehrere ältere Männer, die ihren Blick nicht heben, als Till sich zu ihnen auf die Bank setzt.

Ist es vermessen, seine Freunde für sich haben zu wollen? Georgs Freund, also nicht Till, sondern dieser andere Typ, dessen Namen Till noch nie vorher gehört hat, der aber plötzlich alles mit Georg zu teilen scheint, wobei sich im Laufe des Gesprächs herausstellt, dass er gar kein Rahlgassler ist, sondern ein Student der *Akademie*, den Georg genau hier, im Keller des Einhorns, kennengelernt hat, dreht einen Joint, bietet ihn Till an, um ihn dann doch in der gestikulierenden Hand zu behalten.

Er redet so schnell, dass Till nicht versteht, wie irgendwer ihm folgen soll. Er redet von einem geheimen Samenlager in der Arktis, wo alle wichtigen Pflanzensamen dieser Welt eingelagert werden, weil Saatgut der entscheidende Faktor fürs Überleben der Menschheit sein wird, und was für Pflanzen er selbst anbaut und welche indigenen Konzepte von Heilung inzwischen in Vergessenheit geraten sind und ...

Georg scheint nicht überfordert davon zu sein, wie schnell sein Freund redet, drängt Till, parallel zu dem Gespräch, Go mit ihm zu spielen – «Das älteste Brettspiel der Welt, das ist wirklich cool, es ist ganz was anderes, also eine ganz andere Dimension von Spiel, verstehst du?» –, erklärt die Regeln aber so konfus, dass Till nicht entscheiden kann, ob sie mehr sind als ein riesiges Das-musst-du-selber-wissen oder ob Georg sie bloß selbst nicht versteht.

Um irgendwas zu machen, was er versteht, schnorrt Till sich eine Zigarette von einem der Männer und hört sich, während er raucht, von Georgs Freund einen Vortrag darüber an, wieso man Tabak nicht pur rauchen darf.

Georg stellt Till keine einzige Frage, nicht nach dem Marianum, bei dessen einziger Erwähnung er sein Gesicht verzieht, als ob ihm die Zeit dort unendlich peinlich wäre, während sein neuer Freund noch ironischer lächelt als davor, nicht nach Age of Empires, auf das sie erst zu sprechen kommen, als Georgs Freund damit angibt, es könne noch immer kein Computer mit den besten Go-Spielern der Welt mithalten, worauf Till, trotzig, hilflos, einwendet, das sei bei AOE2 genauso, was Georg wiederum abtut, indem er sich zu seinem neuen Freund hinüberbeugt und ihm sagt: «Früher hat mich das mal interessiert, diese ganze materialistische Pro-Gaming-Welt.»

Und dann geht es weiter wie vorher, mit gestammelten, atemlosen Geschichten des krank aussehenden Typen darüber, dass Ikea die Anleitungen extra so blöd macht, damit die jungen Paare, die gemeinsam Ikea-Möbel aufbauen, sich dabei zerstreiten, sich trennen und noch eine zweite Möbelgarnitur kaufen müssen, dass darin das eigentliche Geschäftsmodell von Ikea besteht, und darüber, dass Go so ist wie Schach auf Acid, darüber, dass alle Schulen aufgelöst und durch das gemeinsame Anschauen von Adam-Curtis-Dokus ersetzt werden sollten, und so weiter, immer in einem Modus vorgetragen, der offenlässt, ob das alles tatsächlich stimmt oder nur ein Schmäh ist, während sie noch mehr Joints und Zigaretten rauchen und Eistee und Biere trinken und die Luft immer stickiger wird, bis Till, ohne ein Wort der Verabschiedung, die Tür vom Notausgang aufstößt, auf die Straße kotzt und sich mit rotierendem Kopf auf den Weg nach Hause macht, paranoid, im 6. in der Nähe von dessen Wohnung oder bei sich im 4. auf den Dolinar zu treffen.

Am Samstag steht Till um 7 Uhr 45 bei der Direktion und holt sich seine Unterschrift für den Laufzettel. Der restliche

Vormittag ist geprägt von der Aussicht auf die zwei Dolinar-Stunden, das heißt: Er ist geprägt von Furcht.

Es folgt die erwartbare, sich über eine Deutsch- und Französischstunde hinziehende Beweisführung der These, sie seien alle zu nichts zu gebrauchen, und ein paar von ihnen, darunter jetzt und bis in Ewigkeit auch Till, seien noch untalentierter und blöder als andere und müssten sich noch wesentlich mehr Mühe geben, nicht auf der Strecke zu bleiben.

Palffy kommt nie dran und wird nie angesprochen.

Auch die nächsten Tage verlaufen erwartbar: Till verliert jedes einzelne Match des *Who's Number 2*-Turniers, weil es unmöglich ist, bei einem Turnier ganz anders aufzutreten als in der Vorbereitung. Er schreibt eine akzeptable Latein-Schularbeit. Blindstein und Ghisetti schaffen es nicht, akzeptable Latein-Schularbeiten zu schreiben. So weit alles erwartbar.

Aber während Ghisetti sich einen ehrlichen Fetzen holt, schummelt Blindstein auf eine, von außen betrachtet, spektakulär bescheuerte Art: Er schreibt die ersten anderthalb Stunden kein einziges Wort hin und dann, in den letzten zwanzig Minuten, ohne abzusetzen oder etwas auszubessern, die vollständige aus dem Internet kopierte Übersetzung des Ovid-Textes, noch dazu um jene Stellen ergänzt, die die Lateinlehrerin zwischendrin gekürzt hatte, und in makellosen Hexametern.

Die Lateinlehrerin, die bisher vor allem für ihre Penetranz und ihre passiv-aggressiven Belehrungen bekannt war, zeigt eine neue Seite von sich: einen cholerischen Vernichtungswillen gegenüber Blindstein.

Als der Dolinar am Dienstag wiederkommt und Blindstein, der schon mit den direkten Konsequenzen durch die Lateinlehrerin ausreichend beschäftigt war, eine ganze Schulstunde lang beschimpft, beginnt sich die Situation für den Rest der Klasse ein wenig zu entspannen.

Till hat seinen Namen auf die Cover aller seiner Reclams geschrieben und sperrt das Kasterl jeden Abend ab. Zwei Wochen später, nach der Deutschschularbeit, redet der Dolinar zum ersten Mal wieder mit Palffy, weil er es nicht erträgt, keine Witze darüber zu machen, dass Palffy geschrieben hat: *zu diesem Zeitpunkt fällt es den Lesern wie Schuppen aus dem Haar: die junge Frau auf dem Gemälde ist Brigitta.*

Der Ursprung der falschen Redewendung ist weniger mysteriös als der Ursprung anderer sprachlicher Fehlleistungen von Palffy, die entweder mit ganz grundsätzlichen Missverständnissen in seiner Weltsicht zu tun haben oder darauf hindeuten, dass Palffy in Assonanzen denkt und sich gewisse Wendungen nie konkret vorgestellt hat. Das würde jedenfalls erklären, wie er in einer Erörterung zum Umweltschutz schreiben konnte, er empfehle eine *Strategie von Butterbrot und Peitsche.* Oder seinen allerersten, oft zitierten und in der Klasse längst kanonisierten sprachlichen Aussetzer: dass er mit elf dachte, das Wort Nebenbuhler werde *Nebenboiler* geschrieben.

Die Wendung mit den aus dem Haar fallenden Schuppen stammt allerdings vom Mathematiklehrer Gruber, der seine Herleitungen regelmäßig mit den Worten «Und spätestens da muss es euch ja schon wie Schuppen aus dem Haar fallen, dass ...» anmoderiert.

Es gehört zu Grubers Informatikerhumor, Fehler per se witzig zu finden. Er findet es selbst nach 25 Jahren noch witzig, Kausalketten mit der Formel «Und daher folgt nach

Adam Riese und Eva Zwerg» zu verdeutlichen. Umso mehr amüsiert es ihn, dass ausgerechnet Palffy, der ihn immer mit der Bitte nervt, Beispiele noch einmal *anders* zu erklären, für seinen Witz büßen muss.

In der allgemeinen Häme geht völlig unter, dass Till zum ersten Mal in seinem Leben einen Einser auf eine Deutschschularbeit geschrieben hat. Unter der Arbeit steht: *Eine stilistisch u. inhaltlich hochwertige Arbeit, daher: Sehr Gut.* Beim Austeilen sagt der Dolinar aber nur: «Na bitte, wieso nicht immer so, Kokorda», womit Tills Standing in gewisser Weise ohne viele Worte wiederhergestellt ist.

Palffy bekommt einen Vierer und einen Anschiss und ist trotzdem froh, weil er wenigstens nicht mehr komplett ignoriert wird. So weit hat der Dolinar ihn in diesen drei Wochen gebracht, so weit hat er ihn entfremdet von dem Palffy, der noch vor Kurzem aus purer Blödheit beinahe einen Angriffskrieg um die kulturelle Hegemonie gestartet hat. Führte man Palffy jetzt, wo er nach einem Monat zum ersten Mal wieder eine volle Freizeit genießen kann, an Gramscis Werk heran, käme sicherlich von seiner Seite die Frage nach Gramscis Leben auf, und wenn man ihm dann erzählte, Gramsci sei im Gefängnis gestorben, würde er, ebenso wie seine Klassenkollegen, sagen: «Danke, von so jemandem brauche ich keine Tipps für meine Befreiung.»

Im August fährt Till zur *gamescom* nach Köln. Es ist sein erster öffentlicher Auftritt, seine erste Reise allein, und auch wenn er bei einer Großtante in Bochum wohnen muss statt in dem Hotelzimmer in Köln, das für ihn bezahlt wurde, und obwohl er das Halbfinale gegen TheViper trotz des zusätzlichen Trainings in den Sommerferien verliert, beginnt damit eine neue Phase in seinem Leben. Wenn man Tills Namen oder seinen Usernamen googelt, findet man jetzt ein Foto von ihm.

Einerseits demonstriert die Spielemesse ihm sehr deutlich, wie klein AOE2 ist, wie winzig und ärmlich es im Vergleich mit den anderen Spielen dasteht, wie viele Menschen nicht einmal wussten, dass es noch gespielt wird, und diese Erfahrung entspricht in etwa der von Lyrikern auf der Frankfurter Buchmesse, die sehen, dass Literatur an sich dort nur eine der Dutzenden Hallen füllt und Lyrik, also ihre Welt, sich an drei kleinen Ständen abspielt, während sich überall sonst Tausende Menschen für Autoren anstellen, von denen sie noch nie gehört haben. Andererseits ist Till dennoch dort, auf derselben Messe, auf einer kleineren Bühne zwar, vor der vielleicht dreißig Menschen herumsitzen, von denen er 25 kennt, aber dennoch, er ist dort, und während er da auf der Bühne sitzt und spielt, gehen Hunderte Menschen vorbei, die jetzt wissen, wie er aussieht, die ihn in Zukunft erkennen könnten, obwohl er umgekehrt nichts über sie weiß.

In den Pausen redet Till mit den anderen, die genauso sind wie er. Normale Menschen mit unspektakulärem Äußeren, aber Legenden in der Welt von AOE2. Er lernt T90 kennen, und T90 sagt, er solle ihn bitte Tristan nennen. Er lernt ZeroEmpires kennen, einen britischen Streamer, führt Gespräche mit anderen Spielern, sie rauchen im Hof Zigaretten und machen Witze darüber, dass sie sogar neben all den anderen Losern auf der Messe wie Loser aussehen, und spekulieren, wie die gerade angekündigte Neuauflage von AOE2, die 2019 erscheinen soll, alles verändern wird.

Am Abend ist Till erschöpfter als gedacht. Die anderen fahren in eine Bar, und Till fährt zu seiner Großtante nach Bochum, denkt an die netten Sachen, die TheViper ihm nach dem Match gesagt hat, und wie viel Angst es ihm trotz all der Freude macht, von jemandem, der so gut ist, so gut gefunden zu werden.

Am Tag danach, als er am Bahnhof sitzt und noch eine Zigarette raucht, hat er seinen Thomas-Bernhard-Parkbank-Moment, also einen Moment, wie ihn Thomas Bernhard in *Sind Sie gern böse?* beschrieben hat, nämlich, wie das war, als er gerade sein erstes Gedicht im *Münchner Merkur* veröffentlicht hatte und auf einer Bank im Zwerglgarten in Salzburg saß, überzeugt, dass jeder einzelne Mensch, der vorbeiging, ihn als den Verfasser dieses Gedichts erkennen und interessiert beobachten müsse.

So ähnlich geht es Till auf seiner Bank vor dem Kölner Hauptbahnhof, wo er eine Zigarette raucht und wenig später noch eine, während Menschen an ihm vorbeigehen und ihn anschauen und ihn der *gamescom* zuordnen, aufgrund seiner ungesunden Gesichtsfarbe und seines Kleidungsstils, natürlich ohne zu wissen, wer er ist, oder sich dafür zu interessieren, geschweige denn, davon beeindruckt zu sein.

Dann, als Till schon aufstehen möchte, kommt ein Typ in seinem Alter auf ihn zu, lächelt ihn an und fragt ihn um Feuer. Der andere ist kein Fan, wie Till kurz angenommen hat, sondern ebenfalls ein Pro. Sie unterhalten sich kurz über die Messe, über Age of Empires, von dem der andere sagt, er habe es als Kind mit seinen Cousins gespielt und freue sich sehr, dass es weiterhin gespielt werde. Sie tauschen Namen aus, und beim Verabschieden sagt der andere: «Vielleicht sehen wir uns ja im November in Schanghai!», worauf Till zustimmend nickt, obwohl er weiß, dass er im November nirgends hinkann.

Im Zug nach Hause, mit noch immer vor Aufregung summendem Kopf, googelt Till den Usernamen des anderen und sieht, dass er einer der Top-30-Fortnite-Spieler Europas ist und schon fast eine halbe Million Euro mit Preisgeldern eingenommen hat.

Zwei Wochen später beginnt Tills sechstes Jahr am Marianum. Das Jahr, in dem er sich verliebt.

21

Gut, dass Till rechtzeitig zu rauchen begonnen hat. Auf dem Weg nach Köln hat er seine erste Packung gekauft, und als er wieder in Schwechat ankommt, sind noch immer zehn Zigaretten übrig. Till raucht jetzt, aber er raucht nicht viel, raucht nicht auf der Straße, nicht in der Schule. Erst abends, wenn er nach Hause kommt und seinen PC hochfährt, stellt er sich kurz auf den Balkon und zündet sich eine an. Und bevor er Zähne putzen geht, nachdem er sich ausgeloggt und den PC runtergefahren hat, raucht er eine zweite Zigarette.

Ende September wird Till 16, muss sich nicht mehr fürchten, in der Trafik nach seinem Ausweis gefragt zu werden, und darf sich offiziell für das Rauchereck anmelden, einen durch magere Thujen nur halb vor Blicken abgeschirmten Bereich mit weißen Holzbänken im vordersten der Höfe, gleich neben dem Portier.

Als Raucher steigt Till um einige Plätze in Dolinars Sympathie-Ranking, insbesondere weil Till vor seinem 16. Geburtstag nie nach Rauch gerochen oder beim Rauchen gesehen worden ist, was bedeutet, dass er entweder gerade erst begonnen hat oder diskret vorgegangen ist. Sobald der Staat grünes Licht für den Konsum von Tabak gibt, gelten beim Dolinar zwei Regeln: nicht im Gehen zu rauchen und niemals die Zigarettenstummel herumliegen zu lassen.

Bis heute kann man seine ehemaligen Schüler und Schülerinnen daran erkennen, dass sie entweder, genau wie er, kleine mobile Aschenbecher überallhin mitnehmen oder besonders gerne beim Gehen rauchen und ihre Zigarettenstummel ostentativ auf den Gehsteig schnippen, um ihre anhaltende Rebellion auszudrücken.

Till erwartet sich nicht viel vom Rauchereck, denn er fühlt sich erfahrungsgemäß in der Schule dort am wohlsten, wo wenig bis keine anderen Menschen sind. Trotzdem geht er an seinem Geburtstag – und damit zum frühestmöglichen Zeitpunkt – in der großen Pause hinunter ins Rauchereck, auf die Gruppe Menschen zu, die dort versammelt ist. Er erkennt nur Peitl und zwei ehemalige Klassenkollegen von Georg, mit denen er nicht sprechen möchte.

Till setzt sich ganz an den Rand einer Bank und zündet eine Zigarette an. Bibi, ein blondes Mädchen mit dunklen Augenbrauen aus der Siebten, erzählt gerade, wie sie auf dem Rückweg vom Zahnarzt mit taubem Kiefer im Bus sitzt und einen Typen anlächelt, ohne zu bemerken, dass ihr wegen der Spritzen, die sie bekommen hat, der Speichel übers Kinn läuft. Alle lachen. Till sieht extra an ihr vorbei, weil er nicht zu der Gruppe gehört, der sie ihre Geschichte erzählt, Bibi bricht ab, dreht sich zu Till um, sieht ihm in die Augen und erklärt: «Sorry, ich erzähl gerade von etwas, das mir letzte Woche passiert ist.»

Sie wiederholt den Anfang, den er verpasst hat, erzählt die ganze Geschichte noch einmal von vorn, und während sie spricht, glaubt Till jedes Wort, obwohl er danach sicher ist, dass kein Mann der Welt sich angewidert wegdrehen würde, wenn Bibi ihn im Bus anflirtet, egal wie sehr sie sich dabei ansabbert.

Im Rauchereck passieren außergewöhnliche Dinge. Bibi, die sicher nicht weiß, wie Till heißt oder in welche Klasse er geht, und nie darauf käme, dass Till damals mit den anderen Firstys in der ersten Reihe stand, als sie mit zwölf beim Musikfest der Unterstufe «Wrecking Ball» von Miley Cyrus performte, in genau dem gleichen Outfit, das Miley Cyrus im Musikvideo getragen hatte – Bibi spricht mit ihm.

Till erinnert sich an wenige Momente seiner Schulzeit so gut wie an diesen Auftritt. Er weiß noch, wie er sich zu Blindstein umdreht und in dessen Gesicht exakt denselben Unglauben sieht, den er selber spürt, er weiß, dass nie davor sein Herz so geschlagen hat, wie als er Bibis Nippel durch das weiße T-Shirt hindurch erahnen konnte, kaum einen Meter von ihm entfernt.

Seine Klassenkollegen haben oft über diesen Auftritt geredet, der für sie mit elf und zwölf Jahren ein Naturereignis darstellte, einen wahr gewordenen Tagtraum, dessen Bewertung sich aber mit jedem Jahr ein wenig änderte, bis sie das, was ihnen mit 14 schon seltsam vorkam, mit 15 schließlich als völlig falsch einordnen mussten, wenn sie die Mädchen aus der Zweiten ansahen, die jetzt in ihren Augen kleine Kinder waren, und sich vorstellten, eines dieser Schlapfen tragenden und Nici-Tierchen-Schlüsselanhänger besitzenden Kinder würde sich, nur mit einer weißen Unterhose und einem bauchfreien weißen Tanktop bekleidet, auf der Bühne des Festsaals rekeln und «Wrecking Ball» singen, während sich ein paar noch kleinere Kinder daran aufgeilen – und wahrscheinlich eben nicht nur sie, sondern auch einige, die das noch weniger tun sollten. Zu Bibi gibt es also eine Vorgeschichte.

Es gibt auch eine Vorgeschichte zur Vorgeschichte, dazu, wie es zu diesem Auftritt hatte kommen können, der ein selbstbestimmter Akt von Bibi gewesen war und doch, genau wie das Originalvideo, im Nachhinein die Frage aufwirft, wie viel Selbstbestimmung möglich ist, solange man dabei patriarchale Erwartungen erfüllt.

Bibi war jedenfalls in einem auffallend schönen Kimono am Bühnenrand gestanden, die Musiklehrer, nicht ganz auf dem neuesten Stand der Popmusik, kannten Miley Cyrus als braves Disney-Mädchen, und dass Bibi direkt vor dem Auftritt den Kimono abwarf und halb nackt auf die Bühne trat, schockte alle ungefähr gleichermaßen.

Nach etwa einer Minute versuchte die Lateinlehrerin, vor Empörung wummernd, die Musik abzudrehen, wurde aber vom Pfarrer mit einer päpstlichen Handgeste davon abgehalten, weil er wusste, wer Bibis Eltern sind, wer vor allem ihre Tante ist und dass in solchen Fällen besser dem skandalösen Treiben freien Lauf gelassen werden sollte, als durch den Abbruch einen Skandal zu generieren.

Es mag lächerlich erscheinen, dass Till in den auf die Szene im Rauchereck folgenden Tagen jede Möglichkeit in Betracht zieht, wieso Bibi an seinem Geburtstag so nett zu ihm war, aber Tills Lächerlichkeit, von der niemand etwas mitbekommt, weil sie sich nur in seinem Kopf abspielt, ist die Lächerlichkeit aller Männer, die, wenn ihnen jemand gefällt, jede unschuldige Nettigkeit als Interesse zu deuten und, wenn ihnen jemand nicht gefällt, die eindeutigsten Zeichen der Zuneigung nicht zu lesen imstande sind.

Schon als Firsty hatte Till gedacht, Bibi habe bei der Zeile *I will always want you* nur ihn angesehen, genauso wie Blindstein das glaubte und alle anderen auch, obwohl sie wussten, dass das nicht sein kann. Und so sucht Till auch jetzt einen Grund für Bibis Verhalten, und wenngleich er es niemandem gegenüber zugeben würde, zieht er tatsächlich kurz in Betracht, dass Bibi Age of Empires 2 kennt, dass sie weiß, wer er ist, und ihn dafür bewundert.

Erst im Verlauf einiger Tage versteht er, dass Bibi bloß ein offener, netter Mensch ist, was ihn enttäuscht, weil es bedeutet, dass sie Peitl genau gleich freundlich ansieht, während sie sich, deutlich zu interessiert, dessen Zusammenfassung der letzten *Rick and Morty*-Folge anhört, dass also *ihr* Moment mehr mit dem Rauchereck zu tun hatte als mit ihm, Till.

Das Rauchereck ist ein magischer Ort, weil Rauchen eine magische Tätigkeit ist. Rauchen ist ein Zaubertrick. Rauchen ist ein verlässlicher Fluchtweg, ein endloser Trost, eine ewige Vorfreude. Und Rauchen verbindet. Es beginnt damit, einen anderen Menschen um Feuer zu fragen, sich zu einem anderen Menschen hinüberzubeugen, ihm das Feuerzeug hinzuhalten oder in die Hand zu drücken, wechselseitig Zigaretten zu schnorren und dadurch die unsichtbaren Barrieren zu überwinden, die uns sonst verbieten, Menschen anzusprechen, die wir nicht kennen.

Wer einem Menschen Feuer gibt, kann auch eine Zigarette schnorren und dem, der neben ihm sitzt, Chips anbieten oder einen Schluck von seinem Softdrink. Deshalb ist das Rauchereck anders als alle anderen Orte an dieser Schule, deshalb herrscht dort eine andere Stimmung, verschwimmen die Unterschiede zwischen Snobs und Kiffern, Tussis und Alternativen, Losern und Normalos, natürlich nicht wirklich, das werden sie nie. Aber wenn sie überhaupt irgendwo zur Debatte stehen, dann hier.

Es ist also nicht Bibi, in die sich Till verliebt, obwohl

er es zweifellos glauben könnte, da jedes Mal, wenn er sie sieht, sein Herz ein bisschen schneller schlägt und das eine Mal, als Bibi auf dem Weg in den Turnsaal an ihm und seinen Klassenkollegen vorbeigeht und ihn grüßt, noch ein bisschen schneller. Das Verliebtsein, vor allem das einseitige, heimliche Verliebtsein in sehr fesche oder sehr sympathische Menschen, erweist sich leider oft als illusorisch. Nicht weil man nichts oder nicht aufrichtig empfindet, sondern weil man ausblendet, dass alle anderen dasselbe fühlen. Tills Gefühle für Bibi sind eine völlig normale Reaktion darauf, wie gut sie aussieht, dass sie ein Jahr älter ist als er und dass sie, ohne sich dessen bewusst zu sein, für einen der wichtigsten Momente seiner Pubertät verantwortlich war.

Und obwohl es nicht Bibi ist, in die Till sich verliebt, wäre es auch falsch zu sagen, er sei nicht in sie verliebt, denn einmal träumt er davon, mit ihr in einem Innenhof zu stehen und sie zu umarmen, und als er aufwacht, in den wenigen Momenten, bevor die echte Welt sich wieder scharf stellt, weiß er, dass diese Umarmung in diesem Innenhof das schönste Ereignis seines Lebens war.

22

Es gibt eine Anekdote, die der Dolinar besonders gern erzählt, nämlich jene, wie er Mitte der Neunzigerjahre einen Bruder des späteren Wiener Vizebürgermeisters nach der ersten Klasse von der Schule schmiss. Er habe den Vater des Buben, der kurz davor erstmals öffentlich die Existenz von Gaskammern in Deutschland angezweifelt hatte, zu sich zitiert und ihm gesagt: «Es tut mir leid, Ihnen das mitteilen zu müssen, aber Ihr Sohn ist leider nicht intelligent genug für diese Schule.»

«Wenn Sie das sagen, Herr Professor», habe der Vater zur Antwort gegeben, «dann haben Sie sicher recht», und seinen Sohn in die Albertgasse geschickt.

Man könnte meinen, für den Dolinar sei die Reaktion des Vaters nicht Ausdruck eines potenziell traumatisierenden Mangels an Vertrauen ins eigene Kind, sondern das ideale Verhalten. Er hasst es, wenn Eltern, die bei ihren Erziehungsaufgaben versagen, ihre Kinder in Schutz nehmen und versuchen, die Schuld für deren mangelhafte Leistungen auf die Lehrer abzuwälzen.

«Erziehung», sagt der Dolinar gerne, «beginnt, wenn ein Baby weder Hunger noch Durst noch Scheiße in den Windeln hat und trotzdem schreit.» Nehme man es dennoch aus der Wiege und tröste es, gebe man die Zügel aus der Hand, denn das Kind lerne dabei nur eines: dass es selbst die Regeln vorgeben kann.

Diese Theorie verdankt der Dolinar seiner Mutter, die sie wiederum mutmaßlich Johanna Haarer verdankt, deren Buch *Die deutsche Mutter und ihr erstes Kind* in leicht gekürzter Form bis in die 1960er- und 1970er-Jahre zirkulierte – und in Kärnten wahrscheinlich noch weit bis ins neue Jahrtausend hinein – und damit deutlich länger als Johanna Haarers anderer Klassiker *Mutter, erzähl von Adolf Hitler!*.

Wagte jemand, den Dolinar darauf hinzuweisen, dass sein zentraler Erziehungsgrundsatz direkt aus dem Nationalsozialismus kommt, würde er wahrscheinlich entgegnen, dass nicht alles, was uns heute unmodern erscheint, deshalb gleich falsch sein muss.

Für den Dolinar ist der Wert der Anekdote weniger ein didaktischer als ein nostalgischer, weil er, trotz der Verantwortung, die er für seine Schüler empfindet, das Gefühl vermisst, jemanden rauszuschmeißen. In den letzten fünf Jahren gab es keinen einzigen Abgang. Während die Parallelklassen sukzessive ausdünnen, hat der Dolinar seine Schäfchen beisammengehalten, hat mit Jan sogar noch eines dazu geholt, und er fragt sich manchmal, ob es wirklich nur daran liegt, dass seine Schüler nicht mehr so viel anstellen wie früher, oder auch daran, dass er weich geworden ist, so wie die Welt um ihn herum.

Im Herbst stoßen zwei weitere Schüler zur Dolinar-Klasse: Kjell und Alexander. Kjell ist Deutscher, deshalb hatten viele vorab angenommen, er werde in der klasseninternen Hierarchie einen Platz ungefähr auf Höhe seines Landsmanns Jan beziehen, also in den unteren zwanzig Prozent. Auch Jan selbst dachte das, bevor er Kjell sah, und freute sich, bald einen Verbündeten zu haben, mit dem er sein Wissen über alle Eigentümlichkeiten und Chauvinismen dieses Landes, dieser Stadt und dieser Schule teilen kann. Schon an seinem ersten Tag hatte Jan damals lernen müssen, dass alles zu einem Stigma werden kann. Er hatte das Wort *Geldbeutel* verwendet und wurde dafür hemmungslos verarscht. Es gilt die Norm, und ob in Deutschland, irgendwo weit weg, eine andere Norm gilt, der zufolge ihre Sprache seltsam klingt, süß oder peinlich und Jans Sprache ganz normal, ist Tills Klassenkollegen egal.

Sie schreien: «Hey, Jan, bist du wirklich aus Heil!bronn?» Was dazu führt, dass Jan sich für seine Heimatstadt zu schämen beginnt.

Khakpour erfindet den Spitznamen *Kätzchen von Heilbronn*, angelehnt an das Einzige, was sie aus der Schule über Heilbronn wissen, und lässt Jan sofort bereuen, den Katzensticker auf seinem Federpenal nicht rechtzeitig abgekratzt zu haben.

Die anderen lernen durch Jan, wie sächsischer Dialekt klingt, wollen es dann immer wieder hören, bringen ihn ein- oder zweimal auch dazu, Hitler zu imitieren, was er seitdem aber verweigert, weil er es schon beim ersten Mal nicht tun wollte.

Erst als er den Dolinar zu imitieren beginnt, findet Jan seine Nische. Wenn sie samstags in der letzten Stunde klassische Musik hören und der Dolinar die Augen schließt und mit seinem großen Kopf wackelt, als wäre er ein Kreisel am Kipppunkt, von dem man nicht weiß, ob er umfallen oder langsam zum Stehen kommen wird, wackelt Jan genauso. Er imitiert Dolinars affektierte Gesten, schrammt, genau wie Khakpour, Ghisetti und Ertl, manchmal knapp daran vorbei, erwischt zu werden, und darf sich als Teil einer Gruppe fühlen, weil er Teil derjenigen ist, die ihre Existenz riskieren, um den Dolinar lächerlich zu machen, die seine Lächerlichkeit offenlegen, nicht vor der Welt, aber zumindest vor den anderen Schülern, die ihre ganze Energie darauf verwenden müssen, nicht loszulachen.

Status funktioniert am Marianum über Äußerlichkeiten, über Geld, Aussehen und sportliches Können. In Wahrheit geht es, wie überall sonst, um die Anhäufung von Äußerlichkeiten, um das richtige Verhältnis aller situationsbedingt gültigen Vor- und Nachteile. Es gibt die abgrundtief Hässlichen, die aussehen wie auftrainierte rosa Schweinchen und für den Aufwand, den sie betreiben, nicht einmal gut Fußball spielen und trotzdem zu den Coolen gehören, weil sie die richtigen Leute kennen und von Kopf bis Fuß in Ralph Lauren gekleidet sind. Und es gibt solche, die genau die gleichen

Marken tragen und eben dadurch als Loser gebrandmarkt sind, wie Luzian Bramminger, der eine ganze Bäckereikette erben wird, davon aber nur insoweit profitiert, als er ohne sie noch weiter unten in der Hackordnung stünde.

Bramminger ist ein intersektionaler Loser. Er ist ungeschickt, pummelig, Diabetiker, hat einen blöden Vornamen und telefoniert auf Schulreisen zweimal pro Tag mit seiner Mutter. Dass er auf eine Art reich ist, die normale Menschen verlässlich beeindruckt, im Kontext dieser Schule aber meistens mit der Vorsilbe *neu-* bedacht wird, wiegt all das nicht auf.

Und auch Jan ist ein intersektionaler Loser: schlecht beim Fußball, Deutscher und gut in der Schule. Er ist talentiert darin, den Dolinar nachzumachen, was ihn vom Vorwurf der deutschen Humorlosigkeit befreit. Andererseits macht ihn sein Vermögen auch wieder verdächtig: als zeigte sich zwischen ihnen eine geheime Verwandtschaft, als hätte der Dolinar Jan infiziert, als könnte Jan irgendwann Dolinars Nachfolge antreten und selbst Lehrer werden.

Dass Kjell und Alexander keine intersektionalen Loser sind, sondern das Gegenteil davon, wird schon an ihrem ersten Schultag klar. Alexander ist groß, hat braune Locken und eine dieser schmalen, geraden Nasen, die reiche Menschen manchmal wie schöne Pferde aussehen lassen. Kjell ist auch groß und trägt seine blonden Haare nach hinten gekämmt.

Der Dolinar wendet eine ganze Schulstunde auf, um die beiden nach ihrem familiären und ökonomischen Hintergrund auszufragen, und obwohl beide verhalten antworten, erfahren Till und die anderen gleich eine ganze Menge über ihre neuen Mitschüler. Sie erfahren, dass Kjell, genau wie sie es sich von einem Hamburger erwartet hatten, mit dem Hafen in Verbindung steht, denn sein Vater arbeitet als Anwalt für eine an der Hafencity beteiligte Immobilienfirma, und seine Mutter verwaltet, neben ihrer eigenen Galerie, die Sammlung nautischer Kunst einer großen Reederei.

Kjell ist hier richtig, denn auch wenn die Namen, die er nennt, seinen neuen Mitschülern nichts sagen, verstehen sie, dass es die Äquivalente von Namen sind, die sie kennen, das Johanneum ein Pendant zum Marianum und Harvestehude das Pendant einer Gegend in Wien, in der sie wohnen könnten.

Sie erfahren, dass es Kjells Mutter war, die seinen Schulwechsel vorangetrieben hat, weil sie hoffte, der Ortswechsel und das Internatssetting würden sich positiv auf Kjells Arbeitsdisziplin auswirken. Und sie bemerken, im Gegensatz zu Kjell, sofort, was für einen Fehler er begeht, als er dem Dolinar erzählt, seine Mutter habe, um ihn zu beruhigen, gemeint, Kjell werde, solange er sein akademisches Niveau hält, mit einem besseren Notendurchschnitt maturieren, weil in Österreich, nun ja, wie habe sie es noch mal ausgedrückt, eben alles «ein wenig lockerer sei».

Es gibt nicht viele Deutschlandfans in Österreich, aber wenn, dann trifft man sie in konservativen und rechten Kreisen und insbesondere unter Kärntner Slowenen, die kein Wort Slowenisch sprechen und Namen wie Bruno Dolinar oder Veit Milosewitschnig tragen und die sich Deutschland, gerade weil sie kulturell und geographisch so weit davon entfernt sind, zugehörig fühlen.

Deutsche Schüler haben beim Dolinar gewissermaßen einen Startvorteil. Sie kennen das Plusquamperfekt, sprechen *König* und *übrig* so aus, wie er es für richtig hält, und kennen die Städte, in denen seine Klassenlektüre spielt, was nicht bedeutet, dass er sie nicht vorführt, wenn sie es mit ihrem Plusquamperfekt übertreiben oder nicht wissen, wo Gotha oder Marbach am Neckar liegen. Aber der Dolinar hegt immerhin keine antideutschen Ressentiments und das, in Verbindung mit dem natürlichen Startvorteil, den alle Deutschen in Österreich haben, nämlich, aus einem Land mit hohen Leistungsstandards in ein Land mit niedrigen Leistungsstandards zu kommen, ergibt eine angenehme Ausgangssituation.

Kjells Mutter, die in Wien Kunstgeschichte studiert hat, schätzt das völlig richtig ein. Es auszusprechen und sich damit der Arroganz schuldig zu machen, wie es Kjell gerade getan hat, gleicht diese Startvorteile allerdings wieder aus, verkehrt sie in ihr Gegenteil, ist eine Dummheit, die der Dolinar niemals vergessen und immer gegen Kjell verwenden wird.

Alexander sagt nichts, was ihm den Vorwurf der Arroganz einbringen könnte. Doch es stellt sich schnell heraus, dass Alexanders Bescheidenheit ihren Ursprung darin hat, dass er in vielerlei Hinsicht verkörpert, wonach sich diese Schule sehnt, womit sie sich gern schmücken möchte.

Da wäre zuerst Alexanders Zugehörigkeit zur Gruppe der Menschen ohne *-er* zu nennen, also denen, die nicht *-burger* oder *-berger* oder *-inger* heißen, sondern *-burg* oder *-berg* oder *-ing* und sich über viele der hier geltenden Regeln hinwegsetzen können. Sie müssen nicht so reich sein wie andere, keine Markenkleidung kaufen, können überproportional viel Grün tragen, werden überproportional oft Hobbykünstler oder Hobbymusiker und überproportional selten richtige Kunstschaffende, weil sie gesellschaftlich den Anschluss an die letzten hundert Jahre verpasst haben, weshalb, wie in einem Museum, Denkweisen und Namen der Vergangenheit in ihnen weiterexistieren: den Aristos.

Hubertus Sternburg und Xaver Blindstein sind relativ eindeutig als Aristos erkennbar, während Palffy, von dem man denken könnte, er gehöre ebenfalls dazu, in Wahrheit nichts mit *der* Familie Palffy zu tun hat, sondern nur so heißt, weil sein Großvater bei der Einreise nach Österreich im Zuge des Ungarnaufstands seinem Palfy ein zweites f hinzufügte, um zu bezwecken, dass seine Kinder für Mitglieder der Familie Palffy gehalten werden.

Es gibt mit Fritzi jemanden, dessen Vorfahren zum sogenannten Bahnhofsadel zählten, also denjenigen, die erst in den letzten Jahren der Regierungszeit von Franz-Joseph geadelt wurden und von denen es so viele gab, dass die Theorie entstand, Franz-Joseph habe damals allen, die ihm auf seinen Rundreisen von den Bahnhöfen aus zugewunken haben, den Adelstitel verliehen.

Und es gibt Johanna Skrbensky, die vom Kurator der Schule gegrüßt wird, weil ihr Urgroßvater als Bundeskommissär in den Dreißigerjahren an der Sanierung der Schulgüter beteiligt war und dafür in der offiziellen Schulchronik gewürdigt wird. Schon in den Zwanzigern war dieser Urgroßvater, ebenso wie Heinrich von Srbik, Mitglied der sogenannten Bärenhöhle gewesen, einem geheimen Zusammenschluss antisemitischer Professoren, die sich zum Ziel gesetzt hatten, jüdische Lehrende von der Uni Wien zu vertreiben, die Otto Halpern und Leonore Brecher die Habilitation verwehrten und dafür sorgten, dass Karl Popper und Marietta Blau vorsorglich emigrierten, und für ihr Verhalten später fast alle mit leitenden Positionen in der Akademie der Wissenschaften belohnt wurden.

Nach dem Krieg war dieser Otto von Skrbensky dann für die Entnazifizierung der Universitäten zuständig, erklärte den Theaterwissenschaftler Kindermann als tragbar und arbeitete, gemeinsam mit dem ÖVP-Unterrichtsminister Felix

Hurdes, so erfolgreich daran, jüdischen und sozialistischen Lehrenden die Rückkehr nach Österreich zu erschweren, dass ein Beamter der US-Botschaft notierte: «Part, at least, of the appalling decline of Austrian learning must be charged to the narrowly conservative orientation of these personalities.»

Um Alexanders Zugehörigkeit zur Gruppe der Aristos festzustellen, sind keine aufwendigen Recherchen notwendig, denn seine Familie leiht ihren Nachnamen einem wenige Hundert Meter vom Marianum entfernten Verkehrsknotenpunkt, an dem der McDonald's mit den längsten Öffnungszeiten Wiens steht, und ist, auch wenn Alexander einer unbedeutenden Nebenlinie entstammt, von ehemaligem Land-, Klein- und Etagenadel wie den Sternburgs, Skrbenskys und Blindsteins gleich weit entfernt wie diese von allen Burgers und Steiners.

Doch das Besondere an Alexanders Hintergrund, das, was ihn an dieser Schule eigentlich unpassend macht, ist weniger die Familie seines Vaters als jene seiner Mutter. Alexanders Mutter entstammt einer jüdischen Industriellenfamilie, die prominent zu nennen falsch wäre, weil sie nie in den Medien auftauchen und es kaum öffentlich zugängliche Fotos von ihnen gibt, die aber zu den zehn reichsten Familien des Landes zählen und damit unvorstellbar viel reicher sind als alle reichen Oberärzte und Wirtschaftsanwälte und Geschäftsleute, die ihre Kinder sonst auf diese Schule schicken.

Ab seinem ersten Tag am Marianum ist Alexander eine Berühmtheit. Ältere Schüler überlegen sich, welche gemeinsamen Bekannten sie ins Feld führen könnten, um sich als legitimen Umgang zu präsentieren, kommen auf Alexander zu und laden ihn zu Partys ein, behandeln die ganze Dolinar-

Klasse plötzlich besser, spielen mit ihnen gemeinsam, statt sie gleich vom Fußballplatz zu vertreiben, und erzählen in ganz Wien herum, wie gut sie mit Alexander befreundet sind und was er ihnen alles erzählt hat.

Alexander kann damit umgehen. Er hat früh gelernt, dass es zwei völlig unterschiedliche Welten gibt: eine öffentliche, in der potenziell jeder einen erkennt und beobachtet, und eine private Welt, unter Freunden und Menschen, die selbst reich genug sind, um von seinem Reichtum unbeeindruckt zu sein, oder ganz normalen Menschen, die Reichtum indifferent gegenüberstehen, weil es für sie keinen Unterschied macht, ob jemand eine Million oder eine Milliarde erben wird.

Es stört ihn aber nicht, dass von der Direktorin über den Kurator, der die Stiftung verwaltet und damit der eigentliche Chef der Schule ist, bis zum Pfarrer alle wissen, wer er ist, und ihr Verhalten dem anpassen, sich bemühen, entgegenkommend zu wirken, ohne den Eindruck zu erwecken, sie würden sich einschleimen.

Kjell und Alexander werden natürlich Freunde. Sie sitzen nebeneinander, lernen gemeinsam, mit den abstrusen Regeln umzugehen, die jetzt für sie gelten. Sie feiern Ende September gemeinsam Geburtstag, melden sich fürs Rauchereck an und verbringen von da an viel Zeit mit Till.

Zu dritt gehen sie die Treppen hinunter und die langen Gänge entlang. Kjell und Alexander sitzen nebeneinander auf den weißen Bänken und verhalten sich Till gegenüber anders, als er es gewohnt ist. Anders als Khakpour, Ertl, Blindstein und Ghisetti, die ihn vor Schülern anderer Klassen immer ein wenig abwerten müssen, um zu verhindern, von Losern wie ihm hinuntergezogen zu werden, weil auch die coolsten Dolinar-Schüler bei allen anderen Marianisten, sogar bei den jüngeren, als Streber gelten. Weil sie in der sechsten Klasse immer noch jeden Lehrer grüßen, an dem sie vorbeikommen. Weil nur sie auf den Fotos im Jahresbuch die vollständige Festkleidung tragen, mit Tüchern und Krawatten und Röcken, die über die Knie gehen, wie die größten Spießer der Welt.

Till weiß nicht, dass das, was ihm Kjell und Alexander sympathisch macht, ihr Selbstbewusstsein ist, das sie davon befreit, ihn kleinzumachen, wenn sie im Rauchereck rumstehen und mit denen aus der 8C oder denen aus der 7A reden, wobei Till natürlich nicht viel spricht, sondern hauptsächlich zuhört. Aber manchmal eben doch spricht, weil Kjell und Alexander ihm Fragen stellen, zu Lehrern und Schülern, zu seinem Wahlpflichtfach und dazu, ob er Bitcoins besitzt, was er von Bitcoins hält und ob es schon zu spät ist, um in Bitcoins zu investieren.

Und auch wenn vieles, was die älteren Schüler erzählen, für Till nicht interessant ist, weil er die Menschen nicht kennt und die Orte nie kennenlernen wird, über die sie sprechen, sitzt er gern dort und hört zu, wie die mit der Weisheit des Älterseins gesegneten Schüler ihnen darlegen, dass die kyrillische Schrift, mit der sie seit einigen Wochen kämpfen, bald schon kein Problem mehr darstellen wird und es eher die Fälle sind, die das Russische so schwer machen.

Till gehört zu den vierzig Prozent der 6B, die schon auf die allererste Schularbeit einen Fetzen hatten, deshalb beruhigt es ihn, zu hören, dass die Älteren meinen, bei seinem Russischlehrer, Professor Schranzböckl, sollte es möglich sein, sich bis zur Matura durchzulavieren, ohne je Russisch zu lernen, so wie schon dutzende Generationen von Marianisten vor ihnen.

Till lacht mit den anderen, als sie hören, dass Professor Schranzböckl unter dem Namen *Rainer «The Rat» Schranzböckl* als Schlagzeuger auf der Website einer Rock-'n'-Roll-Combo aufscheint, und vielleicht findet Till das Foto vom Schranzböckl, der wirklich etwas Rattiges an sich hat, sogar noch ein wenig lustiger, den schwarzen Anzug und die Ray-Ban, weil er sich parallel darüber freut, dass der ältere Schüler auch ihm das Handy hinhält, damit er das Foto sehen kann.

Trotzdem, obwohl Till gerne mit Kjell und Alexander rauchen geht, die beiden mag und hin und wieder von ihnen träumt, ohne dass diese Träume unangenehm wären, geht er weiterhin auch gerne allein rauchen. Till raucht eine Zigarette vor seinen Diensten im Informatiksaal und eine danach, eine jeden Donnerstag, am Anfang seines Wahlpflichtfachs, und eine auf dem Weg zurück in die Klasse. Mitte Oktober geht er zum ersten Mal zwischendurch hinunter, ziemlich genau nach der Hälfte der Zeit.

Er denkt an die neue Version von AOE2, die ihm bei der Ankündigung im Sommer noch irreal erschienen war, deren Konsequenzen ihn aber jetzt schon beschäftigen. Er ist in einer Discord-Gruppe mit anderen Pros, die bereits in einigen Monaten Demoversionen spielen dürfen und deren Feedback eingearbeitet werden soll. Er liest Foreneinträge, in denen über die neue Definitive Edition gemutmaßt, in denen Ängste und Hoffnungen artikuliert werden, die Angst, dass jene Fans, die Age of Empires 2 seit 2014 ehrenamtlich verbessert und ausgebaut hatten, künftig von den Entscheidungsprozessen ausgeschlossen bleiben sollen, die Angst, dass Veränderungen im Balancing dem feinen, einer Verfassung nicht unähnlichem Geflecht aus Boni schaden und die Komplexität des Spiels reduzieren könnten.

Und im Gegensatz zu vielen anderen in Europa, zu praktisch allen anderen Pros, versteht Till auch die Angst der Latinos und Vietnamesen, für die AOE2 gerade wegen der schlechten Grafik und der niedrigen Systemanforderungen spielbar war und die deshalb fürchten, die neue Version könnte auf ihren alten PCs nicht mehr laufen.

Till sieht sich ein Interview mit dem Entwickler Bert Beeckman an, der für die von Fans geschriebenen Erweiterungen der letzten Jahre verantwortlich war und jetzt von Microsoft Geld für etwas bekommt, was er vorher umsonst gemacht hat.

Während Till seine Kopfhörer aufsetzt und die Treppen hinuntergeht, verfliegt seine Angst, nicht mehr im Informatikkammerl spielen zu können, weil er die Daten im Kopf durchgeht und versteht, dass er wenige Monate nach Erscheinen der Definitive Edition maturieren, nicht mehr auf die Schul-PCs angewiesen sein und auch sonst in jeglicher Hinsicht unvorstellbar frei sein wird. Und er sieht ein neues Licht am Horizont, die Hoffnung auf Turniere, Sponsoren, eine Renaissance von AOE2, die ihm, genau zum richtigen Zeitpunkt, ermöglichen könnte, von dem zu leben, was er am liebsten macht, auch wenn das eher ein Gedanke für Tagträume ist als einer für die Berufsberatung.

Mit dieser Aussicht, die vorerst keine Aussicht ist, zu weit entfernt, um wirklich in Erwägung gezogen zu werden, als Sehnsuchtsbild aber gerade nah genug, segelt Till dahin. Er hört Lgoony, dessen Video «Millionen Euro» sie vor zwei Jahren um ein Handy rumstehend gemeinsam angeschaut haben und damals alle lächerlich fanden, weil klar war, dass die Behauptungen dieses 20-Jährigen, der wie 15 aussah, nicht stimmen konnten: dass er weder Millionen Euro in der Schweiz hat noch einen Benz kauft.

Trotzdem erntete Khakpour viele Lacher, als er ein paar Wochen später in einer Turnstunde bei einem Ultimate-Frisbee-Match Luzian Bramminger zurief: «Du musst das Scheiß-Frisbee parallel zum Scheiß-Boden werfen, du Schmock, *doch du schaffst es nicht, weil du nur ein Bastard bist.*»

Till denkt, während er Lgoony hört, daran, wie er in Köln, auf dem Weg zum Zug nach Bochum, über die Domplatte ging, wo eine Gruppe von Jugendlichen mit kleinen Boxen genau diesen Song gehört und den ganzen Text auswendig mitgesprochen hatte, ohne ihn vollkommen ernst zu nehmen, aber auch, ohne es ironisch zu meinen, und wie er sich, nachts im Kinderzimmer seiner Großcousine, schlaflos von all den Eindrücken der Messe, den Song noch einmal anders anhörte, die Lautstärke seiner Kopfhörer bis zum Anschlag gedreht, und dachte, alles, was Lgoony sage, treffe auch auf ihn zu, mitsprach *Ich bin der Shit, hunderttausend Euro on my wrist* und dabei an die fünfhundert Euro dachte, die er dafür bekommen hatte, in Köln Age of Empires zu spielen.

Till vergisst im zweiten Stock, irgendeinen Lehrer zu grüßen, dem das natürlich völlig egal ist, und geht ins Raucheck. Erst als er schon sitzt, sieht er, dass ganz im Eck zwei Mädchen sind, die er nicht kennt, unmöglich eigentlich, denn Till kennt alle aus den sechsten und siebten und achten Klassen.

Auch ohne sie zu hören, ist offensichtlich, dass die beiden Mädchen streiten, und Till weiß nicht, ob er die Kopfhörer abnehmen soll. Sie drehen sich zu ihm um. Eine von ihnen sieht Till direkt an, öffnet ihren Mund, und Till fragt sich, ob sie die kleine Schwester von Astou sein könnte, was aber nicht geht, weil sie dann 14 wäre und nicht hier sein dürfte.

«Hey!»

Till nimmt die Kopfhörer ab.

«Ich fick deine Bitch und nenn sie dann Bagel!»

«Was?»

«Findest du das gut?»

«Das sagt er ja gar nicht», mischt sich jetzt das andere Mädchen ein. «Er sagt: *Bring deine Bitch nicht, ich löcher sie erst und nenn sie dann Bagel.*»

«Das ist ja noch schlimmer.»

Till ist beruhigt, dass das Mädchen ihm nicht damit droht, seine Bitch zu ficken, auch wenn unklar ist, was das bedeuten würde.

Die beiden diskutieren jetzt wieder untereinander über Textzeilen, die Till alle nicht kennt.

«Wie kann er sagen: *Fühl mich wie ein Führer, fühl mich wie ein Lehrer* ... Was ist das für grindiges Faschozeug?»

«Hör keinen Rap, wenn du es nicht checkst und alles wörtlich nimmst.»

Till fragt sich, ob er die Kopfhörer wieder aufsetzen soll. Inzwischen ist er fast sicher, dass das eine Mädchen Astous kleine Schwester ist. Denn sie wirkt zwar ganz anders, hat eine andere Ausstrahlung, dunkle Sommersprossen und hellere Augen als Astou, aber den gleichen Mund und die gleiche Nase.

«Magst du Ufo?», fragt Astous Schwester in seine Richtung.

«Kenn ich nicht.»

«Der hört nicht Rap. Schau dir den mal an!»

«Hörst du Rap?», fragt Astous Schwester.

«Äh ...»

«Ohne Äh!», schreit das andere Mädchen.

«Hast du», fragt Till, «auch den Dolinar?»

«Nein, das hat meine Lehrerin am Lycée immer gesagt.

Aber ich hab schon von dem gehört. Das ist der Typ, der aussieht wie ein Vampir, oder?»

Till nickt.

«Und ihr seid diese Streberklasse, die immer gemeinsam zum Essen geht.»

«Ja.»

«Du hast meine Frage nicht beantwortet», sagt Astous Schwester.

«Ich mag Lgoony. Aber sonst hör ich nicht viel Rap.»

Astous Schwester beginnt zu lächeln und formt mit ihren Händen ein Herz. Das andere Mädchen macht eine abschätzige Handbewegung.

«Schau, Fina, zwei zu eins für Lgoony.»

«Pff.» Das Mädchen, das nicht Astous Schwester ist, zündet sich eine Zigarette an. «Zwei zu eins würde es stehen, wenn ihr Ahnung hättet und wenn dieser Typ hier alle drei Alben von Ufo kennen würde, sonst ist seine Meinung nichts wert.» Sie sieht Till an. «Und, no offense, aber es geht ja nicht nur um die Texte, sondern um das echte Leben, und im echten Leben könnte ich diesen Typ hier fetzen, und Ufo könnte Lgoony fetzen, und deshalb ist es egal, ob dir irgendwelche einzelnen Zeilen nicht gefallen: Ihr habt beide unrecht.»

«Oida», sagt Astous Schwester, «du bist so dumm.»

Und Till sieht in dem Gesicht des anderen Mädchens, das jetzt aufgestanden ist und auf ihn zukommt, keine Drohung und nichts Unsympathisches.

«Ich bin Fina», sagt sie und fügt, bevor Till noch seinen Namen sagen kann, hinzu: «Das ist kurz für Schosefina.»

Sie streckt Till ihre Hand so hin, wie es die Fußballer tun, mit abstehendem Daumen und angewinkeltem Arm und der Bereitschaft, sich mit der Schulter seiner Schulter zu nähern.

Till hat noch nie mit jemandem so eingeschlagen.

«Keine Angst, ich würd eh nie jemandem was tun, der mir nichts getan hat», sagt Fina.

«Ich würde generell nie jemandem was tun», sagt Till.

Es entsteht eine kurze Pause, dann lachen die beiden Mädchen.

«Habt ihr auch grad Wahlpflichtfach?», fragt Till als Nächstes.

«Ja, Literatur beim Feichtler. Er erlaubt uns, zum Lesen in den Park zu gehen.»

Astous Schwester zeigt auf ein dickes Buch neben sich und auf ein dünnes neben Fina.

«Und, ähm, kann ich dich ...»

«Feli.»

«Ja, Feli. Kann ich dich auch was fragen?»

«Klar.»

«Bist du Astous Schwester?»

«Kennst du sie?»

«Sie geht in meine Parallelklasse. Aber eigentlich nicht. Ich hab, glaub ich, noch nie mit ihr geredet. Oder sie nie mit mir.»

«Du weißt wahrscheinlich, dass die meisten Menschen, die auf andere arrogant wirken, in echt nur unsicher sind, oder?»

«Ja.»

«Also bei meiner Schwester ist das nicht so. Die ist einfach wirklich ein arrogantes Miststück, das glaubt, besser zu sein als alle anderen.»

«Und wieso», fängt Till an, entschließt sich aber im letzten Moment, die Frage umzuformulieren und nicht nach Felis Alter und dem Rauchereck und den möglichen Konsequenzen zu fragen, «wieso bist du dann schon im WPF? Ist das nicht erst ab der Fünften?»

«Ich mach extrakurrikulär mit, also der Feichtler hat mich gebeten, weil zu wenige Anmeldungen waren, und er ...»

«Felis Mama möchte, dass Feli im Frühling die Aufnahmeprüfung für diese Weirdo-Schule macht», unterbricht Fina sie und verzieht den Mund. «Deshalb tut das Marianum jetzt so, als würde es seine tolle kleine Streberin besonders fördern, damit sie hierbleibt. Und der Feichtler ist sowieso ein Fanboy.»

Feli schaut zu Boden, und Till denkt, dass er sie nie für eine Streberin gehalten hätte, erinnert sich aber plötzlich daran, wie Peitl vor zwei Jahren Astou beim Skikurs mit einem Gerücht über den IQ ihrer kleinen Schwester geärgert hatte, worauf Astou nur sehr kühl «Red nicht über meine Schwester, du Nachgeburt» antwortete.

«Was ist die Weirdo-Schule?», fragt Till.

«Diese Popper-Schule am Gürtel», sagt Feli mit etwas roten Wangen. «Aber ich will da nicht hin, ich hab genug *Malcolm* gesehen, um zu wissen, dass ich nicht so einen Mr. Herkabe als Lehrer haben will und auch nicht so eine Hippielehrerin, wie er sie am Anfang hat. Magst du Malcolm?»

«Ja ur. Also ihn nicht so, aber die Serie. Ich hab das früher jeden Tag gesehen.»

«Ich auch», sagt Feli und steckt sich noch eine Zigarette an, und auch Till steckt sich noch eine an, und bevor er sie ausgeraucht hat, zündet sich Fina schon die nächste an, und dann wieder Feli und dann Till, und jede dieser Zigaretten ist das Versprechen, noch fünf Minuten zu bleiben, den anderen noch fünf Minuten seiner Zeit zu schenken.

Till kann nicht anders, als eine Fügung darin zu sehen, dass Feli ausgerechnet den einen Rapper mag, den er kennt. Er nickt, als sie «Eistee» und «Shawty, bist du auf Lean» ihre Lieblingssongs nennt und nimmt sich vor, sie sofort anzuhören, wenn er nach Hause kommt, damit es nur kurz eine Lüge war. Er nimmt sich vor, alle Alben des Rappers zu hören, den Fina mag, damit er auch eine Meinung dazu haben darf.

Fina erzählt noch von ihren ukrainischen Cousins, mit denen sie Fußball und Counterstrike gespielt und von denen sie auszurechnen gelernt hat, wer wem körperlich überlegen ist – obwohl sie ihr auch klargemacht haben, dass sie als Frau nicht in solchen Kategorien denken sollte. Wozu denn? Sie hat ja ihre ukrainischen Cousins, die jeden Menschen, der sie schlecht behandelt, finden und verprügeln werden.

Sie erzählt davon, wie es war, mit sieben Jahren GTA4 zu spielen, über das ihr dreizehnjähriger Cousin davor gesagt hatte: «Die Grafik ist so geil, wenn man bei GTA4 jemandem ins Gesicht schießt, ist es so, als würde man wirklich jemandem ins Gesicht schießen!»

Fina erzählt davon, wie sie am Lycée sitzen geblieben ist, und Feli, die nicht am Lycée war, erklärt, wie Leute am Lycée sind: «Elitär und gleichzeitig lächerlich gemessen an ihren Ambitionen, so wie Frankreich. Während das Marianum wie Österreich ist, akademisch mittelmäßig, ambitionslos, aber trotzdem eingebildet.»

Sie erzählt von einem veganen Eisgeschäft in der Schleifmühlgasse und von der Augeninfektion ihrer Katze, Fina von ihrer Großmutter, die letztes Jahr gestorben ist und in den letzten Stunden vor ihrem Tod plötzlich anfing, über irgendeinen Mann namens Ilya zu reden, den sie viel lieber geheiratet hätte als Finas Opa.

Feli erzählt, dass sie ihren Klassenvorstand, Professor Dr. Lassner, schon seit drei Wochen nicht gesehen hat, weil er gerade als unabhängiger Kandidat für die Liste Kurz bei der Nationalratswahl antritt.

Till versucht wiederzugeben, wie lustig seine Mitschüler und er es fanden, dass der Lassner sich von ihnen in der Supplierstunde den Mantel abnehmen ließ, aber Fina setzt nur einen gleichgültigen Gesichtsausdruck auf, als es um den Lassner geht, und Feli kennt noch schlimmere Geschichten.

Till sagt nicht, dass er seine Zeit mit einem Spiel verbringt, das viel uncooler und nerdiger ist als GTA und CS. Er versucht, Fina den Unterschied zwischen dem Titel *Administrator*, einem der vielen Phantasietitel für Günstlinge der Direktorin, und dem damit nicht in Zusammenhang stehenden Wahlpflichtfach *Systemadministration* zu erklären, wo er Firstys davon abhalten muss, mit ihren klebrigen Fingern die Tastaturen zu ruinieren, und unentgeltlich daran arbeitet, die Schulwebsite ein bisschen weniger schlecht zu machen.

Erst als eine Gruppe aus der 7C kommt und ihr Gespräch stört, merkt Till, dass sie schon eine ganze Stunde so dagesessen sind.

Die 7Cler knallen ihre Sporttaschen auf den Boden, legen ihre Fußballfüße auf die Bänke und verhalten sich mit jeder Faser ihres Seins so, dass man denken muss, sie würden streiten, bevor man zu der Erkenntnis gelangt, dass sie zu den Männern gehören, die immer so miteinander umgehen: in der Schule, auf dem Fußballplatz, beim Fortgehen, später in Büros und Kanzleien, an den Mittagstischen der Wiener Wirtshäuser.

Feli und Fina stehen auf, Till steht auch auf. Einer der 7Cler ruft: «Feuer bitte!»

«Nein», antwortet Feli, bevor Till sein Feuerzeug rausholen kann.

«Jetzt gib einfach!»

«Nein.»

«Ich seh doch, dass du eins hast.»

Feli nimmt ihr Feuerzeug und wirft es quer über den Hof.

«Was stimmt nicht mit dir, du kleine Bitch? Bist du überhaupt schon sechzehn?»

«BiSt dU üBerHaUpT sChOn sechZeHn?», imitiert ihn Feli und geht an den 7Clern vorbei zu Till und Fina, die schon beim Tor stehen.

«Fick dich!», ruft ihr ein Typ hinterher, dessen Namen Till kennt, weil er die Namen aller älteren Schüler kennt.

«Nein, fick *dich*!», ruft Feli, zeigt den Mittelfinger und stellt damit klar, dass sie nicht wie Bibi ist, nicht prinzipiell nett zu allen, sondern nur nett zu Till.

Als sie sich bei der Treppe verabschieden, hebt Feli die Hand, und Fina sagt: «Bis nächste Woche!» Und Till geht ein wenig aufgeregt zurück in seine Klasse, wo der Dolinar sagt: «Du stinkst nach Rauch, Kokorda!», ohne damit aussagen zu wollen, Till dürfe nicht nach Rauch stinken.

23

Am Abend dreht Till seinen PC auf, startet AOE2, beendet es gleich wieder und hört sich Felis Lieblingssongs an, während er die Tasks erledigt, die er im Wahlpflichtfach erledigen hätte sollen. Er denkt dabei an Feli und Fina, an Felis Sommersprossen und an Finas karamellblondes Haar, Felis strahlendes Lachen und Finas Ansage, ihn fetzen zu können, die ihm gefallen hat, weil sie ihn nicht unter Druck setzt, selbst hart zu sein, sondern ganz davon befreit.

Nachdem er sich zweimal das *Space Tape* angehört hat, von dem Feli gesprochen hatte, und danach noch ein paar Songs des Rappers, der Fina gefällt, von dessen Texten Till aber fast nichts versteht, erledigt er auch noch Grubers Aufgaben für nächste Woche, damit er wieder ins Rauchereck kann.

Fina trifft er schon am nächsten Tag in der großen Pause wieder. Sie sitzt im Rauchereck bei Peitl und seinen Freunden. Till lächelt sie an, aber sie sieht gerade nicht in seine Richtung. Till wartet, bis es läutet, und geht, ohne sich noch einmal umzudrehen.

Am Samstag sieht Till Feli die Favoritenstraße hinaufkommen, während er bei der Ampel steht. Er läuft nicht los, um sie einzuholen, als es grün wird.

Am Montag ist Fina wieder vor Till im Rauchereck, diesmal in der Gruppe, die sich um einen Buben aus der achten Klasse schart, der Rapper ist oder Rapper werden möchte, dem also noch nicht klar sein kann, dass man nicht rappen darf, wenn man auf so einer Schule war. Er wird von manchen hier bewundert, weil zwei Songs von ihm auf FM4 gelaufen sind. «Hey», sagt Fina, als sie Till sieht, und der Rapper dreht kurz seinen Kopf, sieht Till ausdruckslos an und wendet sich gleich wieder seinen Freunden zu, als habe sich sein Blick nur kurz verirrt, sei irgendeinem bedeutungslosen Spatzen gefolgt und richte sich jetzt wieder auf Menschen und Dinge.

Am Dienstag verbringen Till und ein paar andere die große Pause damit, um Jan herumzustehen und sich seine Zusammenfassung der ersten drei Kapitel von Thomas Manns *Tristan* anzuhören, die zu lesen Till nicht geschafft hat, weil ihn verschachtelte Sätze und norddeutsche Kaufmänner langweilen.

Am Mittwoch beschließt er, mit Kjell rauchen zu gehen, statt die Russisch-Hausübung abzuschreiben, und sieht Fina wieder. Till setzt sich neben sie und Peitl, nimmt natürlich keinen Zug von Peitls Joint und hört zu, wie Kjell und Fina über die Austauschschüler aus Finnland und Belgien reden, die beide im Wahlpflichtfach Literatur sind und denen eine gewisse destruktive Tendenz gemeinsam zu sein scheint.

Später kommt Till auf dem Weg zum Turnen an Feli und ihren Mitschülerinnen vorbei und sieht weg, weil er nicht möchte, dass Khakpour oder Blindstein etwas Blödes oder Verletzendes sagen, wenn sie ihn grüßt.

Am Donnerstag fehlt Fina, dafür wird Ertl 16 und kommt erstmals mit ins Rauchereck, und auch die 7Cler sind wieder dort, reden sehr laut über den Volksgarten, Fingern und Fußball, und einer ruft Till beim Gehen hinterher: «Bring dieser kleinen Bitch mal Manieren bei!», was Till ignoriert und Alexander, ohne zu wissen, worauf es sich bezieht, mit einem angeekelten Blick quittiert.

Um 15 Uhr beginnt endlich Tills Wahlpflichtfach. Er sieht von oben durch ein Fenster, dass niemand im Rauchereck ist. Er geht ins Informatikkammerl, öffnet das Dokument mit Grubers Tasks und kopiert seinen Anteil am neuesten Update hinein. Er schreibt noch eine Anmerkung dazu: *Ohne bessere Fotos hilft die schönste Website nichts*, hängt einen Zettel mit *Bin gleich zurück* an die Tür und geht ins Rauchereck hinunter, nur um festzustellen, dass Feli und Fina nicht da sind.

Es dauert eine ganze Woche, bis er die beiden wiedersieht, eine Woche, in der er sich durch das erste Kapitel von Flauberts *Un cœur simple* quält, durch das rote und das gelbe Reclam, denn Till kauft inzwischen alle französischen Bücher auch auf Deutsch, um zumindest ein bisschen was zu verstehen. Eine Woche, in der beim Dolinar Stilfiguren abgeprüft werden und Palffy wieder mal das Bild bestätigt, das alle von ihm haben, als er auf die Frage nach Beispielen für ein Pars pro Toto das Wort «Kloburg» anführt und dafür so schallendes Lachen erntet, dass Khakpour den Witz fortführen und anmerken kann, «Kloburg» sei eher ein Euphemismus, ohne dafür bestraft zu werden.

Es vergeht eine Woche voller Referate und Zwischentests, Haus- und Schulübungen, eine Woche, in der keine Rede davon sein kann, dass Till auf sein nächstes Wahlpflichtfach wartet, denn er wartet ja nicht, sondern ist mit all den Sachen beschäftigt, die sein Leben ausmachen und ihm gar nichts bedeuten.

«Hey!», sagt Till außer Atem, als er endlich, an den abgeschliffenen Kanten der Stufen beschleunigend, die drei Stockwerke hinuntergerutscht ist und im Rauchereck ankommt, und Feli antwortet mit einem reservierten «Hey» ohne Augenkontakt.

Nach kurzer Stille sagt sie ihm, dass sie es blöd fand, wie er weggesehen hat, und Till entschuldigt sich.

Sie sieht ihn direkt an. Sie lächelt.

Feli sagt, wenn sie etwas stört, und Till ist froh darüber. Sie sprechen über Felis und Finas Plan, im Sommer eine Interrailtour zu machen, über Felis Eltern und Felis Vorhaben, nach der Schule für mehrere Monate in den Senegal zu fahren.

Der Gruber ruft nach ihm. Till läuft unter das Fenster im dritten Stock und ruft: «Ich hab schon alles erledigt!» Der Gruber antwortet: «Du musst trotzdem den Informatiksaal aufsperren, hier sitzen mehrere Schüler am Boden herum und warten, dass du endlich zurückkommst.»

Immer mehr ihrer Mitschüler werden 16, melden sich für das Rauchereck an und kommen in der großen Pause mit hinunter, sogar wenn sie nicht rauchen oder nur ganz selten eine Zigarette schnorren und beim Versuch scheitern, damit ähnlich cool auszusehen wie Alexander, der seine Zigaretten zwischen Mittel- und Ringfinger einklemmt. Wenig später, ausgerechnet an dem Tag, als Alexander zum ersten Mal nicht auf Till wartet, um wieder hinaufzugehen, beschließt der Dolinar, Kjell und Alexander auseinanderzusetzen, und weil Alexanders neuer Platz direkt neben Till ist, verändert sich ihre Beziehung noch einmal, wird eine angenehme Partnerschaft, denn Alexander kann Till bei Französisch helfen und Till Alexander bei Mathe und Chemie. In Russisch sind sie gleich schlecht, was zwar nichts bringt, aber doch ein wenig tröstet.

Einmal geht Till sogar mit Alexander und den anderen Fußballern aus seiner Klasse in ein Wettlokal in der Invalidenstraße und sieht sich dort ein Fußballspiel an. Er denkt an seinen Vater, als die Namen gewisser Spieler fallen, schleicht sich vor der Halbzeitpause davon, ohne sich von jemandem zu verabschieden, und denkt noch den ganzen Heimweg darüber nach, wie lange er nicht mehr von seinem Vater geträumt hat, dass er den Geburtstag seines Vaters heuer zum ersten Mal vergessen hat und sich seine Gesichtszüge vorstellen, sich aber nicht mehr an sie erinnern kann.

Russisch wird zu einem Problem, Till verwechselt kyrillische Schreib- und Druckschrift, Groß- und Kleinbuchstaben weiterhin, sagt jede Endung falsch und muss für jedes Wort, für jede einzelne Silbe jedes Vokabels eine Eselsbrücke finden, *Dosto prime chatel nosti.*

Der Dolinar freut sich, mit Kjell endlich einen richtigen Deutschen zu haben, der weiß, worauf der Name Klöterjahn anspielt und was eine Chaussee ist, und er lässt Jan spüren, ein enttäuschender Deutscher zu sein, weil er das Wort *Klöten* nicht kannte. Der Dolinar freut sich, die Schrauben anziehen und alles bisher Durchgemachte wiederholen zu können, damit auch Kjell und Alexander davon erfahren. Immer wieder spricht er davon, dass jetzt, da sie die maximale Klassenstärke erreicht haben, ein oder zwei Rausschmisse sich anbieten würden, und Anlässe gebe es ja wahrlich genug.

Die Fußballer freuen sich, mit Alexander einen athletischen Stürmer gewonnen zu haben und mit Kjell einen, der kicken kann und trotzdem gern im Tor steht. Khakpour freut sich darüber hinaus, in Kjell einen Anstifter zu erkennen, jemand, der andere dazu bringen kann, dumme Sachen zu tun, denn das entlastet ihn sowohl in Hinblick auf seine eigene Anstifterei als auch in Hinblick auf das Ausführen dummer Sachen, die sich sonst niemand traut.

Kjell bietet Alexander zwanzig Euro, wenn er sich das Nivea Extreme-Coolkick-Deo eine Minute lang an den Arm hält. Alexander fordert mindestens dreißig Euro, und Kjell geht darauf ein unter der Bedingung, das Deo dürfe nie weiter als zwei Zentimeter von Alexanders Arm entfernt sein. Nach 45 Sekunden gibt Alexander auf, weil er nichts mehr spürt und sieht, dass seine Haut von einer feinen kreisförmigen Eisschicht bedeckt ist. Statt dreißig Euro kriegt er eine Woche voller Paranoia, sieht dem Fleck auf seinem Arm zu, wie er blau und grün und lila wird und eine Blase bildet, die er irgendwann aufsticht.

Er muss sich vor dem Dolinar für den Fleck auf seinem Arm rechtfertigen, behauptet, sich bei der Zubereitung einer Tiefkühlpizza am Ofen verbrannt zu haben, wie Khakpour es ihm geraten hat, erträgt Dolinars Häme und öffnet insgesamt 25 Mal die Netdoktor-Seite, auf der beschrieben wird, wann erfrorene Körperteile amputiert werden müssen.

Die Streber freuen sich, durch Kjells und Alexanders Unwissen selbst besser dazustehen, und die O. B.s freuen sich, Unterstützung zu erhalten, die Gruppe derjenigen zu erweitern, die zumindest innerlich Widerstand gegen den Dolinar leisten und die, bis auf Blindstein und Ertl, zufällig alle unkatholisch sind.

Nur für Jan bricht, weniger mit Kjells Auftauchen als mit seiner fortgesetzten Beliebtheit, eine Welt zusammen. Auf einmal steht der Grundsatz infrage, den Jan bis dahin für das Herz der österreichischen Kultur gehalten hatte, nämlich ihre Verachtung für die Deutschen. Es ist schlimm, für etwas diskriminiert zu werden, für das man nichts kann, aber es ist fast genauso schlimm zu sehen, wie ein anderer für dieselbe Sache nicht diskriminiert wird, weil es einen zu dem Schluss bringen muss, dass es doch an einem selbst gelegen hat. So geht es zumindest Jan, wenn er sieht, wie Kjells Anderssein nicht nur akzeptiert, sondern ab dem ersten Tag bewundert wird. Die anderen verarschen Kjell nicht dafür, piefkinesische Worte zu verwenden, sondern reden selbst schon Wochen später wie er, womit nicht nur gemeint ist, dass sie manchmal *derbe* sagen statt *ur* und sich dabei weltgewandt fühlen, auch wenn ihr *deabe* natürlich einen starken wienerischen Einschlag hat, sondern auch, dass sie seine Anglizismen gierig aufsaugen und die Wörter *basic* und *mid*, die fast dasselbe heißen und auf fast alles anwendbar sind, in ihren Sprachschatz aufnehmen.

Sie fragen Kjell, ob es stimmt, dass in Deutschland und

in den USA Abschreiben bei Schularbeiten etwas total Verpöntes ist, das denjenigen, von dem abgeschrieben wird, in ein moralisches Dilemma bringt, wie Jan es ihnen erzählt hat, und Kjell antwortet: «Lol, nein!»

Als Kjell eines Dienstags auf sehr undankbare Weise nach Jans Latein-Hausaufgabe fragt, direkt nachdem er das Wort Pointe unsanktioniert als *Po-änte* ausgesprochen hat, wofür die anderen Jan drei Jahre lang gehänselt, ihn Ben-Jan-min Blümchen genannt und in seiner Anwesenheit Wörter wie *Leute* oder *Freunde* als *Leu-äte* und *Freu-ände* getrötet hatten, auch noch, nachdem er es sich längst abgewöhnt hatte, flippt Jan aus und schreit seinen Landsmann an, ob er denn zu dumm sei, selbst eine Aufgabe zu machen, oder ob er glaube, dass Jans Zeit weniger wert sei als seine.

«Na ja», antwortet Kjell, «wenn ich dich so betrachte und mir vorstelle, wie du wohl deine Freizeit verbringst, dann glaube ich tatsächlich, dass es für dich ein geringeres Opfer darstellt, eine Stunde mit dieser Lateinaufgabe zu verschwenden als für mich.»

24

In der nächsten Woche ist Fina krank. Feli und Till sitzen zu zweit im Rauchereck. Feli, die im Gegensatz zu Fina keine Ahnung von Computerspielen und kein Interesse daran hat, erzählt Till eine Geschichte, deren Wahrheitsgehalt er schon zu hinterfragen beginnt, während sie spricht.

Sie erzählt von einem Simulator namens Mein kleiner Ponyhof, der um 2005 vom Magazin *Wendy* in Auftrag gegeben und auf CDs einer Sonderausgabe des Hefts beigelegt worden sei. Im Prinzip eine nur unwesentliche Erweiterung des Tamagotchi-Konzepts, wie Feli erklärt. Man generierte im Editor ein Pferd nach den eigenen Vorstellungen, pflegte es, striegelte es, fütterte es, wechselte das Heu und unternahm Ausflüge mit dem Pferd, wobei alles, was man beim Ausreiten wirklich tat, darin bestand, einmal die Starttaste zu drücken und daraufhin eine Animation des durch eine stilisierte Landschaft ruckelnden Pferdes anzusehen, ergänzt um den Avatar eines kleinen Mädchens (Buben standen nicht zur Auswahl) auf seinem Rücken, das durch die Verpixelung aber kaum zu erkennen war.

Wenn man sich gut um sein Pferd kümmerte, erhielt man Geld, das man in Zaumzeug, Futter und neue Ausflugsrouten investieren konnte, wodurch sich die Zufriedenheit des Pferds noch weiter erhöhte. Was Mein kleiner Ponyhof von ähnlichen, zeitgleich erschienenen Spielen unterschied, war, dass es unter Beteiligung von Experten der Deutschen Bundesagentur für Tier- und Pflanzenschutz entstanden war und die didaktische Absicht verfolgte, Kindern zu veranschaulichen, wie viel Verantwortung der Besitz eines Tieres mit sich bringt. Deshalb konnten die Pferde krankhaft dick werden oder mager, ihnen die Mähne über die Augen wachsen und der Boden ihres Stalls zu stinken anfangen.

Schon bei der Entwicklung des Spiels habe die Darstellung zu Kontroversen geführt. Den Verantwortlichen der *Wendy* gingen sie zu weit. Sie erklärten ein ums andere Mal, dass ein Übermaß an Realismus für kleine Kinder verstörend sein könne, wurden von den Damen und Herren von der Bundesagentur aber immer wieder an die im Kooperationsvertrag fixierten Parameter erinnert.

Kurz nach Erscheinen des Spiels stellte *Wendy* die Zusammenarbeit mit der Bundesagentur ein, weil die Verantwortlichen zu dem Schluss gekommen waren, dass ein Spiel entweder beliebt oder mit einem Erziehungsauftrag ausgestattet sein kann, aber nicht beides – wobei die Entscheidung wohl wesentlich davon beeinflusst gewesen war, dass das Spiel sich schlecht verkaufte und ihnen schon jetzt Beschwerden realismusfeindlicher Eltern einbrachte.

Feli sagt, sie habe 2011 aufgehört, Mein kleiner Ponyhof zu spielen. Sie wechselte direkt aus der Pferdemädchen-Phase in die Nirvana-Phase, weinte in ihrem inzwischen von allen Pferdepostern befreiten Zimmer um Kurt Cobain, der nicht nur tot, sondern schon zehn Jahre vor ihrer Geburt gestorben war, entdeckte die Grungekultur genauso wie jene, die Grunge in den 1990ern entdeckt hatten: wie etwas, das direkt zu einer tieferen Wahrheit in ihr führte, von deren Existenz sie bis dahin nichts gewusst hatte.

Wenn sie das MTV-Unplugged-Album hörte, spürte Feli eine Seite von sich, die sie von allen anderen unterschied, die ihr klarmachte, warum sie, solange sie glaubte, die Ponyliebe ihrer Freundinnen zu teilen, falschgelegen, immer einen Rest in sich gehabt hat, der sie inkompatibel und fremd sein lässt.

Ein paar Jahre später hört Feli nur noch Rap und geniert sich dafür, wie schön sie «Come As You Are» gefunden hat. Etwa zu der Zeit, als ihre Pferdephase ihr nicht mehr peinlich war, weil sie sich schon in der übernächsten Phase befand, als sie sich darüber zu freuen begann, dass die Pferdesticker nicht von ihrer Zimmertür abgehen, weil sie sie daran erinnern, kollektiven Sehnsüchten immer zu misstrauen, denkt sie zum ersten Mal wieder an Nero, ihr Pony, und loggt sich bei Mein kleiner Ponyhof ein.

Neros Gesicht war vollkommen überwuchert, sein Körper so ausgemergelt, wie es die Redakteurinnen der *Wendy* mit den Beamten der Bundesagentur in einem für beide Seiten unbefriedigenden Kompromiss als gerade noch zumutbar empfunden hatten, denn die Bundesagentur wollte eigentlich, dass die Pferde sterben, wenn man sich nicht um sie kümmert, und die *Wendy*-Redaktion wollte einfach nur ein nettes Spiel, bei dem kleine Mädchen ihre digitalen Ponys streicheln.

Rechts von Nero schwebte ein roter Smiley mit heruntergezogenen Mundwinkeln und Tränen. Aus dem Heu um ihn herum stiegen Stinklinien und Fliegen auf, und Feli weinte. Und sie erzählt Till, dass sie geweint hat, was sich fast so anfühlt, als würde sie vor ihm weinen.

«Wenn er tot gewesen wäre, dann hätte ich mir sagen können, dass er schon viele Jahre tot ist, aber ihn so verhungert zu sehen, überwuchert und in einem großen Scheißhaufen, das fand ich ur traurig.»

Später denkt Till, dass, selbst wenn Feli die CD noch besitzt, zu Hause einen Windows-PC hat und sich noch an ihr Passwort erinnert, es keine Erklärung dafür gibt, wieso die Server eines schon seit zehn Jahren nicht mehr verkauften Spiels noch gewartet werden und die Speicherstände noch konserviert werden sollten.

Till einigt sich mit dem Gruber, in jedem Wahlpflichtfach eine zwanzigminütige Pause einlegen zu dürfen, die er mit Feli und Fina verbringt, die restliche Zeit aber den Informatiksaal aufgesperrt zu lassen. Er freut sich auf diese zwanzig Minuten, egal wie oft er Fina dazwischen im Rauchereck sieht, egal wie oft er beim Essen und auf den Gängen an Feli vorbeikommt, egal wie gerne er allein raucht.

Er schreibt einen Vierer auf die erste Deutschschularbeit, weil er sich nicht nur insgesamt zehn schwere Rechtschreib-

und Grammatikfehler leistet, sondern auch die Namen von zwei Hauptfiguren falsch schreibt (Detlef Spinell und Gabriele Klötenjahn). Er wird dafür ausgeschimpft, bleibt aber weitgehend unbehelligt, weil es immer andere gibt, die noch schlimmere Fehler begehen, und selbst wenn Palffy, von dem es niemand erwartet, mal einen guten Tag hat und einen respektablen Dreier schreibt, finden sich welche, die das Kreuz von Dolinars Verachtung auf sich nehmen.

Diesmal ist es Alexander, der davon überrascht wird, weil er sicher gewesen war, eine nicht nur akzeptable, sondern besonders gute Schularbeit geschrieben zu haben. Er hatte das Nachwort zu *Tristan* von Alexander Košenina aufmerksam studiert und sich sogar eigene Gedanken dazu gemacht, nur um jetzt drauf zu kommen, dass der Dolinar noch die alte Reclamausgabe mit einem Nachwort von Rudolf Goldschmit-Jentner besitzt und sehr allergisch auf den Antisemitismusvorwurf gegen Thomas Mann reagiert, der in Alexanders Aufsatz die zentrale Argumentationslinie bildet. Im Nachwort befasst sich Košenina damit nur am Rande. Er zitiert den in *Tristan* über einen jüdischen Arzt geäußerten Satz, er sei «bloß aus Lemberg gebürtig», und hält fest, dass die negative Darstellung von jüdischen Figuren im Werk von Thomas Mann immer wieder auftaucht und die Auseinandersetzung damit einen interessanten Bereich der neueren Thomas-Mann-Forschung bildet.

«Du kleiner Wicht wirfst dem großen Thomas Mann Antisemitismus vor?», fragt der Dolinar an Alexander gerichtet, denn Alexander Košenina ist nicht hier. «Sei froh, dass es dir erspart geblieben ist, dich zu fragen, auf welcher Seite du gestanden hättest!»

So ändert sich die Welt. Im Jahr 1950, als Goldschmit-Jentner das Nachwort der alten Ausgabe schrieb, musste man Thomas Mann noch wegen seiner Radioansprachen in Schutz nehmen, über die es dort heißt, dass sie «begreiflicherweise bei den Menschen der Mitte ein schlechtes Echo fanden». Und weil der Dolinar weiterhin die alte Ausgabe verwendet, bleibt das für ihn der Diskussionsstand. Dass Thomas Mann jetzt quasi von der anderen Richtung aus attackiert wird, erscheint ihm absurd.

Der Dolinar holt weit aus. Er spricht über Manns Tagebücher, in denen immer wieder homoerotische Situationen beschrieben werden, darüber, wie sehr der Schriftsteller fürchten musste, diese Tagebücher könnten den Nazis in die Hände fallen, und er kommt auf einen bestimmten Eintrag zu sprechen, in dem Thomas Mann beschreibt, wie er seinen Sohn beim Duschen sieht und von dessen jugendlichem Körper erregt wird. Was es über einen Vater aussagt, fragt der Dolinar, wenn zwei seiner sechs Kinder Selbstmord begehen?

Und nachdem er seinen Schülern, nicht zum ersten Mal, die Tyrannei geschildert hat, der Thomas Manns Kinder ausgesetzt waren, wie still sie untertags sein mussten, während ihr Vater schrieb, und so, könnte man meinen, Manns Schwächen als Vater offenbart, vollzieht er eine Kehrtwende und beginnt über die Verkommenheit dieser Kinder, ja der Kinder an sich zu sprechen. Und ebenfalls nicht zum ersten Mal endet der Monolog damit, dass der Dolinar über Klaus Mann schimpft, als Sohn, als Schriftsteller und als Mensch, über dessen *Mephisto* und wie armselig es von ihm war, Gründgens darin bloßzustellen, den großen Gustaf Gründgens, dem er so viel zu verdanken hatte, wie ekelhaft es generell ist, jemanden, dem man nahegestanden ist, zu verraten, ihn mithilfe einer literarischen Figur zu karikieren und dann noch die Alliteration im Namen zu übernehmen, um keinen Zweifel zu lassen, wer gemeint ist.

Aber auch diese Aufregung legt sich, und weil der Dolinar beschließt, den *Sommernachtstraum*, den sie schon vor Jahren gelesen haben, mit der Klasse aufzuführen, dreht sich in den folgenden Wochen alles um diese Inszenierung statt um Thomas Mann.

Luzian Bramminger spielt den Puck. Emma Ghisetti spielt Titania. Kjell und Alexander geben Lysander und Demetrius, wobei alle Rollen bis auf Puck und Titania, deren Pathos der Dolinar nur Bramminger und Ghisetti zutraut, doppelt besetzt und bei jeder der beiden Aufführungen von anderen Schülern gespielt werden.

Till ist die Drittbesetzung eines der Handwerker. Sollten Fritzi und Ertl ausfallen, muss er «Hier, Peter Squenz» und «Ich denke, wir müssen das Totmachen auslassen, bis alles vorüber ist» sagen und noch zwei andere, ähnliche Sätze. Insgesamt tangieren ihn aber, um einen Ausdruck der Lateinlehrerin zu verwenden, die Proben nur äußerst peripher. Sie finden am Nachmittag während des Studiums statt, haben manchmal einen Unterhaltungswert, zum Beispiel wenn die jungen Paare sich umarmen oder angedeutet küssen. Oder wenn der Dolinar Johanna Skrbensky oder eine der anderen Schülerinnen dafür bloßstellt, dass sie so leise sprechen, indem er selbst auf die Bühne, also vor die Tafel tritt, ihre gebückte Haltung imitiert und ihren Text übertrieben in sich hineinnuschelt.

Aber meistens sind die Proben für Till nur ein Brummen im Hintergrund, während er Hausaufgaben erledigt oder auf seinem Voyage-200-Taschenrechner, den der Gruber heuer anschaffen ließ, um abstraktere mathematische Probleme im Unterricht behandeln zu können, Snake oder Tetris oder Super Mario spielt, die er alle selbst auf den Taschenrechner portiert und an seine Mitschüler weitergegeben hat.

Im November darf Till erstmals wählen und entscheidet sich, seine Stimme den Grünen zu geben, die auch seine Eltern immer gewählt haben. Die Grünen fliegen aus dem Nationalrat, und Till wundert sich, wie schadenfroh Feli reagiert, weil er eigentlich gedacht hätte, die Grünen stünden für alles, was Feli gut findet.

Feli erzählt vom Streit ihrer Eltern über Sebastian Kurz und dass sie ihren Vater noch nie so wütend gesehen, nie so laut schreien gehört hat.

Eine Woche später lässt Till sich überreden, donnerstags nach der Schule mit Feli und Fina zu einer Demo zu kommen. Tausend Menschen gehen hinter einem Pritschenwagen her, auf dem eine sehr coole Frau Techno auflegt. Feli tanzt, und Till ist froh, sich an dem Bier in der einen und der brennenden Zigarette in der anderen Hand anhalten zu können.

Nach der Demo stellt ihm Fina eine Frage, vor der er sich schon ein wenig gefürchtet hat: «Was machst du eigentlich am Wochenende?»

Und Till, der ausnahmslos jedes der letzten Wochenenden mit Age of Empires 2, mit Turnieren oder dem Training für Turniere und darum ausnahmslos an seinem Computer verbracht hat, Till, der seit Monaten nicht im Einhorn war oder etwas von Georg gehört hat, antwortet nach kurzem Zögern: «Hm, ich hab überlegt, ins Einhorn zu gehen, mit einem Freund. Und ihr?»

25

Am Marianum müssen Schüler der Oberstufe allfällige Krankenstände im Sekretariat melden. Beim Dolinar gilt diese Regel nicht, denn er möchte verhindern, dass irgendjemand weiß, wie oft seine Schüler krank sind. Seine Schüler schreiben also seit der vierten Klasse dem Dolinar, der noch ein altes Tastentelefon besitzt, eine SMS, in der sie erklären, was sie davon abhält, zum Unterricht zu kommen, und rufen nicht im Sekretariat an. Aber sie können sich sicher sein, für jede ihrer Abwesenheiten bezahlen zu müssen.

Dennoch bringt diese Regel in gewisser Weise eine Erleichterung, denn seine Schüler kennen den Dolinar und werden immer besser darin, sich glaubhafte Ausreden zu überlegen. Khakpour ist besonders talentiert darin. Im Oktober betrinkt er sich an einem Freitag hemmungslos und schreibt dem Dolinar noch in der Nacht, als er merkt, dass er zu betrunken ist, um in ein paar Stunden wieder nüchtern in der Schule zu sitzen, dass er in der Badewanne eingeschlafen ist und sich dabei verkühlt hat.

Khakpour verpasst seine öffentliche Bloßstellung im Unterricht und die Ermahnungen an seine Mitschüler, in der Badewanne einzuschlafen sei mindestens gleich gefährlich, wie mit einer brennenden Zigarette einzuschlafen. Aber der Wahrheitsgehalt seiner Geschichte wird nicht bezweifelt, denn sie ist weit genug hergeholt, um sich von anderen Ausreden zu unterscheiden, und sie passt zu Dolinars Einschätzung von Khakpour als jemandem, dessen Gedankenlosigkeit bisweilen nicht von Unzurechnungsfähigkeit zu unterscheiden ist.

Wenn Khakpour gut aufgelegt ist, teilt er seine Ausreden

manchmal mit anderen. Wenn er sich weniger großzügig fühlt, verlangt er Geld für sein Consulting, wie er es nennt. Von Luzian Bramminger verlangt er zum Beispiel 15 Euro für eine Erklärung, wieso er beim Schwänzen der Turnstunde erwischt wurde. Als Khakpour ihm rät, er solle einfach behaupten, er habe Unterzucker gehabt, fordert Bramminger sein Geld zurück, woraufhin Khakpour erwidert, es sei nicht seine Schuld, wenn Bramminger zu blöd sei, um von allein auf diese Ausrede zu kommen, und er werde das Geld nur zurückgeben, wenn Bramminger ihm zusage, sich nie wieder auf seinen Diabetes herauszureden, denn für diese Ausrede habe er, Amir Khakpour, jetzt das Copyright.

Kjell wird von Khakpour natürlich gratis beraten, zudem er eine Mitschuld daran trägt, dass die Ausrede notwendig wurde. Kjell soll dem Dolinar sagen, er sei beim Lösen eines kugelförmigen Rieseneiswürfels abgerutscht, mit dem Knöchel gegen ein dünnwandiges Glas gestoßen und habe sich an den Scherben geschnitten.

Kjell hat nämlich vor Kurzem ein Spiel wiederbelebt, das in der Klasse schon ein wenig aus der Mode gekommen war, das Münzdrehen. Dabei sitzt eine Gruppe von Buben (manchmal mit Emma Ghisetti) um einen Tisch herum und hält abwechselnd mit kleinen Schnipsern eine Münze in Bewegung, wobei das eigentliche Ziel des Spiels darin besteht, demjenigen, der es dreimal verabsäumt, die Münze im Spiel zu halten, möglich fest gegen die Knöchel zu schießen.

Hatten sie früher meistens 20-Cent-Stücke dafür verwendet, beginnen sie auf Kjells Initiative hin, mit 50 Cent oder 2 Euro zu spielen. Kjell geht selbstsicher an die Sache heran, und bei den ersten paarmal ist nie er derjenige, der verliert und abgeschossen wird. Doch gerade an dem Tag als Khakpour einen Maria-Theresien-Taler mitbringt, halb als Witz und halb, um zu sehen, ob sich die anderen doch darauf einlassen, was sie, Kjell sei Dank, tatsächlich tun, hat dieser das Pech, neben Ertl zu sitzen, der bei den ersten Malen nicht dabei war und als Linkshänder die Münze in die entgegengesetzte Richtung dreht.

Nach fünf Minuten hat Kjell seine Leben verloren, hält die Knöchel an den Tisch, während Ertl den Maria-Theresien-Taler mit dem Daumen zwischen Zeige- und Mittelfinger hindurchschießt, und Kjells Hand beginnt, als er getroffen wird, so stark zu bluten, dass sie alle erschrecken und instinktiv zu ihren Plätzen zurückkehren und ein Buch vor sich aufschlagen.

Der Dolinar glaubt die Ausrede mit dem Eiswürfelbehälter und dem Glas, weil sie so abstrus ist, dass sie nicht erfunden sein kann. Und tatsächlich hatte Khakpour die Idee dazu, weil ihm selbst vor einer Weile etwas Ähnliches passiert war, so wie er auch für seine Badewannenausrede eine autobiographische Erfahrung abstrahiert und übertrieben hat.

Im Dezember kommt Till in die Situation, eine gute Ausrede zu brauchen. Er geht freitags mit Feli und Fina ins Einhorn, stellt die beiden Georg vor, der bei Feli gleich Minuspunkte sammelt, indem er sagt: «Du bist Astous Schwester, oder?»

«Ja, genau, Astou ist Astou, und ich bin ihre Schwester.»

Till zieht, genau wie Feli und Fina, zweimal an Georgs Joint, geht dann mit ihnen hinauf und trinkt einen Spritzer nach dem anderen, während er sich immer wohler fühlt, immer weniger unpassend unter den Menschen dort.

Georg und sein Freund kommen nach, Fina redet mit Georgs Freund über die verschiedenen Klassen an der Akademie, Georg prallt mit seinem Gesprächsversuch an Feli ab, sie gehen wieder hinunter, und um drei Uhr früh ist Till so betrunken, dass er fast von der Leiter zu seinem Hochbett fällt.

Als der Wecker läutet, setzt er sich ein einziges Ziel. Er öffnet eine Notiz auf seinem Handy, tippt ein paar Zeilen und schickt sie, nachdem er sie mehrmals durchgelesen hat, dem Dolinar.

> *s. g. herr prof. dolinar, mir geht es sehr schlecht. ich habe so starke migräne, dass ich mich übergeben musste. ich kann deshalb heute nicht in die schule kommen. herzliche grüße*
> *till*

Ein paar Minuten später wacht er von Dolinars Antwort auf:

> *Das kommt davon, wenn man immer in so ein blödes kasterl starrt ... und die schlechte haltung hilft auch nicht!!*
> *geh an die frische luft ... dienstag einzelprüfung*
> *der verpassten inhalte. BD*

Migräne vorzuschieben ist ein unkalkulierbares Risiko, denn der Dolinar könnte durchaus hinterfragen, wieso jemand, der noch nie über Migräne geklagt hat, plötzlich damit beginnt. Migräne ist aber auch ein unkalkulierbarer Gewinn, denn wenn der Dolinar es einmal glaubt, wird er Till auch in Zukunft glauben müssen. Und Migräne passt offenbar zu dem Bild, das der Dolinar von Till als ungesundem, fernab von natürlichem Licht an einen Bildschirm geketteten Menschen hat.

Dafür, wie schlecht es Till ging, war es also eine beeindruckend gute Ausrede.

Die Inhalte der Deutschstunde nachzuholen erweist sich dafür als schwer, denn es wurden, wie Till am Montag erfährt, offenbar gar keine Inhalte verhandelt. Der Dolinar war zwanzig Minuten zu spät gekommen und hatte sich, wie es manchmal passiert, von Fragen und Geschichten seiner Schüler so einlullen lassen, dass sie die ganze Stunde damit totschlugen. Das klappte besonders gut, weil parallel noch ein anderes Spiel lief, von dem der Dolinar nichts wusste: Bullshit Bingo.

Sieben Schüler wetten jeweils fünf Euro auf ein Wort, und derjenige, dessen Wort der Dolinar am öftesten sagt, gewinnt. Die weniger Mutigen setzen auf Wörter, die sich gerade anbieten, wie *Shakespeare* oder *Schularbeit*, oder auf Ausdrücke, die der Dolinar einigermaßen verlässlich verwendet, wie *bled* oder *Uh, Maria*.

Am besten funktioniert es aber erfahrungsgemäß mit einem Begriff, den man selbst einbringt und durch geschickte Gesprächsführung dem Dolinar möglichst oft in den Mund legt. Dabei kommt eine Technik zur Anwendung, die Fans des österreichischen Nachmittagsfernsehens vor allem aus der Barbara-Karlich-Show kennen: die Suggestivfrage.

Es geht natürlich nicht, einfach aufzuzeigen und etwas zu erzählen. Dolinars Schüler müssen ihre Ablenkungsversuche in Fragen verpacken, in *Haben Sie gehört, dass ...* und *Finden Sie es nicht auch absurd, wie ...* und *Meinen Sie nicht auch, man könnte argumentieren, dass ...*

Den Beginn macht Alexander, der auf das Wort *Queen* gewettet hat und seinen Ablenkungsversuch damit einleitet, den Dolinar zu fragen, ob er von dieser neuen Studie gehört habe, der zufolge das englische Königshaus den Staat insgesamt dreihundert Millionen Pfund pro Jahr kostet, und ob er nicht auch denke, dass bei dieser Rechnung indirekte Wertschöpfungsprozesse ausgeklammert wurden.

Der Dolinar hält einen leidenschaftlichen Monolog über

den Wert der Monarchie an sich und der britischen im Speziellen, über all die Teller und Teetassen mit dem Antlitz der Royals, die in London verkauft werden, und darüber, dass ja unsere Politiker, nur weil sie weniger Strahlkraft und weniger Integrität haben, die Hände in ihren Anzughosen vergraben und geschmacklos bunte Socken und Sneaker zu Anzügen tragen, nicht weniger kosten, dass sie alle fette Pensionen bekommen und die ganzen öffentlich behaupteten Gegensätze eine Erfindung sind, wie man leicht feststellen kann, wenn man abends in die Konditorei Sluka oder ins Schwarze Kameel geht und sie dort alle gemeinsam saufen sieht, Schwarze und Rote, Blaue und Grüne.

«Und überhaupt, wenn ich das Wort Studie nur höre, dann weiß ich schon, das kann nur bled sein», sagt der Dolinar und erzählt, nicht zum ersten Mal, wie er in Covent Garden bei einer Vorstellung war, als durchgesagt wurde, die Königin sei anwesend, worauf sich alle erhoben, bis auf einen Mann direkt neben dem Dolinar, der aus seiner Verachtung für die Krone keinen Hehl machte. Er habe, sagt der Dolinar, diesen Mann böse angesehen – seine Schüler können sich ziemlich gut vorstellen, wie er dabei die Augen zugekniffen und die Wangen gehöhlt haben muss –, angesprochen habe er ihn aber nicht, denn er hatte das Gefühl, das als Nichtbrite nicht machen zu dürfen, als jemand, der nicht perfekt Englisch spricht.

Also erzählt er seinen Schülern erneut, was er diesem Mann alles hätte sagen wollen, über die Monarchie und die Königin, die, wie alle Monarchen, unseren größten Respekt verdient und dazu noch die beste Königin des Jahrhunderts ist, eine der besten Königinnen aller Zeiten!

Und als er zum siebten Mal am Stück Königin sagt, sieht Alexander zu Blindstein rüber, der das Geld verwaltet und den Kopf schüttelt, um anzuzeigen, dass *Königin* nicht gilt, wenn Alexander auf das Wort *Queen* gewettet hat.

Das anzufechten verspricht keinen Erfolg, denn es gibt beim Bullshit Bingo ein etabliertes Regelwerk. Verkleinerungsformen und dialektale Aussprache zählen, wovon auch Alexander profitiert, denn im Grunde sagt der Dolinar kein einziges Mal Königin, sondern immer *Kenigin*, aber Ausdrücke in anderen Sprachen zählen nicht.

Kjell hat auf das Wort *Trutschn* gewettet, eines von Dolinars Lieblingswörtern, das er, neben dem dazugehörigen Diminutiv *Trutschal*, auf fast alle Schülerinnen anwendet. Kjell möchte die Ignoranz seiner Herkunft nutzen, das Wort in eine Frage verpacken und es vor allem falsch aussprechen, so wie ein Deutscher es eben aussprechen würde, mit viel zu kurzem U und viel zu hartem T, damit der Dolinar ihn ausbessert und das Wort dabei möglichst oft selbst verwendet.

Es kommt aber nicht dazu, weil vorher Khakpour aktiv wird und versucht, sein Wort ins Gespräch zu bringen. «Darf ich Sie etwas fragen?», setzt Khakpour an, und der Dolinar antwortet ungehalten, Khakpour solle seine Frage einfach stellen, statt zu fragen, ob er sie stellen dürfe. Kurz steht die Ahnung im Raum, der Dolinar könnte durchschaut haben, was hier passiert, und den Ablenkungen einen Riegel vorschieben.

Khakpour lässt sich davon nicht verunsichern. «Ich habe gestern einen Beitrag auf Ö1 gehört», sagt er, «in dem es darum ging, wie das Wort *Zigeuner* aus alten Büchern zensiert wird, weil man es als rassistisch auffasst. Und ich habe mich gefragt, ob Sie das auch so sehen oder ob Sie nicht vielleicht doch denken, dass der historische Kontext dadurch unsichtbar gemacht wird.»

Es ist klar, wie der Dolinar zu dieser Frage steht, nicht nur, weil er ihnen das schon oft gesagt hat, sondern auch, weil seine Haltung sich relativ logisch aus seinen restlichen Anschauungen ergibt. Insofern ist es nicht überraschend, dass er das Wort, auf das Khakpour gewettet hat, noch 15-mal wiederholt, denn nichts verleitet offenbar so sehr dazu, ein Wort zu sagen, als das Gefühl, es nicht mehr sagen zu dürfen.

Überraschend ist eher, dass auch progressivere Schülerinnen wie Emma Ghisetti ihm in einem Aspekt recht geben müssen, nämlich dass es auch Quatsch ist, *Roma und Sinti* als direkten Ersatz zu verwenden, wenn eigentlich nur eine der beiden Gruppen gemeint, man selber aber zu ignorant ist, um zu wissen, welche.

Als Emma Ghisetti noch anmerkt, heutzutage sage man eigentlich eher Rom*nja und Sinti*zze, gleicht der Dolinar seine kurze, nachvollziehbare Kritik sofort wieder aus, indem er Ghisetti anschreit: «Aber doch ned auf Deitsch!»

Khakpour hat 35 Euro gewonnen. Der Dolinar, vom Läuten der Glocke überrascht, kündigt an, am Dienstag endlich mit der großen Wiederholung der Epoche des Realismus zu starten, und entlässt seine Schüler ins Wochenende.

Am Montagabend liest Till sich das Merkblatt mit den wichtigsten deutschen Autoren des Realismus und die Netdoktor-Seite zu Migräne aufmerksam durch.

Am Dienstag kommt der Dolinar fast 15 Minuten zu spät und beginnt sofort, Till nach seiner Migräne auszufragen.

Till bemüht sich, nicht zu viele der Standardsymptome von Migräne aufzuzählen, aber auch keinesfalls zu wenige. Der Dolinar scheint ihm zu glauben, sagt aber dennoch: «Mit so was brauchst gar nicht anfangen, Kokorda! Diese Absenzen sind Gift.»

Bevor er mit seiner Wiederholung des Realismus in Deutschland beginnen und all die Namen, Werke und Jahreszahlen notieren lassen kann, die für den Realismus in Österreich wichtig sein werden, klopft es an der Tür, und der Administrator betritt die Klasse mit einem strahlenden Gesicht und einem Zeitungsausschnitt in der Hand.

Der Dolinar schiebt seinen Rollsessel in die Ecke und beobachtet mit unverhohlen ironischem Gesichtsausdruck, wie der Administrator seiner 6B einen Artikel vorliest, demzufolge eine neue Studie herausgefunden hat, dass undichte Fenster eine besonders gute Luftzirkulation ermöglichen und dadurch, wie er sagt, klüger machen, weil mehr Sauerstoff in die Hirne der Schülerinnen und Schüler gelangt.

Der Dolinar lacht auf. Der Administrator tut so, als hätte er das nicht gehört, und Dolinars Schüler widerstehen dem Drang mitzulachen.

Der Administrator bemüht einen Satz, den die Schüler hier jeden Winter hören, nämlich dass verhindert werden müsse, den Park zu heizen. Er will auf Folgendes hinaus: Da nun wissenschaftlich belegt sei, dass die Luftzirkulation hier besser ist als in modernen Schulen mit Thermofenstern, könne sowohl auf exzessives Lüften wie auch auf unbotmäßiges Aufdrehen der Heizkörper verzichtet werden.

In Wahrheit ist es aber so: Wegen der undichten Fenster, die zu sanieren sämtliche Rücklagen der Schule bei Weitem übersteigen würde, zieht es hier immer, und weil es immer zieht, muss immer geheizt werden, wenngleich, wie der Dolinar gerne betont, dieses Haus «eh nicht zum Daheizen» sei, trotz der hässlichen Zwischendecken, die überall eingezogen wurden, weil es auch früher nicht beheizt werden konnte, sondern ein kaltes großes Sommerschloss gewesen war.

Gleich nachdem der Administrator die Tür hinter sich geschlossen hat, schneidet der Dolinar eine Grimasse, und seine Schüler lachen so laut, dass der Administrator es hören muss, während er in die nächste Klasse geht, um die frohe Kunde weiterzuverbreiten. Der Dolinar kriegt sich gar nicht mehr ein, er kann nicht aufhören, Witze über den Administrator zu machen, über seinen erfundenen Titel und «diese vollkommen abartige Begeisterung für die USA», seinen Mangel an Charisma und Würde, der ihn mit allen anderen verbindet, die an dieser Schule erfundene Titel innehaben.

Es gibt wenige so angenehme Momente für seine Schüler wie die, in denen sie sich gemeinsam mit dem Dolinar über das Marianum lustig machen, ihm Tratsch erzählen, den sie gehört haben oder von ihm erfahren, zum Beispiel den Namen der Englischlehrerin, die eine Affäre mit dem Administrator hat.

Im Grunde geht es dem Dolinar mit dem Marianum wie mit der Katholischen Kirche, seine Kritik gilt nur dem Umstand, dass die Gegenwart der Institution ihrer Geschichte nicht gerecht wird, aber seine Kritik kann trotzdem für diejenigen anschlussfähig sein, die mit der Institution an sich ein Problem haben. Der Dolinar verachtet die Kirche nicht wegen der jedes Jahr öffentlich werdenden Missbrauchsskandale, sondern wegen der Ökumene, der neuerdings grassierenden Toleranz, die sie immer näher an den Protestantismus heranführt, und er verachtet nicht den elitären Charakter dieser Schule und die Zementierung der ökonomischen Ungleichheit, sondern ihre Öffnung, ihren Ausverkauf: dass sie nicht mehr elitär genug ist.

Bei seinen Schülern führt diese Haltung zu widersprüchlichen Reaktionen. Manchmal verteidigen sie Zustände, nur weil der Dolinar ihnen feindlich gegenübersteht und sie sich daran gewöhnt haben, alles falsch zu finden, was für den Dolinar richtig ist, und weil sie gerne genau an den Neuerungen partizipieren würden, die er am meisten ablehnt. Es passiert selten, aber hin und wieder geben seine Schüler dem Dolinar auch recht. Sie haben gelernt, den Widerspruch auszuhalten, dass der für sie schlimmste Mensch am Marianum auch dessen schärfster Kritiker ist, weil die Feinde der Feinde eben auch Feinde sein können. Und gerade wenn es um den Administrator oder den Erziehungsleiter geht oder um den Leiter des sogenannten Europazentrums, Prof. Bloeb, über den der Dolinar sagt, er sei der größte kleine Mann Österreichs, fühlen sich Till und seine Klassenkollegen ihrem Klassenvorstand einen Moment lang verbunden und lachen aus vollem Herzen darüber, wie gut er diese Männer in ihrer Lächerlichkeit entlarven kann. Und aus Freude, dass sie, ohne eigene Anstrengungen, einer ganzen Unterrichtsstunde entgangen sind, auch wenn Dolinars Drohung, nächste Stunde werde es umso mehr zur Sache gehen, natürlich glaubhaft ist.

26

In der letzten Schulwoche des Jahres zeigen sie, im Klassenraum und nur vor den Eltern der 6B, den *Sommernachtstraum*. Weil weder Fritzi noch Ertl krank geworden sind, bleibt es Till erspart, über das Rausräumen der Tische und Aufstellen der Sessel hinaus daran beteiligt zu sein.

Nach der Vorstellung, als Till für die Rückgabe der im Nebenraum abgelegten Mäntel zuständig ist, sieht er zum ersten Mal Alexanders Mutter, die explizit Khakpours schauspielerische Leistung lobt. Till hat sie sich irgendwie spektakulärer vorgestellt, und doch strahlt sie, genau wie ihr Sohn, einen unsichtbaren Reichtum aus, der sie von anderen unterscheidet, einen Reichtum, von dem Till nicht sagen könnte, ob er mit ihrer aufrechten Körperhaltung, ihrer entspannten Freundlichkeit oder ihrer Kleidung zu tun hat, die eben nicht von erkennbaren Marken stammt, oder ob er all das, genau wie seine Mitschüler, nur in sie hineinprojiziert.

Er geht mit demselben Gefühl nach Hause wie vor allen anderen Ferien, einer Leichtigkeit, als würden diese Ferien nie aufhören. Zum ersten Mal wird er Weihnachten nicht zu zweit mit seiner Mutter feiern, sondern zu dritt mit ihr und Klaus. Klaus ist ein Arbeitskollege von Tills Mutter, aber nicht jener Arbeitskollege, den sie im zeitlichen Umfeld ihrer Scheidung gedatet hatte. Als sie ihn Till gegenüber erstmals erwähnt und als einen Arbeitskollegen vorstellt, hat Till sofort den Dolinar im Kopf, wie er über verschiedene Techtelmechtel am Burgtheater spricht und es als Tatsache hinstellt, dass überall dort, wo Menschen miteinander arbeiten, sie irgendwann auch miteinander schlafen, gerade am Theater, wo man sich ständig anfassen muss, was im Fall von Tills Mutter nur bedingt zutrifft, denn sie arbeitet weder beim Theater, noch hat sie bei ihrer Arbeit besonders viel körperlichen Kontakt zu anderen Menschen, noch schlafen dort tatsächlich alle mit allen, aber immerhin seit einigen Monaten sie mit Klaus und die Praktikantin mit einer der Chefinnen und zwei verheiratete Arbeitskollegen miteinander.

Klaus ist nett zu Till, und Till findet Klaus okay. Auch zu Weihnachten denkt er das wieder, nicht in genau diesen Worten, aber mit genau dieser Tragweite, und er spürt dabei ein Gefühl der Sicherheit, das weder mit der Selbstsicherheit zu tun hat, die auszustrahlen Klaus gewohnt ist, noch mit der Sicherheit, die Tills Mutter in Klaus' Gegenwart empfindet. Till beurteilt Klaus im Wissen, dass es auch ohne ihn gut gegangen ist und, so gern seine Mutter Klaus zu mögen scheint, auch ohne ihn gehen wird, sollte er irgendwann wieder weg sein.

Alle Menschen müssen irgendwann Urlaub machen, alle Katzen bekommen irgendwann eine Augeninfektion, und alle Menschen schlafen offenbar irgendwann mit ihren Arbeitskollegen. Deshalb gibt es Klaus. Klaus ist wie ein Urlaub, ein Urlaub in Kärnten, ein Urlaub bei Freunden, ein Urlaub, bei dem man weiß, dass man sich jederzeit in ein Auto setzen und zurück nach Wien fahren kann. Im Urlaub ist man eher gewillt, über kleine Mängel hinwegzusehen, darüber, dass die Dusche tropft oder der Segellehrer Judenwitze erzählt. Oder eben aktuell, bei Klaus, dass er *Muttertag* nicht lustig findet und immer wieder die besten Stellen verpasst, indem er reinquatscht, und dass es wegen ihm kein Hendl zum Essen gibt, sondern Erdäpfelgulasch. Es macht nichts.

Till ist schon zu alt, als dass sich jemand wie Klaus noch in sein Leben einmischen, ihn davon abhalten könnte, in den Ferien zu tun, worauf er sich am meisten gefreut hat: um halb zehn in sein Zimmer zu gehen und die kommenden Stunden, die Stunden des Jahres, an denen absolut niemand etwas von ihm wollen kann, mit seinem liebsten Computerspiel zu verbringen.

Es ist Feli, die ihn schließlich davon abhält, bis vier Uhr früh am Computer zu sitzen. Sie schreibt vor Mitternacht, bevor Till Fina zum Geburtstag gratulieren kann, in die gemeinsame Whatsappgruppe, ob Till zu ihnen auf den Karlsplatz kommen und in Finas Geburtstag hineinfeiern will.

Tills Mutter lächelt ein bisschen zu strahlend, als er erklärt, er wolle noch rausgehen. Es hat 15 Grad, und auf dem kurzen Weg zum Karlsplatz empfindet Till keine Angst vor irgendwem oder irgendwas, geht aber trotzdem nicht die Favoritenstraße entlang, sondern gleich zur Wiedner Hauptstraße.

Till sieht eine große Gruppe von Menschen vor sich, die er nicht kennt, vom Lycée und aus Finas Klasse, fragt sich, ob er Finas ukrainische Cousins gleich erkennen wird und ob er mit ihnen über GTA reden soll. Er sucht eine Weile nach dieser großen Gruppe mit Lichterketten und Bechern und Musik, um festzustellen, dass wirklich nur Feli und Fina da sind und zu zweit auf einer Bank Pfirsichspritzer trinken.

Es ist viel zu warm für Weihnachten, aber viel zu kalt, um draußen zu feiern. Sie gehen eine halbe Stunde an lauter geschlossenen Lokalen vorbei, und Till hat, als sie der Wienzeile in jene Gegend folgen, wo der Dolinar wohnt, keine Angst vor ihm, denn zu Weihnachten ist der Dolinar immer bei seinen Eltern in Kärnten.

Sie landen in einem Kellerlokal namens Kuku direkt an der Wienzeile. Sie fallen auf, weil alle anderen sich zumindest vom Sehen kennen und weil sie auch sonst auffallen würden, wegen ihres Alters und ihres Kleidungsstils, aber niemand spricht sie an oder fragt sie nach einem Ausweis. Der dicke schwitzende Mann, der mit einem veganen Truthahn hantiert, gibt ihnen anstandslos Spritzer und spendiert ihnen beim Zahlen sogar jeweils ein Baucherl, ein Glas Cola mit Weinbrand.

Am nächsten Tag geht es Till schlecht. Er möchte etwas in die Whatsappgruppe schreiben, lässt es aber.

Er hat keine Lust, Age of Empires zu spielen.

Er fühlt sich, als würde er seine eigene Stimme hören und

könnte nicht glauben, so zu klingen, solche Sachen zu sagen.

Er wundert sich, dass er über seinen Vater gesprochen hat, wundert sich, wie er das Thema so lange umschiffen konnte, wo es oft schon mit der ersten Frage des Gegenübers auftaucht, mit der Frage nach den Eltern oder den Berufen der Eltern und der Entscheidung, in welcher Zeitform man solche Fragen beantwortet.

Er sieht Felis ernstes Gesicht, aus dem sich nicht ablesen lässt, ob sie schon vorher davon wusste, und Finas mitleidiges Gesicht, das sich von anderen mitleidigen Gesichtern unterscheidet, weil es gar nicht mitleidig ist, sondern auf eine mitfühlende Art traurig.

Er hört Feli sagen: «Willst du über deinen Papa reden?» Und seine eigene Stimme antworten: «Ich weiß nicht, was.»

Er sieht sich aufstehen und auf dem Weg zum Klo ein bisschen wütend sein, dass die beiden seinen Vater nicht kennen, sich ihre Gefühle nicht auf ihn beziehen, sondern auf einen abstrahierten Vater, den Vater an sich.

Er ist erleichtert, dass es schon um etwas anderes geht, als er zurückkommt, und gekränkt, dass es so schnell und so einfach um etwas anderes gehen kann als um den Tod seines Vaters.

Auch nach dem Frühstück mit Klaus und seiner Mutter, bei dem seine Mutter bewusst nicht nachbohrt, wer die Freundinnen sind, mit denen er sich gestern getroffen hat, als Till wieder im Bett liegt, ohne einschlafen zu können, schwirren die Fetzen von gestern in seinem Kopf herum.

Er stellt sich vor, wie es wäre, wenn sein Vater Feli und Fina kennenlernen könnte, wie er sie anlächeln und nach ihrem Wahlpflichtfach ausfragen würde. Er stellt sich vor, wie galant sein Vater wäre, wie er später, wenn sie wieder zu zweit sind, unweigerlich durchklingen ließe, Till solle sich an Feli und Fina ein Vorbild nehmen, solle auch boxen und auch lesen, und wie ihn das nerven und wie er sagen würde, dass Feli und Fina auch trinken und rauchen und kiffen, nur damit sein Vater enttäuscht ist.

Till möchte nicht, aber er dreht seinen Computer auf. Er fühlt sich schlecht dabei. Er startet das Spiel wie jemand, der unmittelbar vorher den Entschluss gefasst hat, weniger Alkohol zu trinken, sich ein Bier öffnet.

Und dann sieht er die drei *villagers* und fühlt sich zu Hause, erschafft neue *vils* und lässt seinen Scout scouten, er lockt einen Eber an und verbringt drei Stunden in voller Konzentration. Er verliert und versucht es gleich wieder, neu, anders, spielt ein Match mit den Inkas und stresst seinen Gegner mit Türmen, ein Match mit den Byzantinern, die niemand mehr spielt. Außer Till.

Till tritt einem Team bei. Bisher war er offiziell Mitglied der XXL_Warriorz, Georgs altem Team, bei dem niemand außer Till jemals über 1800 ELO gekommen ist und deren Kürzel Till schon lange aus seinem Usernamen entfernt hat. Jetzt tritt er einem richtigen Team bei, dem drittbesten Team der Welt.

Bevor der Wechsel offiziell verkündet wird, gibt Till seinem alten Team auf Discord Bescheid. Er weiß, dass sie nicht beleidigt sein können, und ihre Reaktion ist auch so: Sie wünschen ihm viel Glück und viel Erfolg. Der Teamkapitän, ein älterer Deutscher, schreibt, er freue sich sehr für Till und sei stolz, dass jemand aus seinem Team es so weit geschafft habe, Till solle aber auch wissen, dass ihre Tür jederzeit offen ist, falls er wieder zurückkommen will, was Till ein bisschen unsympathisch findet, weil es impliziert, mit seiner Karriere könnte es wieder bergab gehen, und ausblendet, dass es selbst dann wahrscheinlich noch fünfzig andere Teams gäbe, die besser sind als die XXL_Warriorz.

In Tills neuem Team sind, spätestens jetzt, die besten jungen AOE2-Spieler versammelt: Matt van Bergen ist dort, ein 19-jähriger Norweger, von dem manche schon aufgrund seiner Nationalität denken, er sei der logische Nachfolger von TheViper, und dessen Spitzname, *the cockroach of aoe*, darauf verweist, wie gut er darin ist, auch aussichtslose Situationen zu überleben und sich zurückzukämpfen. Pablo Betancour ist dort, ein 20-jähriger Kanadier mit mexikanischen Wurzeln, über den man genau das Gegenteil sagt, nämlich dass ihm trotz seines Talents die Nerven fehlen, um zur Nummer 1 zu werden, weil er zu schnell aufgibt. Was im Übrigen auch über Till gesagt wird. Der Dritte im Team, der durch Tills Beitritt zum Vierten wird, also zu demjenigen, der nur bei seltenen 4v4-Matches spielt und sonst darauf wartet, für einen der Stammspieler einzuspringen, ist ein Argentinier namens Mauri, der in Italien studiert und ihnen zur Feier von Tills Eintritt ein Showmatch gegen das Team von TheViper vermittelt, bei dem sie ein paar Hundert Euro gewinnen können.

MvB, Beta und Till sind alle auf einem ähnlichen Niveau. Jeder von ihnen war schon in einem Finale, und jeder von ihnen hat dieses Finale verloren. Jeder von ihnen wurde als *die* Zukunftshoffnung bezeichnet und dann dafür kritisiert, diesem Anspruch nicht genügt zu haben.

Till merkt ab dem ersten Trainingsmatch, wie ihn seine neuen Mitspieler befreien. Sie spielen mit Headsets. MvB flucht wie ein Taxifahrer, Beta nuschelt und erklärt immer irgendetwas, und Till redet wenig. Till ist es gewohnt, allein zu spielen. Er lernt, was es bedeutet, sich beim Spielen nicht einfach zu unterhalten wie früher mit Georg, sondern wirklich jede einzelne Aktion abzustimmen. Und er empfindet eine Leichtigkeit bei dem Gedanken, dass Beta und MvB verstehen, wie es ihm geht, weil sie es verstehen können.

Bis Silvester öffnet Till seine Schultasche kein einziges Mal. Er denkt trotzdem jeden Tag an das blaue Russischbuch und das gelbe Reclam und das rote Reclam und den Januar, der noch furchtbarer wird als der letzte, weil in der Schule jedes Jahr schlimmer ist als das davor und jeder Jänner furchtbar.

Till nimmt sich vor, in der zweiten Woche der Ferien, Russisch zu lernen und *Das vierte Gebot* zu lesen. Er legt das blaue Russischbuch auf seinen Schreibtisch und wirft die beiden Reclams durch die Luke nach oben in sein Bett. Er nimmt sich jede Nacht vor, am nächsten Tag mit Russisch anzufangen, sein Vokabelheft zu suchen, die Deklinationen durchzugehen. Er träumt davon, bei einer Schularbeit zu sitzen und kein einziges russisches Wort mehr zu kennen, nicht einmal die, die es fast genauso im Deutschen gibt, Komet, Kiosk, Garasch. Er versucht, sie zu schreiben, und weiß nicht mehr, ob ein P ein R ist oder ein T ein M.

Er wacht auf und nimmt sich vor, nach dem Frühstück sein Russisch-Vokabelheft zu suchen, und legt sich nach dem Frühstück noch mal hin, stellt sich vor, wie es wird, wenn er maturiert hat und nie wieder von der Schule träumt oder zumindest beim Aufwachen weiß, dass er nicht dorthin zurückmuss.

Jeden Tag zieht sich die Schlinge um Till ein bisschen mehr zu. Jeden Tag adaptiert er, was er sich vorgenommen hat: nur die russischen Vokabeln zu lernen und die Deklinationen später zu machen, nur den Flaubert jetzt zu lesen und den Anzengruber später. Sein Team übersteht mehrere

Runden, und Till denkt immer, dass er zu lernen anfangen wird, sobald sie ausscheiden. Einmal beginnt er, sein Geographiereferat vorzubereiten, nur um nicht Russisch lernen zu müssen, und räumt dann stattdessen sein Zimmer auf.

Er liest, um nicht Flaubert lesen zu müssen, das erste Kapitel von den *Überfliegern*, das gar nichts mit dem Prolog zu tun hat: kein Wort mehr über das italienische Dorf, keine Information, die noch irgendwo abgeprüft würde. Stattdessen erklärt der Autor, dass alle guten Eishockeyspieler im Jänner geboren wurden.

Tills Team qualifiziert sich für das Finale von Emperor of Africa am Sonntag, den 7. Jänner. Am selben Tag feiert Felis Mutter eine Party, zu der Feli ihn eingeladen hat und bei der Till einen guten Eindruck machen möchte.

Das Turnier beginnt um 14 Uhr, die Party von Felis Mutter um 19 Uhr. Den ganzen Vormittag trainieren Till und seine Teamkollegen gegen Mauri, einen älteren Brasilianer und Mischa, einen 14-jährigen Russen, die schon ausgeschieden sind. Gegen Mittag hören sie auf, um nicht überspielt zu sein.

Till denkt über das erste Kapitel der *Überflieger* nach. Er denkt: Deshalb ist Feli so gut in allem, so weit für ihr Alter, weil sie im September geboren wurde. Er vergisst fast auf den Beginn des Turniers.

Sie verlieren das erste Match, weil Till seine Bogenschützen fahrlässig opfert. Till verliert immer das erste Match und denkt, dass genau das der Kritikpunkt seines Vaters an Dominic Thiem war, dass der Thiem immer den ersten Satz verliert und sich dann aus dem Rückstand zurückkämpfen muss, was er nicht schafft.

Tills Team gewinnt zwei Matches in Folge. Bei 3:3 gibt

es Serverprobleme, und sie müssen eine Dreiviertelstunde warten. Es ist 22 Uhr.

Sie verlieren das letzte Match, Till gratuliert TheViper, DauT und TaToH und gibt kein Interview, worauf im Chat sofort jemand behauptet, Till sei *salty*.

Till zieht sich um, sprüht sich mit Deo ein und läuft los, die Stiegen hinunter, die Favoritenstraße hinunter, die Argentinierstraße entlang. Am Schwarzenbergplatz bleibt er stehen und gibt Rennweg 2 bei Google Maps ein.

Er läuft quer über den Platz, Treppen hinauf, Treppen hinunter, findet den Eingang nicht, sieht, dass Feli geschrieben hat, der Eingang liege hinter dem russischen Soldatendenkmal, läuft wieder vom Rennweg zum Schwarzenbergplatz, fragt sich, ob er Felis Mutter ein Geschenk hätte besorgen sollen, springt mehrere Treppen auf einmal hinunter, hat kurz eine Idee, was er hätte mitnehmen können, Blumen oder Wein, er landet, knickt um, hört etwas schnalzen und hat das Gefühl, sein Knöchel ist ab.

Till sitzt auf dem Boden und ihm wird heiß und schwindelig.

27

Nein, das Wort *Liegegips* ist im Spital nicht gefallen. Der Arzt sagte lediglich, Till dürfe den Gips nicht belasten und solle den Fuß nach Möglichkeit hochlagern.

Doch als Tills Mutter am nächsten Tag in der Schule anruft und Till für die nächsten zwei Wochen entschuldigt, hat sich der Begriff irgendwie schon eingeschlichen.

«Ja», hört Till seine Mutter sagen, «ja, er muss zwei Wochen liegen ... Liegegips ... Der Arzt hat streng verboten, den verletzten Knöchel zu belasten.»

Und so liegt Till tatsächlich zwei Wochen lang auf dem Sofa, bekommt von seiner Mutter jeden Tag drei Mahlzeiten und eine Thrombosespritze, spielt Horizon Zero Dawn auf der Playstation und verpasst die Russisch-, die Latein- und die Mathematikschularbeit.

Er verpasst alle Besprechungen von *Das vierte Gebot.* In den ersten Tagen schreibt Alexander ihm, was durchgemacht wurde, dann muss Till sich selbst erkundigen, er postet seine Fragen sogar in die Whatsappgruppe, wo sonst nur die Verzweifelten, Palffy und Ertl und Steiner, ihre Fragen stellen, Fragen, deren Banalität für alle anderen so offensichtlich ist, dass nie jemand antwortet.

Nach einer Woche auf dem Sofa wollen Feli und Fina ihn besuchen. Till möchte zuerst nicht, dass sie kommen, denn er gibt sicher kein gutes Bild ab. Andererseits ist das letzte Bild, das die beiden aktuell von ihm haben, wie er vor Schmerz weinend, klitschnass und drei Stunden zu spät auf den Treppen vor Felis Garten kollabiert.

Er wäscht sich mit einem Lappen und sprüht den Gips aus der Distanz mit Deo an.

«Wie schön, euch endlich kennenzulernen!», sagt Tills Mutter, als sie Feli und Fina die Tür öffnet, und Till kann von der Couch aus hören, wie sie dabei strahlt.

«Ich bin Feli», sagt Feli.

«Ich bin Helga, Tills Mutter», sagt redundanterweise Tills Mutter.

«Schosefina», sagt Fina, schüttelt Tills Mutter die Hand und fügt ohne entsprechende Frage hinzu: «Ukrainisch.»

«Was für eine schöne Bibliothek Sie haben!», sagt Feli, als sie die Schuhe ausgezogen und die Jacken abgelegt haben. Sie zieht *Americanah* von Chimamanda Ngozi Adichie aus dem Regal.

«Ich mag auch die Skulptur voll», sagt Fina, und Tills Mutter weiß gar nicht, wo sie zuerst anknüpfen soll. Sie möchte Feli, die gerade den Anfang von *Americanah* noch einmal liest, fragen, ob sie gerne liest und was sie gerne liest. Und sie möchte Fina fragen, ob sie sich für Bildhauerei interessiert und von wo aus der Ukraine ihre Familie kommt. Bei dem kurzen Seitenblick, den sie Till zuwirft, hat er den Eindruck, ihre Augen seien wässrig vor Rührung.

Tills Mutter merkt nicht, wie wenig Till bisher gesagt hat. Ihr Blick wandert von Feli zu Fina und zurück, und ihre Gedanken springen von der konkreten Erkenntnis, dass Till alles richtig machen muss, wenn er mit solchen Mädchen befreundet ist, zu einer abstrakteren Freude, die nichts mit Till zu tun hat, sondern nur mit ihr, Helga, die sich mit einem Mal vorstellen kann, sie hätte zwei fast erwachsene Töchter, die klug und cool sind und durch ihre bloße Existenz belegen, dass die Zukunft besser sein wird, als die Vergangenheit es war.

Tills Mutter merkt erst beim fünften Mal, dass Feli sie noch siezt, und sagt, wie es per Gesellschaftsvertrag von Menschen über 45 verlangt wird, Feli müsse jetzt bitte sofort Du zu ihr sagen, sonst fühle sie sich alt.

Till lässt alles geschehen. Er macht sich nicht selbst zum Kind, indem er zeigt, dass ihm seine Mutter peinlich ist. Er möchte, obwohl sie ihm natürlich peinlich ist und er gerne allein mit Feli und Fina reden würde, seiner Mutter die Freude nicht nehmen. Feli und Fina sind es wahrscheinlich gewohnt, dass erwachsene Menschen so auf sie reagieren.

Sie können nicht wissen, dass es lange her ist, seit Till seine Mutter so verzückt gesehen hat. Jahre.

Till hört fast 15 Minuten zu, wie Feli und seine Mutter über Ngozi Adichie reden, über Nigeria, die USA und den Senegal, die unterschiedlichen Volksgruppen im Senegal, über die europäischen Reedereien, die vor der Küste des Senegal alles leer fischen, über die Ozeane als *failed state*, und er versteht, dass Feli einer dieser Menschen ist, die mit allen reden können. Und er sieht, während Fina übers Boxen und ihren Frauenboxclub spricht und Tills Mutter quasi überredet, auch dorthin zu kommen, eine Bewunderung in ihren Augen, die dem nahekommt, wie er sich selbst fühlt, wenn er Fina reden hört.

«Oh mein Gott, ich habe euch ja gar nichts zum Trinken angeboten!», ruft Tills Mutter und geht Spritzer holen, ohne eine Sekunde darüber nachzudenken, Feli und Fina könnten noch minderjährig sein.

Während sie in der Küche ist, formt Feli mit ihren Zeigefingern ein Herz, lächelt Till an. Mit einem veränderten Lächeln, als hätte sie vor seiner Mutter schon ein kleines bisschen gespielt und spiele jetzt ein kleines bisschen weniger.

«Nein, nein, ihr müsst nicht rausgehen, wir machen hier das Fenster auf, und ich hole einen Aschenbecher. Eine Sekunde!», ruft Tills Mutter, während sie Feli und Fina ihre Spritzer gibt und zu Till sagt, sie wisse nicht bei ihm: «Wegen den Thrombosespritzen und so.»

Sie holt eine mit Wasser gefüllte Schüssel als Aschenbecher, öffnet die Fenster und ändert damit schlagartig alle Regeln, die seit Tills Kindheit gegolten hatten und die auch für erwachsene Raucher wie Tills Tante nie aufgeweicht worden waren. Sie raucht in ihrem Wohnzimmer die erste Zigarette seit 17 Jahren, mit einer Natürlichkeit, die zeigt, dass die Dauer von Tills Leben nur eine kurze Etappe im Leben seiner Mutter ist.

Erst als sie alle vier ausgeraucht haben, lächelt Tills Mutter ihn noch einmal auf jene Art an, die in Büchern vielsagend genannt wird, obwohl man sie eigentlich vereinnahmend nennen müsste, und zieht sich zurück.

Fina zündet sich noch eine Zigarette an und stellt sich zum Fenster. Feli erzählt von ihrem Referat zum Thema Austrofaschismus. Die Geschichtelehrerin hatte sich an ihrer Darstellung so gestört, dass sie Feli immer wieder unterbrach, insbesondere als Feli es als Tatsache hinstellte, dass die Verfolgung der Austrofaschisten durch die Nazis weniger ihre Gegnerschaft bewies als das Konkurrenzverhältnis zwischen ihnen.

Der Hinweis, dass die ÖVP erst vor einem Jahr zugestimmt hat, das Porträt von Engelbert Dollfuß aus ihrem Parlamentclub zu entfernen, und ganz still und heimlich den Leopold-Kunschak-Preis umbenannt hat, bringt dann den Eklat. Die Geschichtelehrerin befiehlt Feli, sich endlich hinzusetzen, und gibt ihr ein Nichtgenügend mit der Begründung, Feli hätte eine Themenverfehlung begangen. Das Thema des Referats sei der Ständestaat gewesen und nicht der Austrofaschismus und schon gar nicht dessen Nachwirkungen.

Feli wirft daraufhin der Geschichtelehrerin vor, sich nicht auszukennen, was diese noch mehr empört. Die Geschichtelehrerin, die den Ausdruck Austrofaschismus mehrmals in den Mund nimmt, aber einmal auch als *das A-Wort* bezeichnet, paraphrasiert dann noch, sicher ohne es zu wissen, ein Zitat von Lothar Höbelt, demzufolge der einzige Sinn des Begriffs Austrofaschismus darin liege, seinen Sprecher als Sozialisten zu outen, und verbringt den Rest der Stunde damit, auf die dunklen Flecken im linken Lager hinzuweisen, die ihrer Meinung nach noch schlechter aufgearbeitet worden sind als jene der ÖVP, auf den Antisemitismus von Karl Renner, der ja auch den *Anschluss* begrüßt habe, sich aber seltsamerweise dennoch nicht fürchten müsse, den nach ihm benannten Teil des Rings zu verlieren.

Ausgerechnet Felis Klassenvorstand, Professor Dr. Lassner, der als ÖVP-Politiker natürlich dem A-Wort ebenfalls distanziert gegenübersteht, hat die Geschichtelehrerin am Ende überredet, Feli eine Zwei minus einzutragen, wodurch ihr *Ausgezeichneter Erfolg* im Halbjahreszeugnis gewahrt bleibt. Es ärgert ihn allerdings, dass Feli sich nicht dankbarer zeigt, umso mehr, als er jetzt Nationalratsabgeordneter ist und wirklich keine Zeit für solche Pimperlprobleme hat.

Am nächsten Tag ist alles wie immer. Till liegt auf der Couch, versucht zu lernen, starrt eine gewisse Zeit auf lateinische Deklinationstabellen, dreht dann aber, früher als geplant, doch Horizon Zero Dawn auf, wo eine nach allen Seiten hin offene, unentdeckte Welt auf ihn wartet.

Er hat das Gefühl, schon ein Jahr nicht mehr in der Schule gewesen zu sein. Er hört Dolinars Stimme in seinen Träumen, hört sie durch die Stille hindurch, in den Computerspielen, immer lauter und deutlicher, erschrickt über seine eigenen Halluzinationen und dann, jetzt noch viel mehr, als er bemerkt, dass der Dolinar wirklich im Vorzimmer steht.

Till dreht panisch den Fernseher und die PS4 ab, wirft Controller und Fernbedienung beiseite und schlägt den Anzengruber auf.

Tills Mutter geht in ihr Arbeitszimmer, der Dolinar bleibt in der Tür stehen und sieht Till an. Er höhlt die Wangen, kneift seine Augen zu und wackelt mit dem Kopf.

Tills Herz schlägt so laut, dass sein ganzer Körper zittert.

«Jetzt hamma den Scherben auf, Till», sagt der Dolinar, und seine Stimme klingt weich, so wie sie immer klingt, wenn man mit ihm unter vier Augen spricht, als würde er ein bisschen weniger spielen, weil weniger Publikum anwesend ist. So hat sie auch im Besprechungsraum 3 geklungen. Er wirft Till ein Reclam hin. «Die Ebner-Eschenbach kannst auch gleich lesen, die ist ebenfalls Schularbeitsstoff.»

Er hält Till einen Stapel Zettel hin, Arbeitsblätter und Mitschriften, sagt, Till solle sich dafür bei Fritzi bedanken. Till nickt.

Bevor er sich verabschiedet, lässt der Dolinar noch ein Blatt mit dem Englisch-Schularbeitsstoff und die Russisch-Frühwarnung auf die Couch segeln. Till soll die Frühwarnung so bald wie möglich unterschrieben mitnehmen, sagt er und lässt ihn außerdem wissen, dass er auch in Deutsch noch eine Frühwarnung bekommen wird, sollte die nächste Schularbeit negativ sein.

Langsam beruhigt sich Tills Herzschlag, denn der Dolinar hat nicht bemerkt, dass die PS4 noch vor sich hin summt, und ist offenbar nicht gekommen, um Till bei etwas zu erwischen, sondern um ihn darauf einzuschwören, was ihm bei seiner Rückkehr blüht.

Beim Abendessen sagt Tills Mutter, wie toll sie es findet, dass der Dolinar sich so um jeden einzelnen Schüler kümmert und sich extra Zeit genommen hat, um ihn zu besuchen, und Till sagt: «Du checkst es nicht, Mama.»

Till hat eine Schiene bekommen, kann endlich wieder duschen und liest vor dem Einschlafen die ersten beiden Akte von Anzengrubers *Das vierte Gebot.* Weil er überschätzt, wie schnell er mit der Schiene die abschüssige Gasse hinunterkommt, ist er gleich an seinem ersten Schultag zu spät. Er muss sich bei der Portierstür anstellen, muss dem Erziehungsleiter dreimal bestätigen, keinen Laufzettel mehr zu haben, bis der ihm glaubt.

In der ersten Stunde verkündet die Lateinlehrerin die Ergebnisse der Schularbeit, die Till verpasst hat, und teilt Tabellen aus, auf denen die Bewertung jedes einzelnen Schülers für jede einzelne Sinneinheit separat und für alle transparent verzeichnet ist, wobei sie als Pädagogin weniger auf Transparenz aus ist als auf Motivation. Früher hat sie die Ergebnisse zu diesem Zweck laut vor der Klasse verlesen, bis ein besonders schlechter Schüler sie irgendwann bat, damit aufzuhören, weil er die Demütigung nicht mehr ertrage.

Beim nächsten Mal las sie wieder alle Noten vor und sagte, als sie bei seinem Namen angelangt war: «Und der Kloibmüller ... hat natürlich einen Fetzen. Aber das sagen wir ja nicht!»

Später kamen dann die Listen, deren Spalten sie mit Lineal und Kugelschreiber vorzeichnet und dann mit ihrer Fitzelschrift ausfüllt. Sie reiht die Schüler nicht mehr alphabetisch, sondern zufällig, also in der Folge, in der sie sie verbessert: zuerst die Besten, Jan und die kleine Julia, die beide römische Einser haben und dadurch angespornt werden sollen, dass einer von ihnen einen römischen Einser mit Plus erhält und der andere nur einen römischen Einser oder einer einen römischen Einser mit Plus und die andere einen römischen Einser mit zwei Plus.

Auf Jan und Julia folgen zwei oder drei normale Einser und die ganz Schlechten, deren Fünfer die Lateinlehrerin schon antizipiert, nicht zuletzt dadurch, dass sie sie direkt nach den besten Arbeiten korrigiert. Wie die meisten Menschen an der Grenze zur Obsession oder leicht drüber kann sie sich nicht vorstellen, dass ihre Tabellen auf normale Menschen, wie es die Eltern teilweise sind, befremdlich wirken könnten, um nicht zu sagen: ein bisschen verrückt.

In der Spalte von Tills Namen steht ein V mit zwei horizontalen Strichen bei jeder Sinneinheit. Das soll heißen, eine verpasste Schularbeit ist noch schlimmer als eine sehr schlechte Schularbeit. Die Lateinlehrerin lässt Till und Alexander ihren Tisch nach ganz hinten tragen, setzt Alexander auf den Platz der großen Julia, die mit Regelschmerzen entschuldigt ist, und fordert Till auf, seinen Tisch so zu drehen, dass er der Klasse den Rücken zukehrt.

Till schaut auf die dreckige gelbe Wand. Die Lateinlehrerin legt ihm eine personalisierte Zwischenüberprüfung vor, die sie aus rechtlichen Gründen nicht als Schularbeit werten darf, und sagt: «Irgendwie muss ich ja zu einer Note für dich kommen!»

Die Geographielehrerin zeigt sich entrüstet, dass Till sein Referat nicht gleich nachholt, und gibt ihm ein Minus.

Die Englischlehrerin möchte zwei zusätzliche Aufsätze von Till und sagt, sein *project report* werde natürlich mehr in die Semesternote einfließen als jene der anderen, weil er so lange gefehlt hat. Sie lächelt. «Du solltest das als Chance sehen, deine Note noch aufzubessern!»

Der Mathelehrer Gruber erzählt von den Problemen, die Tills Abwesenheit ihm verursacht hat, und setzt dabei sein beleidigtes Gesicht auf, dieses Gesicht, das er auch nach schlechten Schularbeiten aufsetzt, so als geschehe das alles nur, um ihn persönlich zu kränken.

Till erntet kein Mitleid von den anderen. Sie scheinen sich einig zu sein, dass Till in irgendeiner Form simuliert hat, und sie sehen gern zu, wie Till dafür bestraft wird, sich etwas erspart zu haben, was sie erleben mussten. Schon jetzt, am Montag, bevor der Dolinar wieder da ist und es so richtig zur Sache geht.

Vor dem Einschlafen möchte Till den Anzengruber endlich fertig lesen. Er kämpft sich durch den dritten Akt und schaut alle paar Seiten ins Register, um sich die Namen zu merken: Schalanter, Sedlberger, Sidonie. Die Augen fallen ihm zu.

Er öffnet sie wieder und fährt sich mit den Handflächen übers Gesicht. Er bleibt lange bei der Abbildung auf Seite 64 hängen, wo man sehen kann, wer am Tisch wo sitzt, und versteht erst nach einiger Zeit, dass der Dolinar ihn nicht danach fragen wird.

Er merkt, wie ihm die Augen zufallen, und steigt noch mal vom Hochbett, trinkt ein Glas Wasser, reibt sich das Gesicht und liest weiter, versucht wirklich, sich zu erinnern, ob die neuen Namen schon vorgekommen sind, Seeberger, Seidlburger, Kraft.

Till blättert wieder zum Register, liest weiter und schläft zufrieden ein, weil er es bis zum Ende des dritten Aktes geschafft hat.

«Den Anzengruber kannst gleich wieder wegtuan, Kokorda!», sind Dolinars erste Worte, als er mit Schwung die Klasse betritt und eine Mappe auf den Tisch pfeffert. «Ich habe keine Lust, die Zeit aller anderen hier zu verschwenden, nur weil du zu bled zum Stiegensteigen bist. Du kannst mir dann bei der Schularbeit beweisen, dass du *Das vierte Gebot* gelesen hast. Und dass du es vor allem auch verstanden hast, im Gegensatz zu manch anderem. Gell, Palffy? Du sollst nicht begehren deine Nichten, oder wie war das?» Lachen. Dann Stille.

«Nun, ich warte, Kokorda. Du darfst jetzt jederzeit damit beginnen, die anderen hier daran teilhaben zu lassen, was du aus der Lektüre von *Krambambuli* gelernt hast und welche Merkmale welcher literarischen Epoche sich darin ausmachen lassen.»

Till merkt, dass die anderen sich vorfreudig aufsetzen, weil sie jetzt freihaben. Till entscheidet sich, gleich zuzugeben, dass er *Krambambuli* noch nicht gelesen hat, und sich mit seiner Strafe abzufinden, denn ihm war ohnehin klar gewesen, dass er heute keine Freizeit haben würde. Er weiß, dass ihm auch das von seinen Mitschülern übelgenommen wird, denn er verkürzt damit seine Befragung und verlängert ihre.

«Und genau deshalb ist diese Fehlerei Gift, Kokorda. Gift! Und der Letzte, der das braucht, ist jemand wie du, der schon vorher bestenfalls im Mittelmaß geschwommen ist und jetzt akut gefährdet ist, das Jahr nicht zu schaffen. Hast du mich verstanden?»

«Ja.»

Es wäre langweilig, die folgenden Tage, in denen ein Mittwoch auf einen Dienstag folgt und ein Donnerstag auf einen Mittwoch, allzu detailliert zu beschreiben: die Fächer, die Lehrer, die Aufgaben, die an Till gerichtet werden und sein Leben zu einer unerfüllbaren To-do-Liste werden lassen.

Es wäre gleichzeitig vertretbar, darauf einzugehen, weil Till dieser Logik ja auch nicht entkommt und selbst die relevanteren Neuerungen nach seiner Rückkehr, etwa dass Khakpour jetzt 16 ist und jede freie Sekunde im Rauchereck verbringt, wo Fina über seine Witze lacht, mit der Übermacht des Stundenplans nicht mithalten können.

Es ließe sich auch argumentieren, dass es nicht wichtig

ist, was Till genau macht, solange er alles schafft. So sieht es seine Mutter. Schon seit den langen Nachmittagen seiner Volksschulzeit haben sie diese Vereinbarung, und dass sie vor Kurzem eine Frühwarnung unterschreiben musste, war für Tills Mutter der Tiefpunkt dieses Deals.

Am Donnerstag vor der Deutsch-Schularbeit macht sich in Till Panik breit. Er sitzt im Rauchereck und liest gerade den Anfang von *Krambambuli*, als Feli und Fina kommen.

«Uh, ein Buch von einer Frau, wie revolutionär!», sagt Feli.

Till reagiert nicht darauf.

«Kommst du heute wieder mit zur Demo? Die Route geht durch den Zweiten, und wir gehen danach noch auf eine Homeparty beim Prater. Du kannst gern mitkommen.»

Till kann nicht mitkommen, denn er muss noch den vierten Akt vom Anzengruber lesen und sich um 20 Uhr 15 die Verfilmung von *Krambambuli* auf ORF2 ansehen.

Feli lacht ihn aus.

«Wieso glaubst du, ein Buch fertig lesen zu müssen, um darüber schreiben zu können? Und wieso schaust du dir einen anderthalbstündigen Film an, statt in einer halben Stunde den Text zu lesen?»

Till ist genervt von Felis Unbeschwertheit.

«Ich kann den Text jetzt nicht lesen, ich muss wieder rauf in den Informatiksaal.»

«Dann lass mir das Buch hier, und ich fass es dir nachher zusammen.»

«Hast du nichts Besseres zu tun?»

«Was gibt es Besseres, als einem jungen Mann zu helfen, kein Buch zu lesen?»

«Meinst du es ernst?»

«Ja.»

Till gibt Feli das Reclam, nimmt den Anzengruber und hat während seiner ganzen Aufsicht keine Zeit dafür. Als er die Schule verlässt, stehen Feli und Fina vor dem Tor, und er geht mit ihnen mit, nimmt sich vor, nur eine halbe Stunde oder vielleicht eine Stunde zu bleiben, aber auf jeden Fall um acht zu Hause zu sein.

«Also, *Krambambuli* ist uninteressant, das kannst du vergessen. Ich hab das gar nicht fertig gelesen», sagt Feli, und Till bereut schon, sich auf sie verlassen zu haben.

In der nächsten halben Stunde, während sie mit der U-Bahn fahren, Bier kaufen und hinter dem Pritschenwagen mit der Musik hinterhergehen, erklärt Feli ihm, zuerst normal und dann über die Musik hinweg, dass sie von den drei Erzählungen im Reclam *Er lasst die Hand küssen* am besten fand, auch deshalb, weil die Ebene der herrschenden Schicht eingebaut und ironisiert wird.

«*Krambambuli* ist unironisch und deshalb lame, und weil es lame ist, wurde es mit Tobias Moretti verfilmt und jedem Kind in Österreich vorgelesen. Aber *Er lasst die Hand küssen* ist cool und ironisch und funny.»

Till merkt, wie jemand sich pikiert umdreht, weil sie sich während der Reden unterhalten.

«Du kennst ja diese Einordnungen, Naturalismus und Realismus und so, und weißt ungefähr, was die voneinander unterscheidet. Oder?»

«Ja», sagt Till, obwohl er es jetzt, da er darüber nachdenkt, gar nicht sagen könnte. «Nein», fügt er deshalb hinzu. «Eigentlich nicht.»

Feli erklärt Till den Unterschied zwischen Realismus und Naturalismus: «Na ja, Realismus ist, wenn reiche Menschen schreiben, dass die Welt zwar oarg ist, aber am Ende eh alles so passt, wie es ist. Und Naturalismus ist, wenn sie nur darüber schreiben, wie oarg es ist, wie schlecht es den Armen geht, und zwar wegen den Reichen, die über sie schreiben. *Er lasst die Hand küssen* ist modern, weil es das offenlegt. Weil die Ebner-Eschenbach zwar reich und eine Gräfin war, aber als Frau und als Adelige gegen mehr Widerstände ankämpfen musste als die meisten Männer und es deshalb gecheckt hat.»

Während Feli und Fina in einer Bar auf die Toilette gehen, holt Till sein Handy raus.

Es ist schon fast acht, und in der Whatsappgruppe stehen über zwanzig neue Nachrichten. Offenbar hat die große Julia den Dolinar im Café Marianum sitzen und dort *Krambambuli* lesen sehen, wodurch für alle klar ist, dass es sich auszahlt, den Film anzusehen.

Till überlegt, wie schnell er zu Hause sein kann. Feli und Fina kommen erst nicht wieder und haben dann zwei Buben im Schlepptau, die Till nicht kennt und von denen einer ihm beim Begrüßen komisch zulächelt. Sie reden über jemand, den Till auch nicht kennt, einen Paul, und Till geht der Gruppe hinterher, denkt darüber nach, was Feli gesagt hat, und versucht, es sich einzuprägen.

Sie gehen quer durch den Prater, über die Rustenschacherallee und fahren mit dem Lift in eine Dachgeschoßwohnung. Der Hausherr umarmt Feli und Fina und die zwei Buben und nickt Till zu.

Er zeigt ihnen die Wohnung, das Wohnzimmer mit der riesigen Couchgarnitur, die Terrasse, wo eine Gruppe Bong raucht, und die Zimmer, die vom Wohnzimmer in jede Richtung abgehen. Der Hausherr fragt, ob jemand MDMA möchte, und Till ist erleichtert, dass Feli und Fina beide ablehnen.

Fina setzt sich auf die Terrasse, Feli telefoniert und geht jemanden holen. Till sollte nicht hier sein. Er möchte nach

Hause, aber Feli muss ihm das Reclam noch zurückgeben. Er findet Feli nirgendwo.

Er setzt sich zu Fina auf die Terrasse, verbringt eine halbe Stunde dort und beginnt, die verschiedenen Typen unterscheiden zu können. Er geht in die Küche, kommt zurück, und plötzlich ist auch Fina weg.

Till geht durch die ganze Wohnung, wartet vor dem Klo, ob Feli dort herauskommt, klopft, sieht dann erst, dass die Tür nicht abgesperrt und das Klo leer ist. Er geht durch die Wohnung und öffnet alle Türen, findet eine versperrte, hört Finas Stimme und klopft.

«Ist Feli da?»

«Besetzt», antwortet ein Typ.

Till schreibt Feli, ruft sie an, landet sofort in der Mailbox. Er gibt auf und geht hinunter. Er spürt verschiedene Arten von Verzweiflung zur selben Zeit.

Im Prater hört er Felis Lachen. Sie sitzt mit einem Typ auf der Schaukel am Kinderspielplatz. Till möchte nicht hingehen, nicht sehen, wie nah die beiden sitzen.

«Feli!»

«Ja?»

«Kann ich mein Reclam wiederhaben?»

Als Feli aufsteht, wird offensichtlich, wie nah sie und der Typ beieinandergesessen haben. Feli kommt auf Till zu und sieht glücklich aus. Sie gibt ihm das Reclam und ein Bussi auf jede Wange und geht zurück zur Schaukel.

Till fährt nach Hause und fühlt sich wie ein dummes, hässliches Kind.

28

Feli hat in der Nacht geschrieben. Sie hat Till nichts erklärt. Sie hat nur den Link zu einem 15-minütigen YouTube-Video geschickt, wo eine Frau über Marie von Ebner-Eschenbach spricht.

Till sieht sich den Anfang beim Zähneputzen an. Die Frau sagt, dass es der große Erfolg zu Lebzeiten war, der Ebner-Eschenbach jetzt zum Verhängnis wird, weil sie so auf dieses Bild der Schulautorin festgelegt wurde und in Vergessenheit geraten konnte, wie witzig und gesellschaftskritisch ihre Texte waren.

Till spult ein bisschen vor, um zu sehen, ob es noch um *Krambambuli* geht.

Er kann aus dem Video drei verschiedene Sachen ableiten: Feli war 1) um halb drei noch wach, und sie hat 2) entweder an Till gedacht oder 3) an Marie von Ebner-Eschenbach.

Auf dem Klo und beim Frühstück, also während Till innerhalb von zwei Minuten eine Schüssel Cornflakes runterschlingt, sieht er sich noch ein wenig mehr vom Video an, dann fährt er in die Schule. Alle reden über den Film, Fritzi schaut befremdet, als Till sein Reclam aufschlägt.

«Hast du den Film nicht gesehen?», fragt er, und Till antwortet nicht darauf.

«Du bist so blöd, es wusste doch jeder, dass *Krambambuli* kommt!», sagt Blindstein.

Till liest den ersten Satz: «Vorliebe empfindet der Mensch für allerlei Gegenstände. Liebe, die echte, unvergängliche, die lernt er – wenn überhaupt – nur einmal kennen.»

Till versteht genau, was damit gemeint ist.

Im nächsten Satz stellt sich heraus, dass sich die Liebe auf einen Hund bezogen hat, und Till verliert sein Interesse wieder. Er blättert vor zu *Er lasst die Hand küssen* und liest während der Biologiestunde die ganze Erzählung. Er liest sie, weil er weiß, dass sie Feli gefallen hat. Er fragt sich, wer der Typ auf dem Kinderspielplatz war und was in dem Zimmer passiert ist, in das Fina und der andere Typ sich eingesperrt haben.

Obwohl er weiß, dass es nichts bringt, blättert er in den letzten Minuten vor der Schularbeit noch hektisch durch den vierten Akt vom Anzengruber. Als er hinten im Reclam den Lebenslauf sieht, fällt ihm auf, dass Anzengruber seinen Vater im gleichen Alter verloren hat wie er. Ein kurzes Gefühl der Gemeinsamkeit. Eine irrationale Verwunderung darüber, dass dieser bärtige, alte, tote Mann auch irgendwann ein 15-jähriges Kind ohne Vater war.

Beim Austeilen sagt der Dolinar, dass es bei dieser Schularbeit kein freies Thema geben wird. «Es wird, wenn ihr gleich den Zettel umdreht, eines oben stehen, aber das heißt nicht, dass ihr es wählen dürft. Jan, Emma, Julia, Amir, ihr könnt, wenn ihr wollt, Luzian von mir aus, wenn's sein muss. Von allen anderen will ich sehen, dass ihr versteht, was wir hier lesen. Und von dir», der Dolinar steht jetzt direkt vor Till, «will ich sehen, dass es einen Grund gibt, wieso du an dieser Schule bist, denn ich sehe ihn, ehrlich gesagt, nicht mehr.»

Sie dürfen die Schularbeitsbögen umdrehen, Till überspringt das erste Thema, eine Erörterung zum Begriff Freundschaft, liest die Angabe zu Anzengruber und kann nicht anders, als erschrocken einzuatmen, als er bemerkt, dass es dort nur um den vierten Akt geht, den man im Detail beschreiben und im Kontext der Dreiakt- und der Fünfaktstruktur anderer bereits gelesener Theaterstücke erklären soll. Fuck.

Er spürt Dolinars Blick auf sich ruhen.

Ein kollektives, erschrockenes Einatmen. Till versteht noch nicht, wieso. Der Dolinar klopft mit seinem Stift auf den Tisch. Jetzt sieht Till das dritte Thema: *Beschreibe die Erzählung «Er lasst die Hand küssen» von Marie von Ebner-Eschenbach in inhaltlicher und stilistischer Hinsicht. Ordne sie einer literarischen Epoche zu und erkläre, welche Merkmale der Epoche sie aufweist.*

Hinter Till flüstert jemand laut: «Hä, ich dachte nur *Krambambuli* war Stoff?»

«Meine Herrschaften, Tobias Moretti ist *mitnichten* der Grund, wieso wir Bücher lesen. Ihr könnts euch die Betroffenheit also sparen und endlich anfangen.»

Till macht sich Notizen, bevor er beginnt. Er versucht, sich an alles zu erinnern, was Feli gesagt hat. Er denkt an das YouTube-Video, und er konzentriert sich, schön zu schreiben, damit der Dolinar die Arbeit nicht als Ganzes durchstreichen kann. Till hat schon vier Seiten geschrieben. Es bleiben noch zehn Minuten.

Die kleine Julia gibt ab. Emma Ghisetti gibt ab. Khakpour gibt ab. Wer abgegeben hat, darf gehen.

Es läutet. Alle geben jetzt ab.

Till geht nach vorne.

«Setz dich hin, Kokorda. Deine Arbeit verbessere ich jetzt, dann kannst du die Frühwarnung gleich mitnehmen.»

Natürlich hat der Dolinar nichts vergessen. Till setzt sich wieder auf seinen Platz und wartet, bis alle gegangen sind, der Dolinar Tills Heft rausholt und beginnt, mit seinem roten Kugelschreiber darin herumzustreichen.

«Was heißt das?», fragt er, und Till kommt nach vorne, um das Wort zu entziffern. Sieht jetzt schon viel Rot in seinem Heft.

«Schreib so, dass man es lesen kann, verdammt!», sagt der Dolinar und macht einen wütenden Strich.

«Und was heißt das?», fragt er wenig später, und Till kommt wieder nach vorne und liest es ihm vor: *sinnlich*.

«Sinnlich?»

Es folgt ein längerer Vortrag darüber, dass die Ebner-Eschenbach vieles ist, witzig, meinetwegen, ironisch, ja klar, aber sinnlich ganz sicher nicht. Es folgt die Frage, wo Till diesen Blödsinn herhabe, und Tills halbherziger Versuch, den Ausdruck zu rechtfertigen.

«Ich meine, weil sie den Körper von Mischka so genau beschreibt, also die Wunden, die er hat.»

«Und nur weil es um einen Körper geht, ist etwas sinnlich, oder wie? Du armer Bub.»

Das Wort sinnlich ist über das YouTube-Video in Tills Bewusstsein gerutscht. Allerdings hat sich irgendwo zwischen seinem Halbschlaf in der Früh und dem Adrenalinausstoß bei der Schularbeit etwas verdreht, denn die Frau aus dem Video sagte bloß, wie sehr Ebner-Eschenbach den Ausdruck gehasst habe, nicht, dass ihr Werk sinnlich sei.

Das spielt aber keine Rolle. Der Dolinar ist überzeugt, Till müsse zeitgenössische Sekundärliteratur gelesen haben, und er ist, obwohl er kaum Berührungspunkte mit ihr hat, ein Feind der modernen Literaturwissenschaft. Insofern passt es völlig in sein Weltbild, dass dort absurde Behauptungen aufgestellt werden, wie jene, Ebner-Eschenbachs Texte seien sinnlich, und er nützt seine Zeit mit Till, um ein paar Dinge loszuwerden, die nur bedingt mit Till zu tun haben und auch nur bedingt mit Literaturwissenschaft.

Besonders wütend wird der Dolinar, als er sieht, dass Till das Wort Metaebene mit einem Bindestrich unterteilt hat.

Er möchte nicht, dass seine Schüler solche Modebegriffe verwenden, und er kriegt jedes Mal eine Wutattacke, wenn sich seine Schüler zu Schreibweisen wie Lampen-Schirm oder Jung-Geselle hinreißen lassen, weil er ja weiß, dass sie das nicht wegen Doderer tun, sondern nur wegen der *Heute-Zeitung*.

Je mehr der Dolinar redet, desto mehr stellt sich heraus, dass es auch Aspekte der Arbeit gab, die er gelungen fand. Der Dolinar sagt: «Wieso nicht immer so?» Und nicht: «Das hast du gut gemacht.» Aber für seine Schüler bedeuten die beiden Sätze das Gleiche.

Jetzt sagt er: «Jemand wie du, der es selbstständig nicht schafft, weil seine Begabung im naturwissenschaftlichen Bereich liegt, tut gut daran, auf fremdes Wissen zurückzugreifen», um auszudrücken, es seien richtige und intelligente Dinge in Tills Schularbeit gestanden. Denn es lässt sich nicht abstreiten, dass Till das Wort Metaebene in einem sinnvollen Kontext verwendet hat und dass bei *Er lasst die Hand küssen* Rahmenhandlung und Metaebene zusammenfallen.

Was Tills Unterscheidung zwischen Naturalismus und Realismus betrifft, ist der Dolinar zwar etwas skeptischer, denn seiner Meinung nach sollte man sich, wenn man sich etwas bloß angelesen hat, mit Interpretationen nicht zu weit aus dem Fenster lehnen. Dass bei *Er lasst die Hand küssen* der Übergang zwischen Naturalismus und Realismus «ausgesprochen deutlich hervortritt», wie Till schreibt, «weil die Haupthandlung naturalistisch ist, während die Rahmenhandlung moralische Erwartungen an den bürgerlichen Realismus ironisiert», findet der Dolinar jedenfalls gewagt.

Der Dolinar sagt, er erwarte sich von der nächsten Schularbeit mindestens einen Einser, und erst da versteht Till, dass er einen Zweier geschrieben hat und endlich gehen darf.

Der Dolinar legt die schon ausgefüllte Frühwarnung in seine Lade. «Dann hab ich sie gleich bei der Hand, wenn die nächste wieder ein Vierer ist.»

29

Am letzten Schultag sieht Till von Weitem Feli und Fina beim Kartoffelstand neben der U-Bahn-Station stehen und geht extra in die andere Richtung, um nicht an ihnen vorbeizukommen. Den ganzen restlichen Tag spielt er mit seinen Teamkollegen. Beta ist früh aufgestanden, lange bevor die Sonne sich in Kanada blicken lässt, und MvB, der in einem Vorort von Oslo als Fahrlehrer arbeitet, hat seine Dienste auf den Vormittag gelegt. MvB spielt meistens *pocket*, das heißt, seine Basis befindet sich zwischen der von Till und der von Beta, und er versucht, sich auf die Wirtschaft zu konzentrieren, während seine beiden Teamkollegen ihn beschützen. Till geht auf Bogenschützen, Beta auf Scouts.

Irgendwann tauschen sie. Irgendwann tauschen sie zurück. Irgendwann probieren sie eine Strategie aus, mit der das chinesische Team sehr erfolgreich war. Dabei versucht ein Spieler, zwei seiner Gegenspieler gleichzeitig zu binden, überrascht sie mit Türmen, trollt, indem er Fundamente von Mauern um das Gold der Gegner baut, und opfert sich und seinen individuellen Spielerfolg dem Ziel, mehr Schaden anzurichten, als er selbst nimmt.

Sie verlieren mehrmals mit dieser Strategie, und trotzdem fühlt es sich an, als hätten sie ihre idealen Rollen gefunden: MvB boomt, Till stiftet Chaos, und Beta macht alles genau so, wie es erwiesenermaßen am besten ist.

Spätabends, als Beta und MvB sich schon ausgeloggt haben und Till allein spielt, kriegt er eine Nachricht von Feli, die schreibt, es tue ihr und Fina leid, ihn in dieser fremden Wohnung allein gelassen zu haben. Till freut sich sehr über die Nachricht. Er zieht sich an und fährt ins Einhorn.

Feli springt auf, als Till reinkommt. Sie lächelt und umarmt ihn. Sie ist schon betrunken. Fina stellt Till einen Typ vor, dessen Stimme er wiedererkennt, ohne ihn noch mal das Wort *Besetzt* sagen zu hören. Der Typ gibt sich offenbar Mühe, nett zu ihm zu sein, und geht Spritzer für alle holen.

Auf dem Weg zum Klo trifft Till Georg, und Georg sagt, dass er später noch hinaufkommen wird.

Fina holt eine Münze raus und beginnt, sie zu drehen. Sie verarscht Till, weil er nicht mitspielen will, und nach ein paar Minuten macht er doch mit, damit Fina sieht, dass sie ihn unterschätzt.

Sie nehmen eine 20-Cent-Münze. Till macht keinen Fehler. Feli verliert und weigert sich, die Knöchel an den Tisch zu legen und sich abschießen zu lassen. Fina schimpft und schließt Feli von weiteren Runden aus.

Till unterhält sich mit Feli, während der Typ seine Hände faltet, und Fina ihm mit der flachen Hand dagegen schlägt. Der Typ zieht erfolgreich weg. Jetzt muss Fina ihre Hände falten.

Feli spricht über ihren Vater. Sie sagt, dass er es war, der Astou unbedingt einen senegalesischen Namen geben wollte, und ihre Mutter diejenige, die sich dagegen wehrte, und dass es in ihrer Familie eine klare Aufteilung gibt, der zufolge Feli ist wie ihr Vater und Astou wie ihre Mutter.

«Und wie ist dein Vater?», fragt Till, und Feli antwortet: «Witzig.» Und nach einer kleinen Pause fügt sie hinzu: «Und *sad*», und sieht dabei selbst traurig aus.

«Und wie ist deine Mutter?»

«Gstört.»

Fina lacht. Sie hat den Typen erwischt. Jetzt darf sie wieder Watschen geben, und er muss wegziehen. Gleich beim ersten Versuch verfehlt Fina seine Hand. Der Typ und seine Freunde lachen, und Fina gibt ihm, mitten in dieses Lachen hinein, in einer einzigen fließenden Bewegung eine Verkehrte ins Gesicht.

Alle lachen, auch der Typ, dessen Wange rot glüht, und Till denkt jetzt, der Typ sei eigentlich okay und es zahle sich vielleicht doch noch aus, sich seinen Namen zu merken. Momo?

Feli schaut auf ihre Armbanduhr.

«Musst du noch wohin?»

«Nein, warum?»

«Na ja, weil du *so* gemacht hast», sagt Till und zeigt Feli, vielleicht ein wenig übertrieben, wie sie gerade ihr Handgelenk angewinkelt, den Arm zur Brust gezogen, kurz, jene Geste gemacht hat, die sich spätestens, seit alle auf ihren Handys die Uhrzeit ablesen können, dahin gehend gewandelt hat, eine Information an die Umwelt auszusenden, nämlich dass man gehen muss, irgendwann, jederzeit.

«Oder ist dir fad?»

«Mir ist nicht fad, ich muss nur morgen in der Früh wohin.»

«Wohin?»

Feli raucht eine Zigarette und erzählt Till von der Panikattacke, die sie vor einigen Monaten hatte, als sie mit ihren Eltern im Nordpol essen war und sie plötzlich, beim Anblick eines der hässlichen Kunstwerke, die den gesamten Innenraum des Lokals füllen, zu schielen begann.

Sie versucht zu beschreiben, was dabei genau passiert

ist, sagt aber bei jedem Vergleich, den sie zieht, gleich dazu, dass er nicht zutrifft. Sie versucht, das abstrakte Bild zu beschreiben, das sie als Letztes angesehen hat, sagt: «Eine Gestalt mit Kapuze», sagt dann aber, Till solle lieber selbst ins Nordpol gehen und es sich anschauen, es hänge gleich links neben der Tür.

«Oder vielleicht gibt es ein Foto davon auf Insta?», sagt Feli und beginnt zu suchen.

Till glaubt anfangs, die Geschichte mit den Panikattacken würde zu Felis morgigem Termin zurückführen, auf den er neugierig ist, weil er sich nicht vorstellen kann, was für einen Termin man am ersten Ferientag, einem Samstag, haben kann. Aber je länger Feli spricht, desto unklarer wird der Zusammenhang zwischen der Panikattacke im Nordpol, den Knödeln, von denen Feli ihm jetzt Fotos zeigt und die sie als «viel zu knödelig» bezeichnet, und dem morgigen Termin.

Feli sagt, dass Panikattacken Angst vor der Angst sind, wobei diese Angst berechtigt sein kann, wenn man zum Beispiel schwimmt oder Auto fährt, wo die Angst selbst reicht, um einen umzubringen, weil man aktiv etwas richtig machen muss, um weiterzuleben. «Aber wenn die Angst nicht real ist, ist es viel schlimmer», sagt Feli. «Weil, wenn man es schon in ganz normalen Situationen hat, dann kann man genauso gut irgendwann Angst vor Bushaltestellen kriegen und so ein Weirdo werden, der nie seine Wohnung verlässt, weil er so Angst vor Bushaltestellen hat. Das ist dann der nächste Schritt: Angst vor der Angst vor der Angst.»

Till kann nicht mehr ganz folgen. Vielleicht liegt es daran, dass Feli das Indefinitpronomen verwendet, oder daran, dass sie meint, es sei eigentlich eine ästhetische Panikattacke gewesen, und wieder über das Dekor im Nordpol zu schimpfen beginnt – Till kommt nicht auf die Idee, sie zu fragen, ob sie Angst vor der Angst hat.

Feli trinkt wahllos aus Gläsern und Flaschen, die irgendwo herumstehen, und Till geht Spritzer holen, damit sie damit aufhört. An der Bar führt Till ein Gespräch mit Georg. Es ist ein kurzes Gespräch, aber eines aus dem jeder seine Schlüsse ziehen kann.

Georg erfährt, dass Till noch immer Respekt vor ihm und seiner Expertise hat, auch wenn er jetzt in einer Liga verkehrt, die Georg nur aus der Entfernung und als Konsument kennt, nicht als Protagonist, wie Till. Till hört sich Georgs Gedanken interessiert an und widerspricht kaum.

Und Till merkt bei dem Gespräch, dass Georg sich, entgegen seiner Aussage, sehr wohl noch für Age of Empires interessiert, denn Georg redet über das *Teamgame*-Turnier in den Weihnachtsferien und darüber, dass seit dem letzten Update das Gleichgewicht bei AOE2 broken ist, weil Türme zu cheap geworden sind und alle jetzt nur noch Türme bauen.

Till bessert ihn nicht aus. Till sagt nicht, dass es zu dem Update, das Georg meint, schon vor fast einer Woche ein weiteres gab, das die Kosten für Türme wieder ein wenig nach oben korrigierte, und er lässt, obwohl er kurz möchte, nicht fallen, was er wirklich denkt, nämlich dass solche Diskussionen obsolet sind, weil nächstes Jahr die Definitive Edition erscheinen und alles ändern wird.

Es ist seltsam für Till, sich unter so anderen Vorzeichen mit Georg über AOE2 zu unterhalten als früher. Er sieht Georg und sich im Informatiksaal sitzen, über handgeschriebene Notizen von *build orders* gebeugt, sieht Georg vorlesen, sich zuhören.

Er hört all das Lob von anderen Spielern, Fans und Streamern, das er Georg gegenüber nicht erwähnt, weil es in dessen Ohren angeberisch klingen müsste. Till erzählt eine Anekdote von dem Turnier in Köln letzten Sommer und hat sofort das Gefühl, dass Georg das nicht hören will. Till zieht den Schluss, es werde auch in Zukunft zwischen ihnen stehen – weil Georg ihm nicht gratuliert, obwohl offensichtlich ist, dass er mitbekommt, bei welchem Turnier Till und sein Team wie weit kommen, weil er völlig ausklammert, wie unglaublich es ist, dass Till TheViper und DauT und all die anderen, deren Spiele sie früher geschaut haben, jetzt persönlich kennt.

Aber es wird Till nicht mehr verletzen, wenn Georg sagt, dass er froh ist, nicht auf Age hängen geblieben zu sein und sich nur in diesem kleinen Kosmos zu bewegen, und Till wird nicht mehr den Wunsch spüren, Georg in harten Worten zu erklären, es sei unmöglich, auf etwas zu verzichten, was man nicht geschafft hat, wenn Georg wieder einmal sagt, er sei so froh, kein Pro-Gamer geworden zu sein.

Als Till zum Pissoir geht, sieht er Momo aus der Klokabine kommen und an seiner Nase reiben. Er zwinkert Till zu: «Bro, bitte sag der Fina nicht, dass du mich was zahn gesehen hast, okay?»

Till geht nach oben und sagt zu Fina: «Hey, Fina, dein Typ zieht irgendwas am Klo, und er hat mir gesagt, ich soll es dir nicht sagen.»

Fina lacht. «Oh mein Gott, er ist so ein Fuckboy.»

Sie gibt Till ein Bussi, und Till geht Feli suchen, die an der Bar steht und schon wieder einen neuen Spritzer in der Hand hält. Sie redet mit einer Frau Mitte dreißig, und als Till dazukommt, begrüßt sie ihn, wie jemanden, den sie seit Jahren nicht gesehen hat, und stellt ihm die Frau vor. «Sabine ist Architektin!»

Feli ext ihren Spritzer und bittet Till, noch zwei zu bestellen, und Till überlegt, ob es okay ist, ihr vorzuschlagen, vielleicht lieber ein Wasser zu trinken. Er bestellt noch zwei Spritzer und ein Wasser, lässt die Spritzer an der Bar stehen, wo dichtes Gedränge herrscht, und gibt Feli das Wasser. Feli leert es in einem Zug.

Sie gehen zurück zum Tisch. Feli fragt: «Gibt es nichts Richtiges mehr zu trinken?»

Till steht auf und holt die Spritzer.

Feli lacht sehr viel und berührt immer wieder Tills Schulter. Plötzlich kippt sie, mitten in Finas Monolog über die Nebenwirkungen der Pille, mit ihrem Sessel um.

Später sitzen sie auf den Stufen vor dem Lokal. Fina geht ein Glas Wasser holen, Till fragt Feli, ob sie kotzen muss, und passt auf, dass ihr nichts aus der Tasche fällt. Er hat ein schlechtes Gewissen.

Ein dreißig- oder vierzigjähriger Typ geht an ihnen vorbei, bleibt stehen und dreht sich wankend zu ihnen um: «Und, wo geht's ihr heute noch hin?»

Till antwortet nicht.

«Hey!»

«Nirgendwo, nach Hause.»

«Ich hab mit ihr da geredet.»

Der Typ kommt näher und versucht, seinen Kopf in Felis Blickfeld zu schieben.

«Willst nicht lieber mit mir mitkommen? Ich geh noch ins *Jenseits*. Und ich kenn auch sonst ein paar nette Platzerl»

Feli antwortet nicht, hat die Augen halb geschlossen. Der Typ tritt gegen ihren Schuh.

Till steht auf. «Was stimmt nicht mit dir, Oida. Schleich dich!»

Der Typ stiert ihn auf eine besoffene Art an, die nahelegt, dass gleich etwas passieren wird. Dann dreht er sich ansatzlos um und geht weg, als ob nichts gewesen wäre, und Till versteht, erst als er ihre Stimme hört, dass das an Fina liegt, die gerade die Treppen runterkommt.

Fina sieht Tills rotes Gesicht, den Typ, dem Till mit den Augen folgt, und fragt, was passiert ist. Till hört sich sagen, er wisse es selbst nicht.

«Hat Feli was genommen?»

Fina sagt Nein. Aber Feli ist desorientiert und müde. Weil Fina bei ihrem Fuckboy bleiben möchte, setzt Till sich neben Feli ins Taxi, hilft ihr beim Anschnallen und versucht, sie während der kurzen Fahrt zu stützen, damit der skeptisch in den Rückspiegel schauende Taxifahrer sie nicht beide rausschmeißt. Er schiebt Felis Arme immer wieder vorsichtig von seinem Körper weg, weil er unter allen Umständen verhindern will, jemand könnte denken, er würde etwas fühlen, wenn ihre Locken auf seiner Schulter liegen und ihr Arm sein Bein berührt.

Beim Schwarzenbergplatz steigen sie aus, und der Fahrer ruft ihnen beim Losfahren etwas hinterher. Feli kann kaum geradeaus gehen. Till steigt mit ihr über die Treppen, auf denen er umgeknöchelt ist, hilft ihr, das Gartentor aufzusperren, und geht mit ihr bis zur großen Glastür.

«Musst du die hinter dir absperren?»

Feli schüttelt den Kopf, ohne ein Wort rauszubringen.

Till hat nicht gewusst, wie reich Feli ist. Man muss kein Immobilienexperte sein, um zu wissen, was es bedeutet, einen großen Garten direkt am Schwarzenbergplatz zu haben, in einem Nebengebäude vom Palais, man muss nicht kunstaffin sein, um davon auszugehen, dass eine zwei Meter hohe

Marmorwurst nicht gratis ist, egal, wer sie gemacht hat. Und Till muss nicht einmal mehr in Felis Wohnzimmer sehen, mit seiner sechs Meter hohen Decke und seinem gigantischen, mit beweglichen Leitern bestückten Regal, das sich über die ganze hintere Wand erstreckt, um zu verstehen, dass Feli anders aufwächst als er.

Plötzlich ein Geräusch am Gartentor. Till ist paralysiert vor Angst, weil er schon weiß, es ist der Typ, der sie angequatscht hat, der jetzt kommt, um ihnen beiden die Gewalt anzutun, die er vorher ausgestrahlt hat. Till stellt sich vor Feli.

«Spinnst du?»

Es ist Felis Mutter, die aus der Dunkelheit kommt. Sie trägt einen langen weißen Mantel.

«Bist du vollkommen wahnsinnig, Felicité? Bist du auf Drogen?»

Schon nach wenigen Sekunden kann Till sich vorstellen, wieso Astou und ihre Mama einander ähnlicher sein sollen als Feli und sie.

«Und wer bist du?», fragt sie Till.

«Ich hab sie nur nach Hause gebracht.»

Ihre Mutter geht auf Feli zu, packt sie am Arm, und Feli beginnt zu speiben. Ihre Mutter tritt einen Schritt zur Seite.

«Hast du vergessen, dass wir morgen zum Tag der offenen Tür gehen? Oder ist das ein erbärmlicher Versuch, dich dem zu entziehen? Dann kann ich dir gleich sagen, dass das nichts bringen wird.»

Felis Mutter sieht jetzt Till an, mit einem Blick, der von oben nach unten wandert und, als er wieder bei Tills Gesicht anlangt, noch unfreundlicher ist als davor.

«Wie heißt du?»

«Till.»

«Wie noch?»

«Kokorda.»

«Zeig mir deinen Ausweis.»

Till holt seinen Schülerausweis raus.

Felis Mutter fotografiert ihn.

«Solltest du irgendwas mit meiner Tochter gemacht haben, bringe ich dich ins Gefängnis.»

Auf dem Heimweg fragt Till sich, ob Felis Mutter anders reagiert hätte, wäre er damals zu ihrer Party gekommen und ihr dort vorgestellt worden. Im Bett glaubt er zu wissen, dass morgen zwanzig Polizisten mit Durchsuchungsbefehl vor seiner Wohnungstür stehen und ihn dafür festsetzen werden, dass er einer Minderjährigen Spritzer gekauft hat.

Beim Frühstück erzählt Till seiner Mutter, was passiert ist. Dass es Feli plötzlich schlecht ging und er sie mit dem Taxi nach Hause gebracht hat. Und dass ihre Mutter sich seinen Schülerausweis zeigen ließ und ihm mit dem Gefängnis drohte.

Tills Mutter lacht, weil sie denkt, Till mache Witze. Als sie die Angst in seinen Augen sieht, hört sie auf zu lachen. Sie sagt Till, dass er sich keine Sorgen machen muss, dass Felis Mutter das sicher nur aus Wut auf ihre Tochter gesagt und nicht ernst gemeint hat und dass Till stolz auf sein Verhalten sein kann.

«Glaubst du, jemand hat Feli K.-o.-Tropfen in den Drink gekippt?», fragt Tills Mutter. Und Till antwortet: «Hm, ich weiß nicht», weil er nicht sagen will, dass Feli aus herumstehenden Gläsern getrunken und er selbst die Spritzer unbeaufsichtigt an der Bar stehen gelassen hat.

Als Till den Garten am Schwarzenbergplatz und die Marmorwurst im Garten erwähnt, ändert sich der Ausdruck in ihrem Gesicht.

«Wie heißt Feli mit Nachnamen?»

«Exner.»

Till kann den Blick seiner Mutter nicht deuten.

«Ist sie die Tochter von Alicia Exner-Diouf?»

«Ich weiß nicht», sagt Till und betrachtet das Gesicht seiner Mutter, das jetzt fast genauso aussieht wie dieses zähnefletschende Emoji, das gleichzeitig erschrocken und über sein eigenes Erschrecken belustigt erscheint.

Till googelt Alicia Exner, wird zu Alicia Exner-Diouf weitergeleitet und sieht sich verschiedene Fotos von Felis Mutter an, auf denen sie unerwartet sympathisch wirkt.

Er liest ein Interview mit ihr, in dem sie sagt, gut zu wohnen trage zur mentalen Gesundheit bei und müsse einem eben auch etwas wert sein.

Er scrollt durch ein Porträt mit der Überschrift «Alicia Exner-Diouf: Die Immo-Arabella» und fragt sich, ob Arabella Kiesbauer, die er nur von *Starmania* kennt und auf eine nervige Art sympathisch findet, weil sie ihn an seine Tante erinnert, auch manchmal so gemein ist, wie Felis Mutter es zu ihm war.

30

Gott sei Dank erzählen Orte keine Geschichten. Man stelle sich das vor, eine Stadt wie Wien, jetzt schon erfüllt von unzähligen nervtötenden Gesprächen darüber, wer was gsagt oder gmacht oder mit wem was ghabt hat, einem einzigen großen, vollkommen bedeutungslosen Rauschen, ergänzt noch um das Geplapper und Gesudere der Orte, der Häuser, der Hydranten, der Parks, Statuen und Gehsteige. Ein Albtraum. Und was würden Orte erzählen? Wie sehr sie die Menschen hassen, die jeden Tag auf sie drauftreten, sie anpinkeln und entkernen, sie abreißen und ihre Bäder mit eintönigen grauen Pseudo-Naturfliesen verschandeln? Wie sehr sie vielleicht genau jene Aspekte der Vergangenheit vermissen, für die wir uns heute schämen?

Dennoch, obwohl Orte definitiv keine Geschichten erzählen, schreibt die Kulturabteilung der Stadt Wien im Februar 2018 einen Wettbewerb für Schülerinnen und Schüler ab 14 Jahren unter diesem Titel aus. Die besten hundert Beiträge sollen auf der Website der Kulturabteilung veröffentlicht werden, die besten zwanzig in einem Buch, und als Hauptpreis winken 1500 Euro, eine Summe, über die der zuständige Sektionschef bei der Vorstellung des Projekts sagt, sie sei «sicherlich großzügig bemessen».

Er bedankt sich bei der Wiener Städtischen und bei Wien Energie für ihr selbstloses Engagement für Bildung und Kunst und bei der externen PR-Agentur, die dank des großzügigen Sponsorings hinzugezogen werden konnte und ohne die «sicherlich», wie er sagt, kein so guter Titel gefunden und «ganz sicher» keine solche «kreative und für aktuelle Diskurse angemessene» Schreibweise erdacht worden wäre, die – «da bin ich mir auch ganz sicher» – die Kreativität der Schülerinnen und Schüler noch weiter herausfordern wird: [w]Orte *er*zählen Gesch*ich*te[n].

Wo in Wien eine gute Idee geboren wird, da ist der Neid nicht weit, deshalb wundert es den Sektionschef nicht, dass es ausgerechnet ein sogenannter freier Mitarbeiter eines, in seinen Augen, Pimperlmediums ist, der sich einbildet, eine kritische Frage stellen und nachfragen zu müssen, ob es sich bei der externen Werbeagentur zufällig um die Agentur des ehemaligen Pressesprechers der SPÖ-Wien handelt und wie hoch ihr Honorar für diesen Auftrag war.

«Ist es mehr als das Fünfundsiebzigfache des Preisgelds?», fragt der junge Journalist, noch bevor die erste Frage beantwortet wurde, und der Sektionschef nimmt aufgrund der Genauigkeit seiner Schätzung an, der Journalist wisse schon Bescheid.

Er antwortet ganz ruhig, so wie er es gelernt hat, affirmativ, Stabilität und Sicherheit vermittelnd, was vor allem bedeutet, dass er das Wort *sicher* möglichst dezent einstreut: «Es ist nachvollziehbar, dass Sie eine solche Frage stellen, aber Sie werden sicher auch verstehen, dass ich solche Auskünfte nicht erteilen kann.»

Und schon hat ein pausbäckiger Mann vom ORF Wien das Mikro und fragt mit enkelhafter Naivität, ob dem Sektionschef bewusst sei, dass es sich bei [w]Orte *er*zählen Gesch*ich*te[n] um den höchstdotierten an Schüler...innen gerichteten Literaturwettbewerb Europas handelt, was er nicht weiter belegt.

Für das Marianum ist ein Wettbewerb zum Thema Geschichte natürlich Last und Bürde zugleich. Es ist notwendig, daran teilzunehmen, aber hinsichtlich des Abschneidens bestehen keine großen Illusionen, denn das Marianum schneidet bei akademischen Wettbewerben höchstens im Fach Russisch respektabel ab und holt selbst dort meist nur den zweiten oder dritten Platz hinter dem Schottengymnasium, der einzig weiteren Schule in Wien, die an Russischunterricht ab der sechsten Klasse für alle festhält.

Es ergeht die Aufforderung an die Deutsch- und Geschichtelehrer der Oberstufe, mit ihren Schülern Aufsätze zu dem Thema zu verfassen und sie gesammelt einzureichen.

Parallel dazu werden Lehrer animiert, auf einzelne, besonders talentierte Schüler einzuwirken, außerhalb des Regelunterrichts mitzumachen, wobei der Schule zugutekommt, dass in der Ausschreibung steht, die nominierenden Lehrkräfte würden gleich neben den nominierten Schülerinnen genannt und mit einer kleinen Urkunde bedacht, und dass viele Lehrkräfte eitel genug sind, um sich von einer solchen minimalen Würdigung motivieren zu lassen.

Tills Klasse macht natürlich nicht mit. «Gibst du mir die Zeit zurück, die ich mit diesem Schas verschwendet habe? Oder wie soll ich mir das vorstellen?», hatte der Dolinar den Administrator unter den Augen der im Konferenzzimmer versammelten Lehrerschaft gefragt, und damit war die Sache erledigt gewesen.

Die Dolinar-Schüler haben das Gefühl, sich zum ersten Mal in ihrem Leben etwas zu ersparen. Nur Khakpour denkt laut darüber nach, trotzdem mitzumachen, und phantasiert bereits, was er mit dem Preisgeld machen würde und wie beeindruckt der Dolinar trotzdem wäre, würde einer seiner Schüler gewinnen.

Auf Feli wirken gleich zwei Lehrer ein. Ihr Klassenvorstand, Professor Dr. Lassner, nimmt sich extra 15 Minuten Zeit für sie, dreht sogar sein Handy auf lautlos, was jetzt, da er Nationalratsabgeordneter ist, sein Interesse noch klarer verdeutlicht als vorher, wo er schon hin und wieder bei Referaten seinen Laptop aufgeklappt und Mails beantwortet hatte.

Er erzählt Feli von seiner Vision für ihren Text. Er erzählt von seiner eigenen Schulzeit am Marianum, seinem Studium an der Technischen Universität, wenige Hundert Meter weiter, und schenkt Feli die offizielle Schulchronik.

In die Seite 153 hat er ein Post-it geklebt. Er hat Feli eine

Anekdote angestrichen, in der es um den Vater von Fritz von Herzmanovsky-Orlando geht, der als ranghöchster Sektionschef im Außenministerium mit der Begrüßung des neuen Außenministers Gautsch betraut gewesen war. Herzmanovsky-Orlandos Vater gebrauchte, weil sie sich vom Marianum kannten, das vertrauliche Du. Außenminister Gautsch antwortete im distanzierenden Sie.

Herzmanovsky-Orlandos Vater konterte mit einer, laut Schulchronik, «kunstvoll formulierten, aber unerhörten Invektive» und reichte seine Kündigung ein.

Feli hält schon beim ersten Satz inne.

«Was heißt ranghöchster Sektionschef, haben die nicht alle den gleichen Rang, nämlich Sektionschef?»

«Darum geht es nicht! Es geht um den besonderen Geist des Zusammenhalts, der hier herrscht, um die egalitäre Art der Marianisten und das Ethos der kaiserlichen Beamtenschaft, die diese Schule prägen, wo man sich lieber zurückzieht, als sich herabwürdigen zu lassen, und immer die Contenance bewahrt. Ich glaube, es kann ein sehr guter Anfangspunkt für deinen Text sein.»

«Danke», sagt Feli und nimmt das schwarze Buch an sich, auf dessen Cover das schmiedeeiserne Tor im Park abgebildet ist.

Wenig überraschend, ist die zweite Lehrkraft, die versucht, Feli für den Wettbewerb zu nominieren, der Feichtler. Er ist deswegen noch aufgeregter als sonst und stellt euphorisch sein Programm für das Wahlpflichtfach um. Statt sich im Kino die neue Verfilmung von Anna Seghers' *Transit* anzusehen, plant er mit Feli, Fina und den Austauschschülerinnen zwei Exkursionen.

Die erste führt sie in die Fachbereichsbibliothek für Germanistik, Nederlandistik und Skandinavistik. Der Feichtler will Feli und Fina – die Austauschschülerinnen sind alle mit Regelschmerzen entschuldigt – zeigen, wie man in Bibliotheken recherchiert: dass man immer überprüfen muss, ob jemand zwischen den beweglichen Regalen im Magazin steht, bevor man anfängt zu kurbeln, und dass man im Lesesaal mit seinem knarrenden Boden und seiner knarrenden Galerie nicht langsam gehen sollte, in der Hoffnung, so weniger Lärm zu machen, sondern schnell, um wenigstens nur kurz Lärm zu machen.

Leider hat die nette Frau am Schalter den Feichtler darauf hingewiesen, dass Taschen und Rucksäcke in den Schließfächern eingesperrt werden müssen, für deren Schlüssel wiederum, so exkludierend das sei, ein gültiger Studentenausweis notwendig ist.

So blieb der Feichtler bei den Taschen sitzen, direkt neben dem Schalter, und Feli und Fina konnten sich allein umsehen, gingen über den Teppichboden und ernteten böse Blicke, als sie die Tür vom Lesesaal öffneten und ihre Köpfe hineinsteckten. Und Feli war tatsächlich beeindruckt von der Ernsthaftigkeit in den Gesichtern der Studenten, die ausstrahlten, es gebe eine riesige, komplexe und wichtige Welt, die sie kennen und Feli und Fina nicht.

Heute möchte der Feichtler seinem Wahlpflichtfach, das, beflügelt durch die Aussicht auf Zeit am Computer, wieder vollzählig erschienen ist, zeigen, welche Online-Recherchewerkzeuge es gibt. Feli und Fina erwarten sich nicht viel von dieser Einheit. Schon der Ausdruck *Recherchewerkzeuge* lässt sie zweifeln, ob es in dieser Hinsicht etwas gibt, das ein 50-jähriger Mann wie der Feichtler ihnen zeigen kann, ein Mann, der nicht einmal die Tastentöne auf seinem Handy deaktivieren kann.

Feli und Fina werfen sich auf den Boden, als Till den Gang entlangkommt.

«Uh, der Mann mit dem Schlüssel ist da! Geheiligt sei dein Name, Mann mit dem Schlüssel!»

Till sperrt auf.

Der Feichtler holt eine handgeschriebene Liste mit Domains raus. Er beginnt *http* zu tippen, und Fina lacht. Er zeigt seinen Schülerinnen Anno, ein Archiv der Nationalbibliothek, in dem alle österreichischen Zeitungen eingescannt sind, und die Website des Parlaments, auf der man Debatten der letzten hundert Jahre nach Schlagwörtern durchforsten kann.

Feli bemerkt, dass Till seinen Sessel nach hinten geschoben hat und ihnen vom anderen Zimmer aus zusieht.

«Wissen Sie, was ich super fände, Herr Fessor?»

«Nein, was?»

«Wenn wir uns diesem Thema auch irgendwie transdisziplinär nähern könnten, also auch jene einbeziehen, die sonst von solchen Wettbewerben ausgeschlossen sind.»

«Wen zum Beispiel?»

«Zum Beispiel den Mann mit den Schlüsseln hier.» Till rückt mit seinem Sessel rasch wieder aus ihrem Sichtfeld. «Jemanden, der das Ganze aus der digitalen Perspektive beleuchtet! Das ist ja auch ein Ort hier, der Informatiksaal, und ich glaube, hier stecken auch ganz viele Geschichten.»

Der Feichtler steht auf und geht zu Till ins Kammerl.

«Haben Sie zugehört? Könnten Sie sich das vorstellen? Wären Sie bereit, transdisziplinär bei diesem Projekt mitzumachen?»

Till versteht nicht, warum der Feichtler ihn siezt, und er fragt sich, ob der Feichtler vielleicht nicht versteht, dass er ein Schüler ist.

«Äh», sagt er. «Ich bin leider momentan sehr beschäftigt.»

Till lässt sich nicht so einfach in irgendwas reinreiten, und Feli hat offenbar das Interesse daran verloren, denn sie sitzt im Anschluss eine Stunde lang ruhig am Computer, ohne etwas zu sagen, und durchsucht das Zeitschriftenarchiv und das Archiv des Parlaments nach dem Schlagwort Marianum, während Fina sich Schuhe ansieht. Und wüsste man, wie selten Feli so konzentriert ist, könnte man ahnen, dass sie etwas Interessantes gefunden haben muss.

31

Till muss seine Festkleidung anziehen. Festkleidung ist die light-Version einer Schuluniform, so wie das Marianum die light-Version eines Internats ist. Festkleidung bedeutet: dunkle Blazer, weiße Hemden und weiße Blusen, versehen mit Krawatten und Tüchern in den Schulfarben, *schiachen Plastikkrawatten*, wie der Dolinar sagt, und *scheißlichen Plastiktiachaln*. Dazu kommt ab der zweiten Klasse die Marianische Nadel, die ihren Trägern schon im zarten Jugendalter das Flair von Lokalpolitikern verleiht.

«Früher sind meine Buben alle ab 17 im Anzug gekommen, alle, jeden Tag, ohne dass sie jemand dazu aufgefordert hätte. Weil ihnen noch bekannt war, wie Männer sich anzuziehen haben. Nämlich gut! Und ganz sicher ned mit kurzen Hosen, Ertl.»

Mit Vorschriften ist es so: Vorschriften müssen umgesetzt werden. Wenn der Staat beschließt, das Alter für den Konsum von Zigaretten anzuheben, dann gilt das, unabhängig von Dolinars eigener Einstellung zum Rauchen, für seine

Schüler noch mehr als für alle anderen, denn sie werden nicht vom Staat kontrolliert, sondern von ihm, einem Beamten und Diener des Staats.

Und wenn Festkleidung getragen werden soll, geschmacklose Festkleidung, die für den Dolinar genau das Gegenteil dessen verkörpert, wofür sie zu stehen glaubt, dann wird Festkleidung getragen, und die Dolinar-Kinder kommen als Einzige in voller Klassenstärke und in voller Montur, betreten im Gänsemarsch den Festsaal, setzen sich hin und halten den Mund, während sie von den Würdenträgern der Schule mit großteils uninteressanten Informationen versorgt werden.

Zuerst spricht die Direktorin über das gerade im Parlament beschlossene Rauchverbot unter 18 Jahren und sagt, die Schüler sollten es als Ansporn nehmen, um mit dem Rauchen aufzuhören. «In den USA», sagt die Direktorin, «raucht niemand mehr. Rauchen ist dort vollkommen *out.*»

Ein paar Schüler aus den Parallelklassen und der Dolinar lachen.

Die Direktorin kündigt an, das Rauchereck zum Ende des Jahres zu schließen und die Strafen für das Rauchen auf dem Schulgelände massiv zu verschärfen. Und sie sagt, Kinder anderer Schulen in anderen Ländern wären froh, so ein schönes Schülercafé zu haben, und sie verstehe nicht, wieso niemand je dorthin gehe.

Keine Reaktion.

Der Erziehungsleiter redet über die Strafmündigkeit mit 16 Jahren, zu der es bald eine eigene Veranstaltung mit einem Mitglied der staatlichen Ethikkommission geben wird (dessen Tochter Tills Parallelklasse besucht), und darüber, was im Umgang mit den Laufzetteln und den kleinen grünen

Ausgangsscheinen seiner Meinung nach alles im Argen liegt, auch, aber nicht nur, in ethischer Hinsicht.

Der Leiter des Europazentrums, Professor Bloeb, spricht über das *Model European Parliament*, das in der Woche vor den Osterferien auf Malta stattfinden wird und für das er noch Freiwillige sucht.

Der Administrator erzählt stolz, dass von interessierten Schülern die Idee eines *America Center* an ihn herangetragen wurde, als Ergänzung zum schon länger existierenden *Europa-Zentrum*, und stellt in Aussicht, dass sich Räumlichkeiten für ein solches *America Center* bald finden lassen könnten.

Jetzt sieht er erwartungsvoll ins Publikum. Es gibt keine Reaktion. Der Administrator sagt: «Also wenn hier jemand ist, der diesbezüglich Ideen hat ...», woraufhin hinter Till jemand laut flüstert: «Er hat das fix erfunden mit den Schülern, die auf ihn zugekommen sind.» Und eine andere Stimme antwortet: «Er dachte, dass es zwei Schüler in einem Trenchcoat sind, aber es war nur der Bloeb.»

Als Letztes geht der Feichtler ans Mikrofon und spricht, ohne dafür in irgendeiner Weise offiziell zuständig zu sein, über [w]Orte *er*zählen Gesch*ich*te[n], und der Dolinar steht gebückt auf, zischt seinen Schülern zu: «Meine Herrschaften ...», und verlässt mit ihnen den Festsaal.

Mit Vorschriften ist es nämlich so: Wenn sie vom Ministerium kommen, das in Dolinars Augen mit jeder Reform die Welt schlechter macht und humanistische Bildung zugunsten von Wörtern wie *Ganzschrift* und *Operatoren* abzuschaffen versucht, damit alle Menschen in Österreich irgendwann ungebildet genug sind, um die SPÖ zu wählen, dann wird Widerstand zur Pflicht. Und dieser ominöse Wettbewerb, mit dem die Stadt jetzt völlig außerhalb ihres Zuständigkeitsbereichs seine Zeit zu stehlen versucht, gehört seiner

Meinung nach mindestens ebenso offensiv ignoriert wie die Vorgaben des Ministeriums.

Till dreht sich beim Rausgehen noch einmal zur Bühne um und denkt, als er den Gesichtsausdruck der Direktorin sieht, zum ersten Mal darüber nach, dass auch der Dolinar nicht unantastbar ist und es mit seinen Frechheiten einmal übertreiben wird.

Feli ist jetzt viel zu Hause. Sie hat sich verpflichtet, im April den Aufnahmetest an der Sir Karl Popper Schule zu machen, und sie hat sich vor allem verpflichtet, den Test ernst zu nehmen. Sie hat sich verpflichtet, die beiden Zweier in ihrem Halbjahreszeugnis auszubessern und jeden Sonntag mit ihrer Mutter in die Kirche zu gehen. Wobei Letzteres – Gott sei Dank – schon bald ein Ende findet, weil Felis Mutter zu einem Brunch eingeladen wird, das sie nicht verpassen will, und die Woche drauf zu einem Konzert, und in der Woche darauf sieht sie ein, dass die Kirche eine schlechte Strafe ist, weil sie selbst genauso davon getroffen wird wie Feli.

Feli erzählt Till im Rauchereck von der vielen Zeit, die sie hat, seit ihre Mutter sie nirgends mehr hinlässt, den Büchern, die sie liest, und den Ideen, die sie hat, und Till stellt sie sich wie eine dieser weggesperrten saudischen Prinzessinnen vor.

Aber nicht nur Feli hat sich zu gewissen Zugeständnissen verpflichtet, sondern auch ihre Mutter. Dazu gehört, unter anderem, Till zum Abendessen einzuladen und sich bei ihm zu entschuldigen, was Felis Mutter nur zur Hälfte tut, denn sie lädt Till zwar ein, äußert den ganzen Abend aber nichts, was als Entschuldigung gelten könnte. Sie tut einfach so, als seien Till und sie sich nie vorher begegnet, was Feli ziemlich verärgert, aber allen anderen reicht, insbesondere Till, bei dem sich Feli schon wenige Tage nach dem Vorfall stellvertretend und vor Scham den Tränen nahe entschuldigt hat.

Till war sehr aufgeregt wegen der Einladung. Er freute sich darauf, zog sich so an, wie er glaubte, sich anziehen zu müssen, kam auf die Sekunde pünktlich und lernte Felis Vater kennen.

Felis Vater hat einen weichen Händedruck und legt Till eine Hand auf die Schulter. Felis Vater spricht genau wie Feli, holt aus, erklärt, verliert sich, findet irgendwie doch zu so etwas wie einem Punkt und endet mit einer Pointe, auf die Till nur zögerlich reagiert, weil er weder den Regisseur Steve McQueen noch den Schauspieler Steve McQueen kennt.

Felis Mutter aber lacht und sieht dabei zum ersten Mal so nett aus wie auf den Fotos im Internet. Felis Mutter fragt Till nicht, was er studieren möchte, sondern erklärt Till, was Immobilienentwicklung bedeutet: Entdecken, Kaufen, Sanieren, Einrichten, Kuratieren, «im Grunde alles selber machen, jeden einzelnen Schritt».

Worauf Feli einwirft: «Na ja, alles, bis darauf, es halt wirklich zu machen, physisch.»

Es entspinnt sich ein längerer Dialog, der damit endet, dass Felis Mutter von einem Abendessen in dem Salzburger Schlössl erzählt, das Robert Couturier eingerichtet hat, und wie die Besitzer des Schlössls es, ihrer Meinung nach, durch die Wahl der falschen Glühbirnen verschandelt haben.

Fina macht Felis Mutter ein Kompliment für ihre Pflanzen. Till sagt, dass er die Bücherwand mit den beweglichen Leitern schön findet, und muss im selben Moment daran denken, wie seltsam es ist, dass Feli seiner Mutter ausgerechnet für die Bibliothek ein Kompliment gemacht hat, wo sie doch zu Hause eine viel eindrucksvollere stehen hat.

Fina und Till trinken Wein, Feli trinkt Eistee. Als Felis Vater zum dritten Mal nachschenkt, sagt Felis Mutter, das reiche jetzt. Till ist erleichtert, dass Astou nicht da ist, und ein bisschen enttäuscht, nicht nach seinen Studienplänen gefragt zu werden, weil er sich auf diese Frage vorbereitet hat.

Feli zeigt ihnen die restliche Wohnung, die keine Wohnung ist, die man aber auch nicht Haus nennen könnte. Sie zeigt, wo im Garten sie heimlich raucht, sobald ihre Mutter eingeschlafen oder außer Haus ist. Und Till steckt kurz seinen Kopf durch die mit Pferdestickern übersäte Tür zu Felis Zimmer und riecht dort Felis ganz speziellen Duft, einzigartig, süß und penetrant: Angel von Thierry Mugler.

Es passiert nichts Erwähnenswertes an diesem Abend, außer dass endlich das schlimme Gefühl verschwindet, das Till die letzten Wochen gehabt hatte, immer wenn er an Felis Mutter oder den Schwarzenbergplatz oder seinen Schülerausweis dachte oder an Spritzer oder an Marmor oder an Würste, und insofern ist natürlich doch etwas passiert.

Wenig später zeigt sich, dass Till, der überzeugt gewesen war, ein Talent dafür zu besitzen, Sachen, die er nicht machen will, nicht zu tun, sich von Feli und Fina in absolut alles hineinreiten lässt.

Es beginnt damit, dass er eines Abends nur mit Fina zu einer Homeparty geht und sich überreden lässt, Drogen zu nehmen, obwohl er immer sicher wusste, dass er keine Drogen nehmen will, und einen körperlichen Ekel bei der Vorstellung empfindet, er müsse etwas durch die Nase ziehen.

Dieser Ekel mag damit zu tun haben, dass Till es sich so vorstellt wie die Ahoi-Brause, die Ertl in der dritten Klasse mitbrachte, nachdem sie im Musikunterricht *The Wolf of Wall*

Street gesehen hatten, und die Khakpour und die anderen O. B.s mit kleinen Röhrchen durch die Nase zogen. Es war eine ausgelassene Woche, mit Lachen, brennenden Schleimhäuten und aus den Nasenlöchern schäumender Brause, und innerhalb dieser Zeit fand, so wie es wohl auch mit echten Drogen passiert, eine zunehmende Normalisierung statt, die so weit ging, dass auch Jan und Till und Fritzi es irgendwann ausprobierten. Till ausgerechnet mit Waldmeister, der ohne Zweifel ekelhaftesten Geschmacksrichtung.

Als Fina bei der Homeparty fragt, ob Till ein Emmi mit ihr nehmen will, verneint er. Aber wenig später, als sie ihm ein Glas kalten Almdudler mit Eiswürfeln und MDMA hinhält, trinkt er es einfach, aus Loyalität oder weil er erleichtert ist, nichts durch die Nase ziehen zu müssen.

Er ist so zufrieden und zuversichtlich, dass er nicht darauf achtet, ob er schon etwas vom MDMA spürt. Er fühlt sich gut. Fina und er reden über den Tag, als sie sich kennengelernt haben, und Till erzählt, dass er schon mit dem Gedanken gespielt hatte, seine Kopfhörer wieder aufzusetzen.

Er fragt, unsicherer, als er es selbst erwartet hätte, ob Fina glaubt, dass Felis Mutter sich irgendwann wieder beruhigen wird.

«Ja fix, in ein paar Wochen ist alles wieder wurscht.»

Sie sehen sich aus geringer Distanz in die Augen. Till sagt: «Ich mag euch beide so.»

Und Fina lacht und sagt: «Das ist nur das Emmi. Das macht, dass man alle mag und mit allen kuscheln will.»

Till dreht sich um und beobachtet das Verhalten der anderen, die in Knäueln überall liegen und vertrauter reden, als sie müssten.

«Komm», sagt Fina und zieht Tills Kopf zu ihrer Schulter, wo er ihr Herz schlagen hört. Sie liegen eine Weile so da, und

Till denkt, dass er vielleicht noch nie etwas so schön gefunden hat wie diesen Moment.

Er sieht die anderen an und weiß, dass seine Gefühle für Fina nichts mit dem MDMA zu tun haben, weil er niemand außer Fina hier sympathisch findet oder berühren möchte.

Feli überredet Till zu etwas anderem, das er bis dahin ebenso klar ausgeschlossen hätte. Sie sagt, sie würde gern mal etwas von Till lesen: «Du schreibst dauernd Abhandlungen über die richtige Tonlage beim Grüßen eines Lehrers und Adalbert Stifter und all diesen Quatsch. Willst du nicht mal was anderes schreiben? Was Cooles?»

«Was Cooles?»

«So cool muss es eh nicht sein, aber was anderes halt.»

Es geht schon wieder um diesen blöden Wettbewerb.

«Nein, ur nicht», sagt Till. «Wieso sollte ich? Die anderen Sachen muss ich ja schreiben, sonst würd ich's nicht machen. Und jetzt muss ich ein einziges Mal etwas nicht machen, also sorry, aber da gibt es zero Chance.»

«Aber fändest du es nicht funny?»

«Für wen?»

«Für mich!»

Till ist zu diesem Zeitpunkt völlig sicher, wie dieses Gespräch ausgehen wird. Er hat das im Gespür. Deshalb stellt er, als Feli nicht lockerlässt, die Frage aller Fragen, auf die Feli keine Antwort haben kann, weil es keine Antwort gibt. Und wenn Feli das erkennt, wird sie aufhören, ihn zu sekkieren.

«Sag mir einen einzigen Grund, warum ich da mitmachen soll. Für was?»

«Für mich», antwortet Feli, «für deine Freundin.»

Till merkt, wie diese Worte sofort all seine Gewissheiten infrage stellen.

Er sieht zu Fina rüber.

«Schau mich nicht an, mich hat sie auch schon überredet.»

Tja.

Die Geschichte von Age of Empires 2 beginnt mit Age of Empires 1. Und Age of Empires 1 beginnt in der Steinzeit, so wie die Computer im Informatiksaal meiner Schule. So lauten die ersten zwei Sätze von Tills Text, für den er, alles in allem, über vier Stunden braucht und in dem er einerseits versucht, Dolinars Kriterien für einen guten Text nicht vollständig zu ignorieren, und andererseits genießt, dass der Dolinar den Text nicht lesen wird und er so viele Hilfszeitwörter benützen kann, wie er will.

Feli zeigt sich zufrieden, und Till ist froh.

Dann sieht er Finas Text und fühlt sich ein bisschen blöd, weil Finas Text durchgehend iN dIeSeR sChReiBwEisE geschrieben und um ein Foto von Spongebob arrangiert ist und Fina unmöglich mehr als zwanzig Minuten dafür gebraucht haben kann.

32

In der Kulturabteilung der Stadt Wien hatte es von Anfang an für Betroffenheit gesorgt, dass die Planung der PR-Agentur vorsah, die Preisträger und Preisträgerinnen von [w]Orte *er*zählen Gesch*ich*te[n] schon im September auszuzeichnen. Es erschien den Damen und Herren der Kulturabteilung, die sich zur Bearbeitung ihrer Literaturstipendien großzügig ein Jahr Zeit nehmen, geradezu unprofessionell, innerhalb weniger Monate eine Entscheidung für oder gegen etwas treffen zu müssen, und sie stimmten dem Zeitplan letztlich nur zu, weil sie davon ausgingen, die Frist könne im Zweifel noch nach hinten verschoben werden.

Bei der ersten Jurysitzung ergibt sich allerdings die umgekehrte Situation: Plötzlich steht eine Vorverlegung im Raum. Einer der erratischen älteren Herren, die in jeder österreichischen Jury zu finden sind und deren Unzurechnungsfähigkeit teilweise jahrzehntelang unentdeckt bleibt, sagt frei heraus, es gebe für ihn einen Text, der alle anderen so offensichtlich übersteigt, dass er den Rest gar nicht mehr gelesen habe.

Und statt ihn dafür zu kritisieren, gibt die junge Kollegin, die als Gegengewicht zu solchen Männern in Jurys gesetzt wird, ihm recht und sagt, sie glaube zu wissen, welchen Text er meine.

Tatsächlich haben alle, sogar die beiden von der PR-Agentur, die sich nur eine von ihren Praktikanten kondensierte Auswahl zu Gemüte geführt hatten, den Text gelesen und waren sich einig, ihn auszeichnen zu wollen.

Eine der älteren Frauen von der Kulturabteilung wirft zwar noch ein, dass der Text von einem Lehrer verfasst worden sein könnte, aber ihre Kollegin antwortet darauf, dass sie einer 14-Jährigen eher zutraue, einen guten Text zu schreiben, als einem Lehrer oder einer Lehrerin.

Dem stimmen alle zu.

Die Wirkung von Felis Text ergibt sich aus seinem eigenwilligen Erzähler. Es ist der goldene Adler von der Fassade des Marianums, den Feli zum Leben erweckt und gleich zu Beginn seine heutzutage nicht mehrheitsfähigen Ansichten in Hinblick auf Frauen und Juden und Schwarze äußern lässt. Eine gewisse Aufmerksamkeit ist dem Text damit schon mal sicher.

Noch auf der ersten Seite erlöst Feli ihre Leser aber von

der Angst, die Wertehaltungen des Adlers könnten im Text vielleicht doch affirmiert werden, und ermöglicht ihnen eine satirische Lesart. Und spätestens auf Seite zwei, wo Feli ihre Recherchen aus dem Archiv des Parlaments verarbeitet, hat sie die Sympathien der Jury ganz auf ihrer Seite.

Der Adler erzählt also stolz von einer Debatte des Nationalrats im Jahr 1928, in der er selbst Thema gewesen war. Otto Glöckel, der große sozialdemokratische Schulreformer, hatte gefordert, die Subventionen für das Marianum zu kürzen. Er rechnet vor, dass von den 75 000 Schilling, die für alle Mittelschulen Österreichs zur Verfügung stehen, 60 000 allein ans Marianum geflossen sind, und kritisiert, dass dem Marianum von diesem Geld nichts Besseres einfalle, als «den alten kaiserlichen Adler aufzupolieren und das schützende Tuch von diesem Adler wegzureißen, um dezent zu demonstrieren, dass die alte kaiserliche Tradition in dieser Anstalt Wohnung und Schutz findet».

Dann zitiert Feli auch Emmy Freundlich, die dargelegt hatte, dass die Subventionen ans Marianum pro Schüler 230 Schilling ergeben und es Eltern, die pro Jahr 4000 Schilling Schulgeld zahlen, wohl zuzumuten sei, noch 230 Schilling mehr zu zahlen, damit Mädchen am Land, die in armen Verhältnissen aufwachsen, vielleicht doch eine Schulbildung erhalten und eine Zukunft haben können.

Die Antwort darauf gibt – neben dem Adler selbst, der Glöckel und Freundlich als *weltfremde Gutmenschen* bezeichnet – der Abgeordnete Kurt Schuschnigg, der wenig später als Justizminister an der Ausschaltung des Parlaments beteiligt sein, Otto Glöckel internieren lassen und nach dem Tod von Dollfuß selbst ein Wannabe-Diktator werden wird: «Wenn Sie überall in Wien die alten Adler herunternehmen, fragen Sie einmal und suchen Sie etwas, was in ganz Wien noch übrig bleibt, womit Sie Ihre Wiener Propaganda machen können.»

Feli geht in ihrem Text auch noch auf eine Nationalratsdiskussion aus dem Jahr 1957 ein und zitiert die Frauenrechtlerin Marianne Pollak, aber das wäre gar nicht notwendig gewesen, denn selbst wenn der Text nach der zweiten Seite abgebrochen wäre, hätte sie wahrscheinlich gewonnen. Dennoch schadet es nicht, zu zeigen, dass in den Fünfzigern noch dieselben Diskussionen geführt wurden wie 1928 und die Idee einer Gesamtschule noch heute von der ÖVP blockiert wird.

Marianne Pollak setzt also wieder die Ausgaben des Marianums in Relation zu Aufwendungen für andere Schulen und kommt zu dem Schluss, dass von den 16 Millionen Schilling, die für die Wiedereröffnung des Marianums ausgegeben wurden, 125 Mittelschulen mit Nachmittagsbetreuung ausgestattet werden könnten.

«Als Otto Glöckel in Wöllersdorf gesessen ist, da haben sich die Schulfachleute von ganz Europa dafür eingesetzt, diesen Mann zu befreien», sagt Marianne Pollak, und der Adler lässt dazu eine Reihe geschmackloser Kommentare fallen, äußert Zufriedenheit, dass Glöckel an den Folgen dieses «Aufenthalts in Wöllersdorf» verstarb, und verhöhnt den Selbstmord von Marianne Pollak im Jahr 1963. Er ist stolz, dass er all diese Linken überlebt hat und immer noch da ist, genau hier, auf der Fassade des Marianums, herabschauend auf ganz Wien ...

Wieder kommt der Adler auf Schuschnigg zu sprechen, den er liebevoll *Schuschi* nennt und dessen Schwiegersohn-Look er in einer Weise beschreibt, die zeitgenössische Leser sofort an Sebastian Kurz erinnert, den Kanzler, der so jung ist, dass er noch mindestens die nächsten tausend Jahre regieren wird.

Aber auch ein paar Seitenhiebe auf die SPÖ gehen sich auf den acht Seiten, die der Text maximal haben darf, aus, die SPÖ, die Wasser predigt und Champagner säuft, auf den Bürgermeister der Stadt Wien, der in den Siebzigerjahren seine Kinder jeden Tag mit einem weißen Daimler Sovereign vom Marianum abholen ließ und damit ein früher Vorbote dessen war, was die SPÖ auch heute zugrunde richtet.

«Der Bürgermeister, Sie wissen schon, der die Napola in Traiskirchen besucht hat, wo heut die Tschuksln sind», sagt der Adler und kommt darauf zu sprechen, dass ja auch das Marianum eine Napola gewesen sei, aber darüber wisse er nichts, denn da habe man ihn abgehängt und in einem Lagerraum verschwinden lassen, genauso wie Otto Glöckel es immer gewollt hatte, da solle man also besser andere fragen, was in diesen Jahren hier passiert ist.

An dieser Stelle endet der Text.

Feli hatte viel Zeit zum Recherchieren. Sie konnte die Schulchronik, die der Lassner ihr mitgegeben hatte, durchlesen und sich die Namen derjenigen anstreichen, bei denen schon in der geschönten Version durchschimmert, wie viel mehr Dreck ihren Biographien anhaften muss. Feli hatte sogar Zeit, in der Bibliothek ihrer Eltern *Die Erben der Tante Jolesch* zu suchen, um die dort überlieferte Episode von Herzmanovsky-Orlandos Vater nachzulesen und festzustellen, dass das, was in der Schulchronik als «kunstvolle, aber unerhörte Invektive» bezeichnet wird, die – in der zweiten Person vorgetragene – Aufforderung an den neuen Außenminister war, ihn «im Arsch» zu lecken.

Feli hat weder diese Anekdote noch sonst etwas aus der

Schulchronik verwendet. Sie baut auch die Geschichte von der Entführung eines Marianisten im Jahr 1933 durch den Chauffeur seines Vaters und ein paar andere Männer nicht ein, auf die sie im Zeitschriftenarchiv der Nationalbibliothek gestoßen ist, aus einem ganz einfachen Grund. Sie hat keine Lust dazu.

Es wird in der Jury natürlich auch noch kurz über andere Texte gesprochen, schließlich müssen zwanzig von ihnen für die Publikation und hundert für die Website ausgewählt werden. Allerdings bleibt, nach einer Mittags- und drei Rauchpausen, als alle Besonderheiten von Felis Text aufgezählt worden sind, nur noch eine halbe Stunde.

Um die restlichen Texte für die Publikation zu bestimmen, zählen alle bis auf den älteren Herrn Texte auf, die sie okay fanden, bis sie irgendwann 18 haben. Die restlichen zwei Plätze werden mangels Zeit – tatsächlich ist es zu diesem Zeitpunkt schon 17 Uhr 05, also fünf Minuten nach dem offiziellen Ende der Jurysitzung – von den Praktikanten der PR-Agentur ausgesucht. Genauso wie die übrigen achtzig, von denen deshalb viele durch ihre zeitgeistige Themenwahl herausstechen und nicht wegen der Art, wie sie geschrieben sind.

Ende Mai bekommt Feli den Preis überreicht. Bei der feierlichen Zeremonie im Wiener Rathaus sind neben dem Feichtler auch Felis Mutter und Felis Vater anwesend, und während es für die Menschen der PR-Agentur keine Überraschung mehr ist, weil sie schon vor der Jurysitzung Felicité Exner gegoogelt hatten, breitet sich angesichts von Felis steinern lächelnder Mutter im Publikum eine gewisse Heiterkeit aus, denn viele kennen sie nicht nur von den Seitenblicken, sondern auch von dem Unterstützungsvideo für Sebastian Kurz, das sie aufgenommen hat, und von den Bildern seiner etwas sektenhaften Wanderung, bei der sie mitgegangen war.

33

Am letzten Schultag spielt Till die ersten zwei Stunden nur Crossy Road auf seinem Handy. In der großen Pause trifft er Fina im Rauchereck. Sie hat ihren Jahresbericht schon bekommen und zeigt allen Anwesenden Felis Siegerfoto auf dem Cover, das Till lange anschaut, ohne zu verstehen, dass der Grund, wieso Feli ihm fremd und glatt erscheint, der Unterschied in ihrem Aussehen, den er spürt, aber nicht benennen kann, nur darin besteht, dass sie für die Zeremonie ihre Sommersprossen überschminkt hat.

Fina schaut mit Till und Kjell und Alexander die Klassenfotos durch. Till hat wieder die Augen zu, immer hat er die Augen zu, obwohl er sich schon seit der zweiten Klasse konzentriert, die Augen offen zu halten, und es auch schafft, länger als früher, aber irgendwann muss er doch blinzeln, und genau dann drückt der Fotograf auf den Auslöser.

Alexander und Kjell sehen gut aus. Fina trägt auf ihrem Foto einen engen schwarzen Rock und Krawatte statt Halstuch. Fina und Alexander unterhalten sich über die Reisen, die sie im Sommer machen werden, und Till freut sich auf seinen Sommer in Wien.

Es gibt keine sorglosere Zeit als die letzten zwei Juniwochen. Ja, es ist offiziell noch Schule, aber der Unterricht besteht nur noch aus Filmen und Exkursionen und Stunden im Park. Nicht einmal die Ferien sind so sorglos wie die zwei Wochen davor, denn in den Ferien hat man zumindest die

Sorge, dass ein weiteres, noch schlimmeres Jahr sich mit jedem Tag annähert, während die Vorfreude, die Till jetzt gerade spürt, die Vorfreude auf den ersten Ferientag, darauf, das erste Mal nicht aufstehen zu müssen, durch nichts eingeschränkt wird.

In der vierten Stunde kommt, zwanzig Minuten zu spät, der Dolinar mit einem dicken Stapel Jahresberichte in die Klasse, schlägt einen vor sich auf, und Till lauscht mit gebührender Langeweile, wie der Dolinar einige seiner Klassiker wiederholt, über das Verhältnis von Kirtagen und Hintern und darüber, dass es nicht reicht, manchmal hier zu sein, dass es notwendig ist, hier und nur hier zu sein, nicht im Park, nicht in anderen Klassen, nicht bei irgendwelchen Ablenkungen, sondern: «Hier, hier, hier ... Verstehst du, was ich sage, Kokorda?»

Till blickt auf.

«Das glaube ich nicht! Sonst würdest ned nach irgendan Schas schreiben über irgendein deppertes Videospiel.» Er wedelt mit ein paar ausgedruckten Zetteln. «Hier sollst du anwesend sein, Kokorda, hier! Und ned in deinem depperten Informatiksaal und ned bei irgendwelchen Trutscherln aus der Lassner-Klasse. Und ganz sicher ned bei deinem bleden» – der Dolinar sieht kurz hinunter – «Age of Empires.»

Till hat weder gewusst, dass Feli seinen Text dem Feichtler gegeben hat, noch, dass der Feichtler ihn gelesen und eingereicht hat. Und er hätte, ebenso wie der Feichtler, niemals geglaubt, es unter die besten Hundert zu schaffen.

Tatsächlich war Tills Text einer von denen, die erst ganz am Ende von den Praktikanten der PR-Agentur auf die Liste gesetzt worden waren, und zwar nach folgendem Dialog:

«Hä, wieso der?»

«Ka-a, einfach weil's um Gaming geht, aber ist mir auch wurscht, wenn nicht.»

«Nein, passt schon.»

Till ist wie ein Reh im Scheinwerferlicht eines Autos: Er starrt in die Richtung, aus der die Gefahr kommt, ohne sich zu bewegen.

«Was hast du mit dem Feichtler zu schaffen, du kleines Wiaschtl? Was hast du Texte zu schreiben für irgendwelche bleden Wettbewerbe, wenn du», jetzt beginnt der Dolinar zu schreien, «einen Fetzen auf die letzte Deutschschularbeit hast. Einen Fetzen auf *Faust*! Hat's dich? Was bist du für ein verschlagener kleiner Blender. Tust seit sechs Jahren so, als wäre jedes Wort, das du aus dir herauspresst, eine Überwindung, aber für dieses Gschistigschasti Zeit haben! Ich schwöre dir, Kokorda, wenn du im Herbst noch eine so schlechte Schularbeit schreibst, lasse ich dich durchfallen.»

Bevor er sie in die Ferien entlässt, soll Till noch zum Dolinar nach vorne kommen. Er gibt ihm die ausgedruckte Kopie seines Textes, in der er so wütend mit seinem roten Kugelschreiber rumgestrichen hat, dass das Papier an mehreren Stellen eingerissen ist.

«Am ersten Schultag im September möchte ich die Verbesserung sehen. Einen schönen Sommer!»

34

Tills Sommer ist leider gar nicht schön, denn Feli hat neue Menschen kennengelernt, mit denen sie lieber Zeit verbringt als mit Till. Oder alte Menschen wiederentdeckt, die sie schon viel länger kennt als ihn und mit denen sie mehr gemeinsam hat. Oder sie hat sich verliebt in irgendeinen Paul aus irgendeiner anderen Schule, der größer und fescher und cooler ist als Till.

So traurig es ist, und es ist für Till wirklich traurig, über mehrere Wochen zu dieser Einsicht zu gelangen, es hatte sich abgezeichnet. Sie hatten lange nicht mehr über die Popper-Schule geredet, und manchmal träumt er davon, Feli zu sagen, sie solle nicht wechseln, sie zu bitten, am Marianum zu bleiben, und manchmal denkt er auch im Wachzustand, er hätte etwas sagen sollen, auch wenn es nichts geändert hätte, nur um zu wissen, er habe es probiert.

Till schreibt Feli drei Mal im Verlauf der Ferien, und sie antwortet jedes Mal, dass sie nicht in Wien ist oder keine Zeit hat. Sie postet ein Foto vom Attersee und ein Foto, das den Blick aus ihrem Zimmer zeigt, auf Insta.

Till findet sich damit ab. Er geht einmal mit Fina in die Pratersauna und weiß, sobald die Musik zu laut ist, um sich zu unterhalten, sobald Fina einen Moment verschwindet, nicht, was er dort macht.

Er setzt sich raus in den Garten, und als Fina ihn findet, verabschiedet er sich von ihr und geht nach Hause.

Am Abend bevor Till nach Köln fährt, schreibt Feli ihm. Sie treffen sich am Karlsplatz, und Feli sagt: «Wenn ich noch einen Menschen höre, der zum Karlsplatz *Karli* sagt, lauf ich Amok.»

Es kann keinen Grund geben, sich nicht zu melden, wenn man jemanden mag. Till hat mit seiner Mutter und mit dem Dolinar mehrere Jane-Austen-Verfilmungen gesehen und *Verstand und Gefühl* im Deutschunterricht gelesen. Er weiß, wie es bei Jane Austen verkauft wird, wo sich am Ende rausstellt, dass es einen guten Grund für alles gab und Mr. Darcy die Protagonistin schon liebt, aber ohne es sagen zu können, was es noch romantischer macht. Till weiß, dass solche Dinge *irl* nicht passieren.

Sie reden weiter über Abkürzungen, die Feli Brechreiz verursachen, und Feli sagt, das Schikaneder habe sich nicht nur ruiniert, indem es eine Veranstaltung der Jungen Volkspartei stattfinden ließ, sondern vor allem, weil es duldet, von diesen Dreckstrotteln, wie Feli sie nennt, als *das Schiki* bezeichnet zu werden.

Till mag, dass Feli zu fast allem eine stärkere Meinung hat als er, und er mag es, sie über Sachen schimpfen zu hören, unabhängig davon, ob er diese Sachen kennt oder selbst eine Meinung zu ihnen hat. Aber jetzt wartet er nur darauf, dass Feli endlich mit ihrem Geheimnis herausrückt, und er sieht Feli an, dass auch ihr bewusst ist, dass sie den Moment nicht mehr endlos hinauszögern kann.

«Du hast dich vielleicht gefragt, warum ich mich nie gemeldet hab in den letzten Wochen ...»

Feli wird nicht an die Popper-Schule wechseln.

«Weil du den Test nicht geschafft hast?»

«Nein, weil ich nicht mag.»

Feli wird ein Jahr überspringen.

«Was?»

Feli wollte Till nicht Bescheid geben, bevor es sicher war. Feli hat keine neuen Freunde, sondern ihren Sommer damit verbracht, sich mit ihrer Mutter zu streiten, bis ein für beide Seiten akzeptabler Kompromiss gefunden war. Und dann damit, den Stoff des Jahres zu lernen, das sie überspringen wird.

Till kann nicht glauben, dass das möglich ist. Dass es eine Erklärung für Felis Abwesenheit gibt, die nicht nur nicht wehtut, sondern ihm Freude verursacht, immer neue Freude, während ihm die Tragweite bewusst wird, jedes Mal neue Freude, wenn er daran denkt. Er weiß, wie gerührt seine Mutter ist, wenn Mr. Darcy endlich erklärt, wieso er sich so verstellen musste, und Elizabeth und er sich küssen. Er weiß, wie sehr seine Mutter den Schauspieler Alan Rickman liebt. Aber was Till empfindet, geht weit über die Empfindungen seiner Mutter oder die vom Dolinar hinaus und kann, wenn überhaupt, mit den Gefühlen von Elizabeth verglichen werden. Oder mit den Gefühlen von Jane Austen, als sie das Buch geschrieben hat.

Till ist glücklich. Und er trinkt so viel, dass er am nächsten Tag beim Versuch, eine Zigarette zu rauchen, vor den Münchner Hauptbahnhof speibt, seinen Anschlusszug in München verpasst und umbuchen muss, was ihn eine für österreichische Verhältnisse so absurde Summe kostet, dass er einen Moment lang glaubt, der deutsche Schaffner müsse sich um eine Kommastelle vertan haben.

35

Alle wissen jetzt, wer Feli ist. Alle aus ihrem alten Jahrgang wissen es, alle aus ihrem neuen Jahrgang, alle aus Astous Jahrgang, der auch, aber in wesentlich geringerem Maße, Tills Jahrgang ist, und alle, die den letzten Jahresbericht in der Hand hatten.

Auch der Dolinar kennt sie und spricht immer wieder darüber, wie negativ sich diese Art von Aufmerksamkeit in jungen Jahren und die damit verbundene Erwartungshaltung auf sie auswirken werden. Als Feli sich die Haare blau färbt, fühlt er sich sofort bestätigt.

Feli nimmt die Formulierung *ein Jahr überspringen* wörtlich. Sie möchte nicht 15 sein. Und obwohl Till bezweifelt, dass genau das, wie sie behauptet, Teil des Deals mit ihrer Mutter war, vor der er noch immer gleich viel Angst hat wie bei ihrem ersten Aufeinandertreffen, sieht er bei Felis Geburtstag 16 Kerzen auf der Torte stehen und raucht ganz offiziell im Garten eine Zigarette mit ihr.

Tatsächlich ist, was Feli und ihre Mutter sich über den Sommer erstritten haben, ein teilweise bewusst vage gehaltener Kompromiss. Feli darf rauchen, bis im Jänner das Alter dafür auf 18 angehoben wird, aber Feli hat nicht vor, dann mit dem Rauchen aufzuhören. Sie darf vor ihren Eltern trinken, Bier und Wein, und muss nicht mehr so früh zu Hause sein, weil ihre Mutter weiß, dass Feli schon längst raucht und trinkt und länger fortgeht, als sie dürfte, und gemerkt hat, dass sie Felis Eskapaden nur auf Kosten ihrer eigenen Freizeitgestaltung gänzlich unterbinden könnte, was ihr übertrieben erscheint.

Sie hat also beschlossen, Feli mit der Aussicht auf ein erwachseneres Leben zu motivieren, statt sie in ihr Zimmer einzusperren und dort auf blöde Ideen kommen zu lassen. Sie erlaubt ihr die 16 Kerzen auf der Torte. Sie veranstaltet Abendessen mit Menschen aus verschiedenen Berufsfeldern, von denen sie hofft, sie könnten Eindruck auf Feli machen.

Beim ersten Dinner setzt sie Feli neben eine erfolgreiche junge Galeristin, die selbst das Marianum besucht hat, und sieht glücklich zu, wie angeregt sich die beiden unterhalten.

Beim Verabschieden bedankt sie sich für die *guidance* der Galeristin, die lächelnd antwortet: «Keine Ursache, ich rede jederzeit gern wieder mit Ihrer Tochter.»

In der Schule gelten solche Deals natürlich nicht, dennoch geht Feli jede Pause ins Rauchereck, und Till macht sich jede

Pause Sorgen, dass Feli erwischt werden und von der Schule fliegen könnte.

Als Till diese Angst äußert, lacht Feli und antwortet: «Als ob.»

Montags gehen sie zum Tanzkurs beim Elmayer, für den sich in Tills 7B ausnahmslos alle Buben angemeldet haben und in Felis und Finas 6A so wenige Mädchen, dass noch einige aus dem Sacré-Cœur hinzurekrutiert werden müssen, um zu verhindern, dass Buben mit Buben tanzen.

In der ersten Stunde sieht Till den Elmayer, den er von seinen Plakatkampagnen für Mülltrennung und gegen Essen in der U-Bahn kennt und der auf eine seelenlose Art genau gleich aussieht wie auf den Plakaten, sich aber so geschmeidig bewegt, dass Till wünschte, er könnte das auch.

Till tanzt mit Feli und Fina, stolpert herum, ohne zu wissen, welchen Schritt er gerade versucht hat, und schwitzt durch seine weißen Baumwollhandschuhe.

Nach der ersten Woche gehen sie nie wieder in den Tanzkurs, so wie es alle mit ein bisschen Selbstachtung machen, schwänzen montags die letzten zwei Stunden des Studiums, und Till ist sehr froh, dass er nicht mit Kjell, Khakpour und den anderen Coolen im Gastgarten der Loosbar oder im Le Bol sitzen muss, sondern stattdessen mit Feli und Fina in einem Bierlokal am Judenplatz Spritzer trinken und ihnen zuhören darf, was sie alles scheiße finden: Den 3., den 9., den 8. Bezirk, Sebastian Kurz, die Grünen, Cupcakes, den lächerlichen kleinen Innenminister Kickl mit seinen Polizeipferden, Kosewörter für Orte, das Wort Kiez, das Wort Grätzel, das Konzept Grätzl, das irgendwie aus Berlin herübergeschwappt sein muss, Red Bull, Fußball, industrielle Massentierhaltung.

Till sieht in Echtzeit zu, wie Feli sich jede Woche verändert, ohne wirklich anders zu werden, sich jede Woche für eine neue Sache interessiert, für neue Musik und neue Filme, alte Musik und Franz Schuh, Abtreibungsrecht und die ORF-Sendung *Am Schauplatz.* Feli redet stundenlang über OG Keemo, Till hört noch immer die gleichen LGoony-Songs wie vor einem Jahr.

Feli möchte irgendwann LSD ausprobieren, Till will nur AOE2 spielen, keines der anderen tausend Spiele, die es sonst noch gibt. Feli zwingt Till, sich mit ihr OG Keemo anzuhören, und wenn Till etwas sagen will, sagt sie: «Pscht, du musst auf den Text hören!»

Als Till äußert, ihm seien die Texte nicht so wichtig, streiten sie ein bisschen.

Ein andermal streiten sie ein bisschen mehr. Till liest gerade *Schöne Tage* von Franz Innerhofer im Rauchereck, und Feli, die vor Kurzem begonnen hat, Zigarillos zu rauchen, sagt, dass es cool vom Dolinar ist, solche Bücher mit ihnen zu lesen: «Unironisch cool.»

Till sagt nichts.

Feli sagt: «Er ist vielleicht ein Psycho, aber halt trotzdem ein guter Lehrer, alleine weil er euch so was lesen lässt.»

Till sagt: «Du musst es ja wissen.»

Es geht noch mehrmals hin und her zwischen ihnen, bevor Till laut wird und Feli wissen lässt, dass ihre Meinung zum Dolinar ihn nicht interessiert. Dass sie sich, zur Abwechslung, einmal fragen sollte, ob sie zu Sachen, von denen sie so wenig versteht, überhaupt eine Meinung haben muss.

Feli wirkt davon nicht eingeschüchtert und blafft im Gegenzug Till an, dass er ja nicht weiß, wie es woanders zugeht, und dass eine aus ihrer Parallelklasse in vier Jahren Deutschunterricht nur ein einziges Buch gelesen hat, nämlich *Löcher*, die deutsche Übersetzung dieses, wie Feli sagt, «vollkommen zurückgebliebenen Buchs», das schon auf Englisch nur «vertrottelte Lehrer» lesen.

Felis Stimme wird wieder etwas ruhiger. Sie sagt, dass jeder Mensch, der Urlaub in den Alpen macht, gezwungen werden sollte, währenddessen *Schöne Tage* zu lesen, um zu verstehen, dass er mit seiner Liftkarte und seinem Hotelzimmer nicht nur mafiöse und menschenverachtende Strukturen fördert, sondern die Fortdauer dessen, was Innerhofer erlebt und beschrieben hat. Und dass es heute, wo andere Diskriminierungen im Fokus stehen, umso wichtiger ist, nicht zu vergessen, wie Menschen früher von Sprache und damit von Literatur ausgeschlossen worden sind.

«Ist mir doch egal, wer davon ausgeschlossen wird, lame Bücher zu lesen», sagt Till.

«Ja, weil du sie eh nachgeschmissen bekommst!»

«Entweder man liest gerne, oder man spielt gerne Games. So oder so verpasst man was.»

Feli wischt Tills Argumentation beiseite, indem sie sagt, dass Bücher wichtiger sind als Spiele, weil man durch Bücher Mitgefühl lernt und durch Spiele nicht, was Till zuerst für einen Witz hält und dann damit kontert, dass man ja am Dolinar merke, wie viel Mitgefühl durch Bücher vermittelt wird.

«Du bist hier, um herauszufinden, was dich interessiert, Till. Um es zu wissen, wenn du mit der Schule fertig bist. Und immerhin weißt du jetzt, dass du nichts mit Oper oder Literatur oder Ballett machen willst, das ist doch schon mal ein Anfang!»

«Und du?», fragt Till.

«Ich weiß es noch nicht. Aber ich weiß, was ich nicht machen will. Nicht Medizin, nicht Jus, nicht BWL.»

«Bravo», sagt Till.

«So mein ich das nicht. Glaubst du, dass die alle deppert sind, all diese Fußballer, Polohemdträger, diese Typen aus der 8C, dass sie einfach Zombies sind, alle gleich?»

Feli sieht Till in die Augen.

«Ja.»

«Eben nicht! Die checken das nur selbst erst, wenn sie 20 sind, wenn sie 25 sind und sich schon durch die Hälfte eines Jus-Studiums gequält haben, wenn sie mit 30 als fertige Ärzte im Spital stehen und merken, dass sie dieses Leben gar nicht packen! Weil sie, bis sie 18 waren, nie hinterfragt haben, was sie eigentlich interessiert. Weil sie am Marianum waren, wo alle glauben, es gäbe nur drei mögliche Berufswege.»

«Und was leitest du daraus ab?»

«Dass du dir jetzt überlegen solltest, was du machen willst, und dass du dazu stehen solltest, egal wie losermäßig es die anderen hier finden.»

«Zu was stehen?»

«Zu deinem Computerspiel zum Beispiel. Ich weiß ja, dass du gut bist. Ich hab dich gegoogelt, du Schwammerl. Und trotzdem redest du nie darüber, erzählst Fina und mir nie, bei welchem Turnier du mitmachst. Oder was du fühlst, wenn du spielst. Oder irgendwas.»

«Weil ich weiß, dass es euch nicht interessiert.»

«Genau das mein ich! Es muss dir wurscht sein, was andere interessiert, verstehst du nicht?»

Till ist unschlüssig, wie er Felis Theorie einordnen soll. Selbst wenn sie prinzipiell recht hat, denkt er, obwohl er eigentlich nicht daran zweifelt, selbst dann, hat sie vielleicht trotzdem unrecht, weil sie nicht aus eigener Erfahrung wissen kann, ob stimmt, was sie da behauptet. Wenn ein Bauer im Mittelalter gesagt hat, die Erde sei eiförmig, ohne irgendeinen Anhaltspunkt dafür zu haben, dann lag er falscher als diejenigen, die aus damals noch guten Gründen davon ausgingen, die Erde sei flach. Oder?

Till fällt kein abschließendes Urteil. Aber seine Skepsis ist insofern berechtigt, als Feli ihre Theorie über die berufliche Orientierungslosigkeit der Marianisten nicht selbst entwickelt, sondern von der jungen Galeristin gehört hat und jetzt als eigene Erkenntnis ausgibt.

Die Galeristin hat das Marianum, entgegen der Einschätzung von Felis Mutter, übrigens nicht abgeschlossen, sondern wurde in der sechsten Klasse *gegangen,* weil man sie im Vollinternat beim Kiffen erwischt hatte, was sie Feli an dem Abend genau so erzählte. Alicia Exner-Diouf saß am anderen Ende des Tischs und lächelte. Wäre sie dem Gespräch gefolgt, hätte sie es vermutlich unterbunden. Und mit großer Wahrscheinlichkeit hätte sie der Galeristin angesichts dessen, was diese in Feli anstößt, danach keine Serie von großformatigen Arbeiten einer jungen Amerikanerin abgekauft, um damit ein saniertes Stadthaus im 8. zu dekorieren.

So aber erzählte die Galeristin weiter, sie sei, ans Akademische Gymnasium gewechselt, davon überrascht gewesen, um wie viel höher das Niveau dort war, und vor allem, wie selbstständig ihre Klassenkollegen sich ihre Lernzeit einteilten, wie genau sie wussten, was sie eines Tages machen wollen. Und so habe auch sie erstmals ergebnisoffen über ihre Zukunft nachgedacht. Sie maturierte am AKG, und der Rausschmiss aus dem Marianum war, so die Galeristin gegenüber Feli, im Rückblick das Beste, was ihr hatte passieren können.

Till macht sich keine Sorgen um seine Zukunft. Er wird seinen Zivildienst leisten und danach irgendwas an der TU inskribieren, *Software & Information Engineering*, wenn er die Aufnahmeprüfung schafft, sonst Medieninformatik oder Umweltingenieurswesen, wo es keine Zugangsbeschränkungen gibt. Er wird zu Hause ausziehen und in eine kleine Wohnung in der Nähe übersiedeln. Er wird sehen, wie gut er bei AOE2 werden, wie viel Geld er damit verdienen kann, wenn die Definitive Edition erschienen ist und er nichts anderes mehr tun muss.

Till macht sich keine Sorgen um seine Zukunft, weil er, und dieser minimale Optimismus steht ihm natürlich zu, davon ausgeht, dass jeder hirnlose oder körperlich auslaugende Job im Callcenter oder in der Essensauslieferung besser sein muss als Schule.

36

Eine junge Lehrerin kommt ins Rauchereck und geht auf Feli zu.

«Hallo?»

Feli dreht sich um.

«Ja?»

«Du bist Feli, oder?», sagt die junge Lehrerin sehr nett.

«Nein», antwortet Feli. «Ich bin Astou, Felis große Schwester.»

Rundherum beginnen alle zu lachen, und die Lehrerin läuft rot an.

«Oh Gott, das tut mir so leid! Ich wollte nicht ...»

«Kein Problem», sagt Feli und dreht sich wieder weg.

Ein paar Tage später, während Till und Fina noch auf dem Rückweg vom Kaffeeautomaten sind, kommt die Lehrerin wieder.

«Hey du!»

«Bitte?»

«Ich verlange eine Entschuldigung dafür, dass du mich angelogen hast.»

«Ich glaube, Sie verwechseln mich.»

Die Lehrerin läuft wieder rot an, gibt sich aber nicht geschlagen. «Hast du dich auf die Liste vom Rauchereck eingetragen?» Sie holt ein Klemmbrett raus. «Zeig mir hier bitte deinen Namen.»

«Der steht da nicht drauf», sagt Feli.

«Wieso?»

«Weil ich ihn nicht draufgeschrieben habe.»

«Aber du musst ihn draufschreiben!»

«Geben Sie her, ich schreib mich drauf.»

«Nein, du darfst dich nicht draufschreiben, weil du ...»

«Also was jetzt, soll ich mich draufschreiben, oder soll ich mich nicht draufschreiben?»

«Du sollst erst in einem Jahr hierherkommen, wenn du 16 bist!»

«In einem Jahr gibt es das Rauchereck nicht mehr. Schauen Sie keine Nachrichten?»

Lachen.

Feli steckt sich eine Zigarette in den Mund. Die Lehrerin, deren Stimme ein bisschen zittert und die merklich damit kämpft, ihren oberösterreichischen Akzent nicht in einen ausgewachsenen oberösterreichischen Dialekt eskalieren zu lassen, schreit zur augenblicklichen Erheiterung einiger 8Cler im Eck: «Kunntest du bitte aufhören zu rachen, während ich mit dir rede!»

Feli, Zigarette im Mund, hält inne.

«Könnten Sie, bitte», sagt sie, sieht die Lehrerin an, während sie das Feuerzeug an die Zigarette heranführt, «dieses Klemmbrett wegpacken? Das schaut ur peinlich aus.»

Feli zündet ihre Zigarette an, und die 8Cler lachen.

Genau in diesem Moment kommen Fina und Till mit dem Kaffee, und Till sagt, als er sie sieht, *Sgotfraufessor* zur jungen Lehrerin, worauf Fina zu lachen beginnt und sagt: «Hä, wieso grüßt du eine Schülerin?»

Fina stellt sich neben die junge Lehrerin, die sie um einen Kopf überragt, und zeigt auf sie: «Lol. Die schaut jünger aus als Feli.»

Jetzt lachen alle außer der Lehrerin, deren Gesicht und Dekolleté in unterschiedlichen Schattierungen von Rot und Weiß leuchten. Dann geht sie mit steifen Beinen Richtung Konferenzzimmer davon.

«Okay, das war funny», sagt einer von den 8Clern, denen Feli damals kein Feuer geben wollte.

«Fick dich», antwortet Feli.

Till sieht das Unheil aus verschiedenen Richtungen näher kommen. Er denkt immer wieder an die Lehrerin, die das nicht auf sich sitzen lassen kann. Und er sieht live dabei zu, wie die 8Cler, jetzt, wo sie ständig mit ihr zusammentreffen, eine seltsame Beziehung zu Feli entwickeln. Sie mögen Feli und spielen ihr Streiche, weil sie nicht gelernt haben, Sympathie anders auszudrücken.

Feli hasst diese Streiche. Die 8Cler verstecken ihren Tisch. Sie verkleben ihr Kasterl, und Feli wird von ihren Lehrern dafür zurechtgewiesen. Wenn Feli wütend ins Raucherecк kommt und die 8Cler unter Zuhilfenahme von Wörtern beschimpft, die sie, wenn Till oder Fina sie äußern würden, nicht okay fände, lachen die 8Cler und glauben, Feli und sie wären Freunde, die sich gegenseitig necken.

Als einer der 8Cler, im letzten Moment bevor sie sich hinsetzt, eine Milchschnitte unter Felis Hintern legt, schlägt sie ihm mit der flachen Hand so fest aufs Ohr, dass er zu lachen aufhört und panisch schreit: «Ich hör nix mehr, ich hör nix mehr!»

Till nimmt sich vor, mit Feli zu sprechen. Er legt sich eine Strategie zurecht, will es genauso machen wie sie. «Als Freund», wird er sagen. Oder: «Für mich als deinen Freund ...» Oder: «Weil ich dein Freund bin.»

Sie sitzen im Rauchereck. Feli spricht über eine neue Entwicklung in der BVT-Affäre, die mit einem Mann namens Goldgruber zu tun hat, und Till versteht's nicht, weil er eigentlich trotz mehrerer Gespräche darüber die ganze BVT-Affäre nicht versteht und keinesfalls möchte, dass Feli sie ihm noch mal erklärt.

Irgendwann unterbricht er sie einfach. «Mir ist das BVT egal.»

«Sollte es nicht sein.»

«Ich will mit dir über was anderes reden.»

«Über was?»

«Ich will dich was bitten, als Fr...»

«Ja, dann bitte mich doch! Diese Ankündigungen sind so nervig, so eine Zeitverschwendung. Wie beim Referat, wo sich einer hinstellt und sagt: *Ja, hallo, ich halte jetzt ein Referat* ... Ja, das seh ich ja, du Trottel, fang endlich an damit!»

«Okay, ist ja gut.»

«Nein, ist es nicht! Das ist genauso eine Sache, die man sofort abstellen sollte, dieses blöde *Darf ich dich was fragen* und dieses *Wir sollten reden*. Schau dir an, wie lang wir uns jetzt schon damit aufhalten. Zeit ist das Kostbarste, was es gibt, und du verschwendest sie mit so einem Blödsinn, und irgendwann wird dir genau diese Zeit fehlen, und dann wirst du denken: *Hätte ich doch nicht immer so blöd gefragt, ob ich etwas fragen kann, dann wäre jetzt noch Zeit, um ...*»

«Ja!», schreit Till. «Jetzt hör auf damit! Ich wollte dich nur bitten, dich ein bisschen zamzureißen, bevor man dich von der Schule haut, weißt du, weil du meine Fr...»

Eine tiefe Männerstimme hinter den Topfthujen ruft Felis Namen in einem Tonfall, der eindeutiger nicht sein könnte.

«FELICITÉ EXNER!»

Es ist, als hätte Till vor allen anderen, schon nach dem Ablegen in Southampton, ein mulmiges Gefühl gehabt, aber keine Möglichkeit mehr gefunden, die *Titanic* mit seinen Liebsten zu verlassen. Und jetzt, wo der Eisberg auftaucht, ist er schneller darin, die ganze Tragweite zu verstehen, steht aber nur paralysiert da.

Feli raucht einfach weiter. Till sieht den Feichtler auf sie zukommen, fragt sich, was Feli gemacht haben muss, um ihn so gegen sich aufzubringen, ihn, von dem Feli mal gesagt hatte, er würde wahrscheinlich eine Kugel für sie abfangen.

Der Feichtler wedelt mit einem beigen Magazin.

«Durch Zufall! Durch Zufall muss ich das erfahren? Und wenn ich am Samstag nicht beim Morawa gewesen wäre, dann hätte ich es gar nicht erfahren, oder wie?»

Till sieht von Feli, die lächelt, zum Feichtler, dessen Gesicht rot angelaufen ist.

«Gratuliere!», sagt der Feichtler und umarmt Feli, und sogar an diesem Punkt des Gesprächs zweifelt Till nicht an der Katastrophe, hält die Gratulation für sarkastisch und die Umarmung für einen Abschied.

Erst als der Feichtler von Feli eine Zigarette schnorrt,

sich zu Till umdreht und ihm lächelnd zuflüstert: «Sag meiner Frau nichts davon», erst nachdem eine Gänsehaut über Tills Rücken gezogen ist wie eine Windböe durch die Wüste, weil er an die Lateinlehrerin gedacht hat und wie schlimm er es findet, dass der Feichtler seine Lateinlehrerin datet – erst jetzt versteht Till, dass der Feichtler nicht hier ist, um Feli für ihre ungenierten Besuche im Rauchereck zurechtzuweisen oder dafür, einen Achtklässler für mehrere Stunden taub gemacht zu haben.

Feli hat den ersten Platz beim Exil-Schüler-Literaturpreis gewonnen, und ihr Text, der schon wieder vom Marianum handelt, wurde in einer dieser aussterbenden Literaturzeitschriften abgedruckt, die Pluraltitel wie *Texte* oder *Beleuchtungen* tragen und deren Leserschaft klein zu nennen eine Untertreibung wäre. Trotzdem kommt ein Abdruck darin für eine 15-Jährige einem großen Karriereschritt gleich.

Als sie seine Fragen nach der Preisverleihung im Literaturhaus beantwortet – über den Text selbst sagt der Feichtler seltsamerweise kein Wort –, wirkt Feli glücklich. Aber kaum ist er gegangen, verschwindet ihr Lächeln.

«Wieso hast du nichts gesagt? Du musst dazu stehen, was dich interessiert, egal wie losermäßig es die anderen hier finden», sagt Till in einem Ton, der ihm selbst nicht gefällt.

Feli verdreht die Augen.

«Aber im Ernst, erster Platz ist doch super!»

«Beim Schülerpreis.»

«Und?»

«Ich wollte aber den Hauptpreis! Ich hab sogar extra dazugeschrieben, dass ich den Text für den Hauptpreis einreiche, wo nirgendwo eine Altersgrenze angegeben ist. Mein Text war besser als der von dem Loser, der den Hauptpreis gewonnen hat.»

Feli zählt noch eine Reihe weiterer Gründe auf, wieso sie sich über diesen Erfolg nicht freuen kann, die hässliche Gestaltung der Literaturzeitschrift und wie unsympathisch die eine aus der Jury, die ihren Text mochte, mit ihr geredet hat. Sie sagt, dass sie von so einer Frau nicht gemocht werden will. Sie sagt, beim Schülerpreis sei der dritte Platz an einen Kroaten und der zweite an eine Türkin gegangen, und da wisse man ja dann schon ... Worauf Till nicht antwortet, weil er unsicher ist, was Feli damit andeutet, aber sicher, dass es, sollte Feli etwas anderes gemeint haben, als er glaubt, sehr peinlich für ihn würde.

Je mehr Gründe Feli vorbringt, desto weniger versteht Till, wieso sie sich nicht einfach freut. Am Abend liest er ihren Text. Er besteht aus mehreren Geschichten, die er schon kannte: wie in der ersten Klasse der Trainer des Frauenbasketballteams in Felis Klasse kommt, um Werbung für sein Freifach zu machen, und dabei nur Feli ansieht, die sich schließlich überreden lässt. Sie geht zum Training, spürt dabei einen unausgesprochenen Nimbus und bekommt vor dem ersten Match mit, dass sogar die gegnerischen Spielerinnen wegen ihr nervös sind. Und als es losgeht, begreift sie mehr oder weniger gleichzeitig mit den Gegnerinnen, dass sie gar nicht gut in Basketball ist, die anderen Mädchen aber schon, weil sie *Basketball spielen* und Feli nicht.

Auch die Geschichte, wie Feli und Astou aus dem Unterricht gcholt werden, um für ein Foto ihre Hände mit denen ein paar anderer Kinder um ein Gemälde von Maria Theresia zu gruppieren, hat Feli ihm einmal erzählt: dass sie dabei als Einzige beide Hände hinhalten und sich verrenken mussten, damit es so aussieht, als gehörten ihre Hände vier verschiedenen Schülerinnen; damit es aussieht, als wäre das Marianum diverser, als es tatsächlich ist.

Auch diese Geschichte kannte Till schon. Aber es ist ein schönes Gefühl für ihn, Felis Text zu lesen, weil er dabei ihre Stimme im Ohr hat, mehr als bei den Nachrichten, die sie ihm schreibt, die oft gar nicht nach ihr klingen, insbesondere seit sie begonnen hat, Doppel-S als sz zu schreiben und Doppel-L groß, und extra Wörter verwendet, die ein Doppel-L in der Mitte haben und nicht wirklich existieren, wie wenn sie schreibt: *ich bin weinwoLLend.*

37

Felis zweiter Erfolg kommt, zumindest am Marianum, deutlich schlechter an als ihr erster. Es mag damit zu tun haben, dass die wiedererkennbaren Vorbilder der Figuren ihres neuen Textes alle noch leben und unterrichten, oder damit, dass den ersten Text fast niemand gelesen hatte. Es hat womöglich, auf einer abstrakteren Ebene, auch mit Felis Art zu tun, die gleich geblieben ist, aber anders interpretiert wird, und damit, dass jeder Erfolg mehr entfremdet als der zuvor.

Felis neuer Text findet sein überraschend großes Publikum nur, weil Ausschnitte in einer anonymen Mail an alle Lehrer und an die Vertreter der Altmarianisten und des Elternvereins geschickt werden. Die Empörung über «diese als Literatur getarnte Indiskretion» und die Neugier darauf gehen so weit, dass sich einige der Empörten sogar das Literaturmagazin besorgen, nur um sagen zu können: «Also, ich habe es ganz gelesen, und da ist nichts aus dem Kontext gerissen!»

Felis Erfolg, der auf dem Feld der Literatur stattfindet und den man sich deshalb nicht allzu glamourös vorstellen darf, zieht jetzt schon größere Kreise, als zu erwarten war. Eine Morawa-Angestellte wird auf Feli aufmerksam. Seit fünf Jahren betreut diese Angestellte den Bereich Literaturzeitschriften und Reiseführer, und in dieser Zeit wurden noch nie alle zehn Exemplare dieser oder irgendeiner anderen Literaturzeitschrift verkauft, bevor die zehn Exemplare der nächsten Ausgabe eintrafen.

Jetzt bestellt sie bereits nach einer Woche 15 nach, weil weiterhin näselnde Damen und Herren anrufen und nach genau dieser Ausgabe fragen und ob da dieser Text von dieser Exner drinnen sei, bevor sie meistens noch ein paar Bemerkungen zum Zustand der Jugend, der Welt im Allgemeinen und dieser Morawa-Filiale im Speziellen fallen lassen, zum Beispiel, dass in dieser Filiale eine ganz furchtbare Ordnung herrsche, bei der man nie selbst etwas fände, weil die Bücher geradezu versteckt würden, was einen zwänge, eine der unfreundlichen Angestellten anzusprechen, die das Buch dann aus irgendeiner Ritze zöge, nur um die Kunden blöd dastehen zu lassen.

Die Morawa-Angestellte liest in ihrer Mittagspause Felis Text, um herauszufinden, was diese Gstopften so daran aufregt, und nach der Lektüre denkt sie, der Text sei gut, aber trotzdem aus der Perspektive dieser Welt geschrieben, und wenn man die tatsächliche Bösartigkeit solcher Menschen sehen wolle, müsste man jemanden wie sie oder eine Kellnerin aus dem Do&Co einen Text schreiben lassen.

In der Redaktion der Literaturzeitschrift wird der Verkaufserfolg ebenfalls zum Thema. Die Freude der beiden Herausgeber ist umso ehrlicher, als sie denken, für das gestiegene

Interesse sei die Coverstory über ihren Freund und Mentor verantwortlich gewesen, mit der sie ein klares Zeichen gegen den Zeitgeist setzen und die Relevanz dieses inzwischen schon auf die achtzig zugehenden Mannes unter Beweis stellen wollten. Diese Freude trübt sich natürlich ein, als sie über die Morawa-Angestellte erfahren, dass tatsächlich einer der Texte, die sie gar nicht selbst ausgesucht, sondern von der Jury des mit ihnen kooperierenden Exil-Preises zugeschickt bekommen hatten, dafür verantwortlich sein soll.

Am allermeisten echauffiert sich Palffys Opa über Felis Text. Palffys Opa, aktives Mitglied bei den Altmarianisten, Stammgast bei jedem Marianistenpicknick, besitzt als Ungarnflüchtling besondere Expertise bei Fragen von Flucht und Ausländertum und lässt alle, mit denen er spricht, an dieser Expertise teilhaben.

Österreich ein rassistisches Land? Dass er nicht lache. Nein, Österreich ist kein rassistisches Land. Wer ist denn hier gegen Ausländer? Ein Viertel, maximal ein Drittel, wenn man jene inkludiert, die es nicht zugeben. Und was heißt das schon, gegen Ausländer zu sein? Man müsste fragen, wer dafür ist, dass die anständigen Ausländer herkommen dürfen, die Guaden, und dann würde man an der überwältigenden Zustimmung quer durch alle politischen Lager erkennen, wie tolerant Österreich wirklich ist.

Palffys Opa zitiert naheliegenderweise Karl Popper: Toleranz gegenüber allen, außer jenen, deren Intoleranz gegenüber Österreich der Vernichtung unseres Lebensstils gleichkäme. Und er verweist auf die lange Tradition des Marianums, die Guaden hervorzubringen, die Akzentfreien und Angepassten, die Niavaranis, auch wenn Niavarani selbst leider das Akademische Gymnasium besucht hat.

Umso frecher, findet er, wenn ausgerechnet dem Marianum Rassismus vorgeworfen werde, dem Marianum, das, schon lange bevor andere Schulen es aus *political correctness* zu imitieren begannen, den Grundsatz verfolgt hatte, Vielfalt als Chance und nicht als Bürde zu begreifen, dem Marianum, das schon PoC als Schüler hatte, als am Akademischen Gymnasium noch Geozentrismus unterrichtet wurde! Ihm sei nicht bekannt, dass Abbas Hilmi Pascha, der hier seine spätere Gattin May Török von Szendrő kennenlernte, oder einer der vielen anderen ausländischen Schüler, sich jemals über rassistisches Verhalten beschwert hätte. Am Marianum ist egal, ob jemand Tscheche, Ungar, Spanier, Ägypter, Jugoslawe oder Türke ist, solange er sich das Schulgeld leisten kann. Das Marianum macht alle Schüler zu Österreichern, egal, woher sie kamen. Palffys Opa ist der beste Beweis dafür, denn er hat die letzte, die ultimative Stufe der Integration erreicht: über andere Ausländer zu schimpfen.

Es habe, sagt er, mit den Gastarbeitern begonnen, deren genaue Herkunft hinter Sammelbegriffen zurücktrat und die nur daran interessiert schienen, zu arbeiten und unter sich zu bleiben, die niemals ins Wirtshaus essen gingen, geschweige denn ins Theater oder Konzert. Dann kamen die Jugoslawen, denen gegenüber Palffy senior schon Sympathie empfand, weil sie vor einem Krieg flohen und nicht bloß vor Armut, die aber, wie er damals sagte, «leider nicht so zivilisiert sind wic wir Ungarn».

Dann kamen die Türken, und Palffys Opa erkannte als Allererster, dass die kulturellen und religiösen Unterschiede unüberwindbar sein und zu einer Spaltung des Landes führen würden. Nein, das war bei den Jugos noch ganz anders gewesen. Die lernten vielleicht nicht gescheit Deutsch und brachten ihre von der österreichischen Geschichte völlig entkoppelten regionalen Konflikte hierher, aber sie tranken Alkohol und aßen Schweinefleisch, und spätestens als die Türken kamen, wurde klar, wie gut man es trotz allem mit den Jugoslawen gehabt hatte.

Dann, im Jahr 2015, kamen plötzlich wieder Flüchtlinge. Palffys Opa half zweimal am Westbahnhof, wandte sich dann aber enttäuscht ab, als einer der Männer das T-Shirt nicht annehmen wollte, das er extra mit seinem Auto von einer Kleiderspende in Simmering geholt hatte. In der Folge verbrachte er nicht nur viel Zeit in den Onlineforen österreichischer Tageszeitungen, sondern sah auch innerhalb dessen, was für ihn die bessere Wiener Gesellschaft darstellt, seine Rolle zunehmend darin auszusprechen, was gesagt werden muss, egal ob im Foyer des Musikvereins oder im Café Engländer, auszusprechen, was vielleicht nur jemand wie er selbst, der Krieg und Flucht aus dem eigenen Leben kennt und damals kein Smartphone dabeihatte bei seinem Marsch durch die burgenländische Finsternis, der keine Schlepperbanden bezahlte, sondern im Privatauto eines netten Österreichers nach Wien gelangte, sich noch auszusprechen traut.

Einer der Monologe von Palffys Opa im Foyer des Musikvereins wird, weil Wien ein Dorf ist, ausgerechnet von Felis Opa unterbrochen, Clemens Exner-Ewarten, emeritierter Professor an der TU, Ehrenmitglied der Akademie der Wissenschaften, Marianist in dritter Generation, aber leider, aufgrund eines Missverständnisses, nur für zwei Jahre.

«Mein alter Freund», sagt Felis Opa, aber diese Begrüßung täuscht kaum darüber hinweg, dass er nicht in freundlicher Absicht gekommen ist, sondern, ausgehend von eigenen Erfahrungen, ein, zumindest in den Augen von Palffys Opa, völlig illoyales und verzerrtes Gesamtbild ihrer ehemaligen

Schule zu zeichnen versucht. Folgerichtig erzählt er Palffy und der um ihn herumstehenden Gruppe von seinem tyrannischen Erzieher am Marianum und davon, dass ihnen jeglicher Kontakt zu den Ungarn verboten worden sei, weil sein Erzieher der Meinung war, die Ungarn seien Diebe und Delinquenten, wenn nicht sogar Kommunisten, dass er also Palffy und die anderen Ungarnkinder erst später kennenlernte, obwohl sie damals gleich im nächsten Raum gesessen hatten, und wie schlimm es aus heutiger Sicht sei, dass man damals alle Ungarn in eine Klasse gepfercht hatte.

«Da erinnerst du dich falsch, werter Freund», sagt Palffys Opa großzügig, und Felis Opa antwortet: «Nein, nein, du erinnerst dich falsch. Oder hast du etwa vergessen, dass wir nie gemeinsam spielen durften? Dass ältere Schüler euch Tischtennisverbot erteilt haben, weil sie sagten, ihr Ungarn würdet die teuren Bälle stehlen.»

«Vielleicht haben wir sie ja gestohlen!», sagt Palffy.

«Es hat doch jeder gewusst, dass es der kleine Goëss war, der gestohlen hat. Man hat ja später alles in seinem Zimmer gefunden.»

Die höfliche Verabschiedung danach und die Floskel, er entschuldige sich für die durch ihn entstandene Störung des Gesprächs, hätte Felis Opa sich sparen können.

Palffy, inspiriert von der Wut in seinem Bauch und all den ihm erst jetzt einfallenden Bonmots und Retourkutschen, erweitert seinen Monolog. «Nein», sagt er, «unser Problem ist nicht, dass wir rassistisch sind, und es sind auch nicht die Ausländer das Problem, die Zuwanderer. Das sieht man ja nicht zuletzt an der Familie dieses geistig verluderten Mädels, dessen Verhalten, da bin ich mir ganz sicher, nicht von der diplomatisch-senegalesischen Seite ihrer Familie kommt. Nicht von ihrer Mutter, die weitsichtig erkannt hat, welchen neuen Stil Sebastian Kurz in die österreichische Politik bringen wird. Nicht von ihrem Großvater mütterlicherseits, den kennenzulernen ich die Ehre hatte und mit dem ich ein sehr interessantes Gespräch über Integration als Bringschuld führte. Er erzählte mir da, er gehe manchmal auf afrikanische Drogendealer zu, wenn er sie sehe, frage sie, woher sie kommen, und sage ihnen, sie sollten sich dafür schämen, das Bild ihres Heimatlandes und ihres Kontinents im Ausland so negativ zu prägen. Nein, meine Freunde, es geht nicht um Hautfarben, es geht um Werte! Es geht darum, Werte zu teilen. Wenn eine 30-jährige lesbische Afghanin meine Werte teilt, wenn sie dafür eintritt, dass man alle Schmierfinken, die man beim mutwilligen Verunstalten unserer schönen Fassaden erwischt, auspeitscht, dann ist sie mir deutlich lieber als mein alter Freund Clemens, der leider ein Träumer ist und von Gesellschaftspolitik so viel Ahnung hat wie ich von theoretischer Physik, Clemens, der – ich hab ihn so gern, ich darf das sagen – mit zunehmendem Alter zu einem festen Trottel wird.»

Die meisten Lehrer am Marianum schenken Felis Text keine Beachtung. Wieso sollte sich auch irgendeine 28-jährige Geographielehrerin darüber empören, dass eine Schülerin, die sie nicht kennt, mit einem Text, in dem sie über ihre Erfahrungen schreibt, einen mit wenigen Hundert Euro dotierten Preis gewinnt?

Die Geographielehrerin steht für den großen, aber stummen Teil der Lehrerschaft, die normale Menschen sind, keine Feichtlers, Lassners und Dolinars, keine Administratoren oder Erziehungsleiter oder Systemadministratoren, sondern Menschen, die, sobald sie das Marianum verlassen, nicht mehr daran denken, sich nicht mit dieser Welt identifizieren und daher beim Überfliegen der anonymen E-Mail kein bisschen Empörung verspüren.

Außerdem war die junge Geographielehrerin dabei in dem Minibus, mit dem sie und fünf andere Kollegen zu einer Fortbildung fuhren, als der Professor Betsch laut sagte: «Schauts, a Black Beauty.» Gemeint war eine junge Frau, an der sie gerade vorbeifuhren, und die Geographielehrerin staunte, dass alle so reagierten, als wäre das eine normale Äußerung gewesen.

Verglichen mit solchen Momenten, die es im Übermaß gibt, verglichen mit den verschiedenen Beziehungen zwischen Lehrerinnen und Schülern, Schülerinnen und Lehrern, von denen alle wissen und über die trotzdem kaum geredet wird, erscheint der Geographielehrerin nicht unbedingt klagbar, was sie in Ausschnitten in der anonymen Mail gelesen und direkt in den Spam-Ordner verschoben hatte.

Trotzdem gibt es auch in der Lehrerschaft einige, die Feli jetzt noch weniger mögen als vorher. Der Dolinar, natürlich, der wieder auf *Mephisto* von Klaus Mann Bezug nimmt, das verräterischste und undankbarste Buch, das je geschrieben wurde, und so weiter, wobei dieser Vergleich natürlich die Rolle etwas überbewertet, die der Trainer des Frauenbasketballteams in Felis Leben gespielt hat.

Der Lassner, bei dem schon Felis erster Text und ihre Versetzung in die Feichtler-Klasse große Unzufriedenheit ausgelöst hatten.

Der Administrator, der sich in einer Figur wiedererkennt, die eigentlich auf den Professor Bloeb vom Europa-Zentrum gemünzt war.

Der Bloeb vom Europa-Zentrum, der sich wiederum in einer anderen Figur bloßgestellt sieht. Und noch einige andere fühlen sich gemeint, wie Feli in einer Turnstunde erfährt, in der sie und die anderen Sechstklässlerinnen Volleyball spielen, als ihre Lehrerin, nachdem Feli einen Punkt gemacht hat, schreit: «Sehr gut, Exner! Oder ist es schon rassistisch, das zu sagen?»

38

Mitte Dezember sieht der slowakische Kellner eines Bierlokals am Judenplatz immer wieder zur Tür. Wo bleiben die drei seltsamen Jugendlichen mit den Turnbeuteln, die jeden Montag kommen, sich kettenrauchend über die Touristen lustig machen und Spritzer bestellen, obwohl wahrscheinlich im ganzen 1. Bezirk nirgends schlechterer Wein ausgeschenkt wird als hier?

Die drei seltsamen Jugendlichen müssen im Speisesaal ihrer Schule herumstehen und dem Elmayer zuhören, der auf beinahe groteske Art in jeden Raum hineingephotoshoppt aussieht, als könnte man am Übergang zwischen seinem Kopf und der Umgebung das Ausfransen des Greenscreens erkennen. Er ist gekommen, um sie auf etwas vorzubereiten, das Etikette-Essen genannt wird und am letzten Tag vor den Weihnachtsferien stattfinden soll.

Bei den Dolinar-Schülern hat das Etikette-Essen schon jetzt einen süßen Beigeschmack, denn sie verbringen mehrere Unterrichtsstunden damit, dem Dolinar zuzuhören, wie er sich darüber aufregt. Dass ihm der pseudoelitäre Geist missfällt, der darin zutage tritt, ist selbstverständlich, dass er nicht glaubt, ein Essen könne dazu befähigen, Tischmanieren zu simulieren, die mit 17 entweder längst internalisiert sind oder nur mit sehr viel harter Arbeit auf ein akzeptables

Niveau gebracht werden könnten und selbst dann noch den Makel des Späterlernten tragen würden.

Mit Letzterem hat der Dolinar auch teilweise recht, wie man an Alexander sehen kann, dessen Großeltern ihm als Kind Bücherstapel unter die Ellbogen gelegt und ihm, sachte zwar, aber doch einen Klaps gegeben haben, wenn seine Ellbogen die Bücher berührten. Deshalb kann Alexander jetzt aufrecht sitzen, ohne dabei steif oder angestrengt zu wirken, und man würde es zwar nicht glauben, wenn man ihn mit den anderen Fußballern Pita-Schawarmas von Sababa in der U-Bahn runterschlingen oder im Rauchereck die letzten Chips aus der Packung direkt in seinen Mund schütteln sieht, aber er könnte jeden Moment anders sitzen und anders essen. Und sogar Khakpour war von dessen makelloser Selbstbeherrschung beeindruckt, als Alexander vor Kurzem auf dem mittleren Sitz eines Taxis schlecht wurde und er, da er wusste, dass er es nicht rechtzeitig hinausschaffen würde, die Geistesgegenwart besaß, sich zwischen Hemd und Unterhemd zu speiben, um danach, in sein Sakko gewickelt, die wenigen Schritte unerkannt nach Hause zu gehen, sich die Schuhe auszuziehen und mit Gewand in die Dusche zu steigen.

Was den Dolinar am Etikette-Essen am meisten aufregt, ist das Wort. Der Bindestrich wäre genug, um seine Verachtung zu garantieren, aber die Aussprache erweist sich als noch viel schlimmer. Etikett-Essen, Etikett-e-Essen: Es gibt keine richtige Art, dieses Wort auszusprechen, weil es dieses Wort nicht geben dürfte.

Wäre dies eine elegante Schule, hieße das Essen Essen oder Diner, und es wäre redundant, zu betonen, dass dabei Etikette zu beachten ist, so wie auch überall sonst auf der Welt. Nachdem diese Schule aber den letzten Funken Eleganz schon vor Jahrzehnten eingebüßt hat, dürfte es ein solches «Etikette-Essen» erst recht nicht geben, denn Eleganz zu heucheln ist noch schlimmer, als sie zu ignorieren.

Das Etikette-Essen darf dennoch stattfinden, weil es leider keine Sprachpolizei gibt, die in solchen Fällen einschreiten und eine gewisse Ordnung wiederherstellen könnte, und Till sitzt beim Etikette-Essen, für dessen Catering Gleichaltrige von einer Tourismusschule zuständig sind, links neben Feli und rechts von Fina, die neben Khakpour sitzt, den Ehrengästen gegenüber: dem Vater eines Mitschülers, dessen Nachname jede zweite Baustelle in Wien ziert, und seiner russischen Geschäftspartnerin, die ihn sehr zu mögen scheint.

Till kümmert sich um Feli, seine Tischdame, die eine dunkelgrüne Abendrobe trägt und Ohrringe, die ihre Haare zusammengebunden hat und geschminkt ist und trotz dieses stilvollen Outfits von vielen Anwesenden unfreundlich angeschaut wird, nicht wegen ihres Textes, der schon längst wieder vergessen ist, sondern weil sie um den Hals einen Choker trägt, der, obwohl er nicht explizit von der Kleiderordnung erfasst wird, für manche Anwesende im Widerspruch zum festlichen Charakter der Veranstaltung steht.

Fina fragt, statt sich mit ihrem Tischherrn zu unterhalten, die Russin über ihren Beruf aus.

«Sind Sie auch im Immobilienbereich tätig?»

«Ich bin in allen möglichen Bereichen tätig, Schatzi.»

«In der Infrastruktur?»

«In allen möglichen Strukturen.»

Die beiden Ehrengäste lachen. Sie verstehen sich ausgezeichnet. Jedes Mal, wenn einer von ihnen etwas sagt, lachen beide. Ihre Laune sinkt weder, als sie erfahren, dass nur Weißwein serviert wird und gar kein Champagner, noch durch Finas immer eindeutiger werdende Versuche, das Thema auf die Annexion der Krim und die Rolle großer russischer Unternehmen zu lenken.

Nach dem zweiten Gang verabschieden sich die Ehrengäste. Eine wichtige Sache erfordert ihre sofortige Aufmerksamkeit. Und man muss ihnen wirklich die Selbstachtung zugestehen, dass es weder der Champagnermangel war noch Fina, die sie vertreiben. Sie hatten von Anfang an vorgehabt, nicht lange zu bleiben.

An Tills Tisch trinken alle deutlich mehr als die über den Abend verteilten zwei Gläser Wein, die ihnen empfohlen worden waren. Die Angestellte vom Elmayer, die ihn vertritt, sobald er kurz sein Gesicht gezeigt hat, lässt sich ihre Unzufriedenheit darüber nicht anmerken. Auch das ist Eleganz.

Nach dem Essen organisiert Feli, ohne zu präzisieren, wie, ein paar Flaschen Wein von den Tourismusschülern. Das Rauchereck ist so voll, dass man sich kaum bewegen kann. Raucher, Nichtraucher, die mit lauter Rauchern befreundet sind, Gelegenheitsraucher, Nichtraucher, die jetzt doch auch rauchen. Es fühlt sich an wie Silvester oder wie die letzten Tage von Pompeji.

Feli sitzt auf Finas Schoß, später tauschen Till und Feli den Platz. Alle reden über das Rauchereck, erzählen Geschichten, die sie hier erlebt oder gehört haben, und spekulieren, wo sie im Jänner heimlich rauchen werden, wenn sie nicht mehr herkommen dürfen.

Feli wirkt nicht beunruhigt über das Rauchverbot. Khakpour erzählt, wie der Turnlehrer Betsch sich manchmal auf seiner Bank neben der Laufbahn sitzend eine Zigarette angezündet und sie dann wütend ausgetreten hatte, als ihm wieder einfiel, dass er während der Turnstunden nicht mehr rauchen darf.

Es wird gelacht, es wird alles ausgeblendet. Erst die Stimme eines Erziehers aus dem Vollinternat, der sich laut und mit sehr direkter Sprache nach ihrem Geisteszustand erkundigt, lässt sie wieder erkennen, wer und wo sie sind.

Sie gehen in eine Wohnung von Khakpours Vater auf der Favoritenstraße, gleich gegenüber, mit Blick aufs Marianum, wo Khakpour jedes Wochenende mit den anderen Fußballern vorglüht, eine Wohnung, in der es einen Weinkühlschrank, einen normalen Kühlschrank, eine Dose mit Tampons und Binden und eine Lade mit Kondomen gibt, aber keine Lebensmittel und keine Bilder an den Wänden.

Khakpour sitzt auf Finas Schoß, obwohl jetzt genug Platz wäre. Später tauschen sie. Alexander und Kjell gehen in den Voga oder ins Sass oder in die Pratersauna. Alle gehen. Till bleibt. Feli bleibt. Fina und Khakpour machen rum. Sie gehen in ein anderes Zimmer.

Till sieht in Felis Augen, die immer näher kommen. Es ist eine natürliche Bewegung. Es ist übernatürlich. Feli zu küssen fühlt sich an wie ... Feli entfernt sich wieder.

«Tut mir leid, das war ein Fehler», sagt sie und geht, und Till bleibt sitzen und denkt die ganzen Weihnachtsferien an diesen Kuss oder Fehler.

39

Im Jänner herrscht am Marianum ungewöhnlich aggressive Stimmung. Schon am ersten Tag kommt es zu einem Zwischenfall. Ein Achtklässler wirft einem Schüler der 3A seinen Basketball aus einem Meter Entfernung ins Gesicht, was den Buben ziemlich verunstaltet, und auch wenn man natürlich sagen muss, dass es nicht so schlimm ist, wie es aussieht: Es sieht schlimm aus. Als er nach dem Grund für sein Verhalten gefragt wird, sagt der Achtklässler, es habe ihn gestört, wie sich der Drittklässler lautstark über den Fahrradständer freute, der jetzt an der Stelle des ehemaligen Raucherecks steht.

Unbekannte zerstören einen Cola-Automaten bei den Musiksälen und stehlen alle Getränke außer Mezzo Mix. Unbekannte zerschlagen eine Kloschüssel. Dutzende Schüler werden beim Rauchen erwischt: im Park, in den Klos, in dem leer stehenden Gebäude über der Turnhalle, im Vollinternat. Sie rauchen aus Fenstern, hinter Büschen, in Umkleidekabinen.

Es ist nicht möglich, alle Schüler rauszuschmeißen, die man erwischt, es ist, aufgrund der ausufernden Anzahl der Fälle, nicht einmal möglich, einen einzigen Schüler rauszuschmeißen.

Man entscheidet sich für einen französischen Austauschschüler als Exempel, gibt ihm dreißig Minuten, um seine Sachen zu packen, und setzt ihn gleich darauf in den Zug Richtung Paris.

Es werden Patrouillen im Park eingerichtet und die Kontrollgänge der Gangaufsichten auf die Toiletten ausgeweitet. Es werden Jahrgangsversammlungen einberufen, bei denen man den Schülern erklärt, ab jetzt werde Rauchen ohne Rücksicht auf vergangene Leistungen und familiäre Bindungen automatisch mit dem Schulverweis bestraft.

Unter den jüngeren Lehrern wird diskutiert, im hintersten Eck des Parks eine Zone einzurichten, die bei Kontrollgängen ausgespart bleibt, damit die Schüler zumindest dort illegal rauchen, wo sie keiner sieht, und nicht drinnen, wo sie ein Feuer entfachen könnten.

Die Diskussion über diesen Vorschlag dauert nicht lange. Der Lassner, ausnahmsweise anwesend, sagt: «Lieber Herr Kollege, an Ihrem Vorschlag erkennt man, wie weit der Verfall der Gesellschaft bereits vorangeschritten ist. Sie werden aber verstehen, wenn wir aus Gründen des guten Anstands jetzt nicht weiter auf diesen anarchistischen Blödsinn eingehen können.»

Die Schultherapeutin sagt mehrmals, das Rauchverbot sei nur Auslöser, und die Aggression der Schüler und Schülerinnen, vor allem aber natürlich der Schüler, müsse tiefer liegende Gründe haben, die es zu untersuchen gelte.

Sie sagt es der Direktorin, sie sagt es dem Erziehungsleiter, und sie sagt es einer Gruppe von Lehrern, während sie auf der kleinen Treppe sitzen, die vom Konferenzzimmer in den Park führt, und rauchen.

Ein Englischlehrer sieht auf seine Uhr, zündet sich noch eine an und sagt: «Die müssen halt lernen, sich ein bisschen zamzureißen.»

Und eine Französischlehrerin sagt: «Solange sie diese Schweine aus der 8C nicht rausschmeißen, wird sich gar nichts ändern.»

Die Französischlehrerin behält recht. Erst als der Sohn einer Oberärztin vom AKH und der Sohn eines bekannten Juweliers, beide aus der 8C, Monate vor ihrer Matura von der Schule fliegen, wird Lehrern und Schülern, und unter diesen vor allem den Äquivalenten der beiden Abgänger aus anderen Klassen, klar, dass Handlungen jetzt wieder Konsequenzen haben.

Der marianische Friede, wie es der Erziehungsleiter nennt, kehrt zurück. Die Älteren nützen ihre Ausgänge am

Nachmittag, um in kurzer Zeit so viel zu rauchen wie sonst über den ganzen Tag verteilt, und die Zerstörungswut reduziert sich aufs übliche Niveau. Es werden natürlich weiterhin Bälle in Gesichter geschossen, Kloschüsseln und Cola-Automaten zerstört und Kaugummis auf den Marmorlöwen gespuckt, aber immer mit ein bisschen Zeit dazwischen.

Der Großteil der Jahrgangsversammlung ist trotzdem noch einmal dem Thema Rauchen gewidmet. Kurz vor Schluss holt die Direktorin den Feichtler, dessen Anwesenheit bei solchen Veranstaltungen niemand mehr hinterfragt, auf die Bühne und verkündet die, zumindest für Till, überraschende Gründung des Literaturzentrums der Marianischen Akademie, zu Dolinars Freude ohne Bindestrich geschrieben. Oder vielmehr: zu seinem Schaden, weil er sich jetzt darüber aufregen muss, ohne den Bindestrich als Argument für die Blödheit der Idee nutzen zu können.

«Das Literaturzentrum wird ein Ort des geistigen Austauschs, ein Ort von euch und für euch!», sagt der Feichtler und klingt bei der Aufzählung dessen, was im Literaturzentrum alles passieren soll – Lesungen, ein Blog, ein Freifach, eine Exkursion zur Leipziger Buchmesse – so größenwahnsinnig, dass Till nicht daran zweifelt, wer dahintersteckt.

Als er nach Hause kommt, gibt seine Mutter ihm ein Kuvert. Till, der Felis Handschrift sofort erkennt, geht mit dem Kuvert in sein Zimmer, nimmt es mit hinauf in sein Hochbett und öffnet es umständlich, mit zitternden Händen.

Er liest den Brief dreimal. Er hat noch nie einen Brief bekommen. Der Brief ist auf lachsfarbenes Briefpapier geschrieben und riecht nach Feli, also nach Angel von Thierry Mugler. Till könnte stundenlang nur seinen Namen in Felis Handschrift betrachten. *Mein liebster Till.*

In Felis Brief, das lässt sich sagen, ohne seine Intimität zu verraten, stehen viele Dinge, die Till nicht wusste, die sein Bild von Feli ändern. Es kommen ein Wort mit F und ein Wort mit L vor, die in einem schwierigen Verhältnis stehen, weil eines durch die Illusion des anderen gefährdet sei, obwohl sie irgendwie doch auch dasselbe meinen oder einen fühlen lassen. Was zu folgenschweren Fehlern führt. Oder eben nicht.

Till sperrt das Informatikkammerl ab und geht den Gang im dritten Stock entlang, vorbei am Europa-Zentrum, hinter dessen Glastür man die Umrisse der langen hochgelagerten Beine vom Professor Bloeb erahnen kann und das genauso gut auch Europakammerl heißen könnte, und als Feli ihm die Tür zum Literaturzentrum öffnet, ist der Kuss das Erste, woran Till denkt, der Fehler das Erste, was er beiseiteschieben muss. Er glaubt zu verstehen, was Feli damit gemeint hat, dass es nicht egal ist, *warum* man jemanden küssen möchte.

Feli gibt ihm ein Bussi auf jede Wange und sperrt hinter ihm ab.

«Was ist das für ein Geruch?», fragt Till, der schon weiß, was das für ein Geruch ist, weil ihm schlecht wird.

Feli zeigt auf die Duftstecker auf allen Seiten des Raums.

«So riecht Literatur.»

«Waldmeister?»

«Fjord-Idylle.»

Noch ist das Literaturzentrum karg eingerichtet. Leere Bücherregale, ein paar Fauteuils, eine Stehlampe und, mitten im Raum, ein Kamin, den wieder anzuschließen, sagt Feli, bisher die größte Hürde dargestellt hat.

Als sie den Kamin umrunden und zu Fina kommen, die

zwischen einem offenen Fenster und dem offenen Kamin auf einem Fauteuil sitzt und raucht, während neben ihr ein Ventilator Fichtenaromen Richtung Tür bläst, versteht Till, warum es dieses Literaturzentrum gibt, wieso Feli von einem *soft opening* gesprochen hat und auf dem Schild an der Tür steht: *Bitte nicht klopfen: Hier entsteht etwas!*

Feli lehnt sich gegen das Kaminsims und bietet Till den anderen Lehnsessel an. Sie gibt ihm eine Zigarette, zündet sie an und lächelt, bevor sie erklärt, was noch alles gemacht werden muss und gemacht werden wird.

Till soll eine einfache Website für das Literaturzentrum programmieren. Sie wird mit Rezensionen und Texten befüllt, die alle Feli verfasst und abwechselnd mit ihrem und mit Finas Namen unterschrieben hat.

Er entwirft, unter Felis strengem Blick, ein Logo und eine Mailsignatur. Er versucht, Feli beizubringen, wie sie selbst neue Texte in die Website einfügen kann, und Feli sagt: «Wieso soll ich etwas schlecht lernen, was du schon gut kannst?»

Bei Tills nächstem Besuch stehen deutlich mehr Bücher im Literaturzentrum, denn Feli hat, mit Logo, Mailsignatur und Website ausgestattet, begonnen, bei Verlagen um Rezensionsexemplare anzufragen, und weil sie, wie alle Marianisten, gut darin ist, Seriosität vorzugaukeln, kommen Woche für Woche neue Pakete mit Belletristik-Neuerscheinungen, eine nie enden wollende Flut von Buchpaketen, ein weiterer Stachel im Fleisch der Portiere, die einfach nur ihre Ruhe haben wollen und Feli jetzt noch ein bisschen weniger mögen als alle anderen Schüler.

Till, in Verlagsdingen völlig naiv, nimmt an, die Bücher kämen aus der Schulbibliothek, was Feli mit Lachen quittiert, bevor sie zu einer längeren Tirade über die Schulbibliothekarin ausholt, die offenbar keine Lust hatte, ihre heiligen Bücher in die Obhut irgendwelcher Schülerinnen zu übergeben.

«Als ob diese ranzigen alten Bücher aus der Bib noch irgendwer lesen will», sagt Feli, was nicht ganz ehrlich ist, denn sie hat über die Jahre schon einige Bücher dort gestohlen, insbesondere alte Suhrkamp-Taschenbücher, die ihr noch mehr gefallen als den Generationen davor, weil sie schon mit den hässlichen neuen aufgewachsen ist.

Und die Tatsache, dass sie jetzt über etliche Kisten mit Neuerscheinungen verfügt, wird sie nicht davon abhalten, auch noch die Bände drei und vier von Thomas Bernhards Theaterstücken und das wunderbar dunkelgrüne *Wittgensteins Neffe* aus der Schulbibliothek zu stehlen.

«Vielleicht», sagt Feli, während sie mit einer Schere einen Karton öffnet, «wäre es besser, die Verlage würden aufhören, jedem Idioten», dabei zeigt sie auf sich, «ein Rezensionsexemplar zu schicken, und dafür die Bücher ein bisschen billiger machen.»

Sie rechnet vor, dass sie mit ihrem Taschengeld zehn oder elf neue Bücher pro Monat kaufen könnte, wobei ihr dann kein Cent mehr für Zigaretten und Spritzer und all die anderen Ausgaben bliebe, die wichtiger sind als Bücher. Dass man zweimal ins Kino gehen oder zwei Monate lang Netflix zahlen kann, statt sich ein Buch zu kaufen.

Wenn es an der Tür klopft, zuckt Till auch Wochen später noch zusammen. Er kennt das Wort *soft opening* nicht, das Feli benützt hat, um zu erklären, wieso vorerst niemand außer Fina und ihr ins Literaturzentrum darf.

Er erlebt mit, wie eine junge Lehrerin und zwei Schülerinnen von Feli abgewiesen und auf nächstes Semester vertröstet werden, und so unwahrscheinlich es ihm erscheint, dass eine von ihnen oder irgendjemand sonst an dieser Schule genügend Motivation aufbringen könnte, um den wahren Zweck des Literaturzentrums zu ergründen, so unwahrscheinlich erscheint es ihm, dass nie irgendjemand etwas bemerken wird.

Er hat seine Angst um Feli und Fina nicht abgelegt, aber er nähert sich, ohne mit jemandem darüber zu sprechen, einem neuen Verhältnis zur Angst an sich. Es beginnt mit dem Wort: Angst. In Felis Brief kommt dieses Wort mehrmals vor, und gerade weil ihre Ängste sich auf Sachen beziehen, über die Till nie nachdenken würde, die ihm erst jetzt, nachdem er davon gelesen hat, real vorkommen, fragt er sich, ob manche der Sachen, die er Gedanken nennen würde, vielleicht auch Ängste sind. Der Gedanke, dass Feli und Fina ihn nicht mehr mögen, nie wirklich gemocht haben, der immer auftaucht, wenn er in den Ferien länger nichts von den beiden hört, zum Beispiel, der ihm jetzt blöd vorkommt. Die Angst, immer das Schlimmste passieren zu sehen, den Unfall, den Absturz, den Tod.

Till ist schon fast fertig angezogen, als die Fußballer in die Umkleide kommen. Khakpour redet über eine Frau, mit der er Sex hatte. Er zeigt den anderen, wie tief er dieser Frau seinen Penis in den Hals gesteckt hat, und dann lächelt er Till an und fragt: «Hast du auch schon?»

Till geht zur Tür.

«Ich meine, hast du diese ukrainische Nutte auch gefacefuckt, oder nicht?»

Till öffnet die Tür.

«Nein, du stehst ja auf die andere. Gell? Auf die ...»

Till ist Pazifist. Er stört niemanden, ärgert niemanden, provoziert niemanden. Till geht nicht boxen oder ins Fitnessstudio, er übt nicht, wie man andere schlägt, weil er es als Pazifist nicht vorhat. Doch er ist kein Pazifist wie Fritzi, der alles mit sich machen lässt, der glaubt, mit Worten gegen Taten anzukommen, mit Blumen gegen Gewehre, sondern ein Pazifist in der Tradition des Professors Betsch, dessen *Es geht nicht darum, stärker zu sein, sondern gstörter* Till auch jetzt beherzigt, als er auf Khakpour zustürzt, ohne irgendeinen anderen Plan, als ihm wehzutun, damit er nicht weitersprechen kann.

Er packt ihn an der Gurgel, stößt seinen Kopf gegen das Holz der Garderobenstange, geht mit ihm zu Boden, kratzt und beißt, würgt und schlägt ihn. Und ist damit erfolgreich, denn Khakpour schreit «Au! Au!» und «Hör auf!» und «Bist du gstört?», aber er beendet seinen Satz nicht.

Und auch als die anderen Till und Khakpour getrennt haben, Khakpour mit einer Klage droht, und Kjell und Alexander ihm sagen, er sei selbst schuld und solle jetzt nicht so rumopfern, auch da beendet Khakpour seinen Satz nicht.

Fina davon zu erzählen fällt Till schwerer, als Khakpour zu schlagen. Till möchte, dass Fina weiß, was für ein Arschloch Khakpour ist, ohne zu hören, was er gesagt hat.

Feli ist zum Lesen in den Park gegangen, weil sie von den Duftsteckern Kopfweh bekommt. Till überwindet sich.

«Khakpour ist ein Arschloch», sagt er.

Fina zwingt Till, Khakpours Worte zu wiederholen, und wirkt nicht verstört.

«Ich check solche Typen einfach nicht», sagt sie nur. «Also wenn jemand ein richtiger Incel ist, okay. Aber Leute wie der Amir, die gut aussehen, clever und funny sind und trotzdem so arge Komplexe haben, solche Leute check ich einfach nicht. Und eigentlich hasse ich es, wenn man dann sagt, das ist *small dick energy* oder so. Ich würde nie herumerzählen, wer einen kleinen Schwanz hat. Nie! Ich hasse es, wenn Leute so was machen. Aber wenn der Amir deppert genug ist, allen erzählen zu müssen, dass sein Schwanz problemlos in meinen Mund gepasst hat, ist es nicht meine Schuld. Keine Ahnung, was seine Eltern angestellt haben müssen, um ihn so zu ruinieren.»

Für Till hatte sich in der Umkleide alles zugeschnürt. Er ist froh, dass es Fina anders geht. Und weil sie sich zu keiner Diskretion mehr verpflichtet fühlt, erzählt Fina jetzt auch etwas über diesen Abend, etwas, das sehr direkt zeigt, wie Khakpours Eltern ihn ruiniert haben, nämlich so, wie alle Eltern ihre Kinder ruinieren: indem sie sie mit ihren eigenen Ängsten belasten.

Khakpours Vater, diese Geschichte kannte Till schon, nimmt nach dem Sex immer das Kondom an sich, verschnürt es und wirft es in den Müllschlucker, um sicherzugehen, dass seine Sexpartnerinnen seinen Samen nicht stehlen.

Jetzt erfährt Till, dass Khakpour, der sich der allgemeinen Meinung, sein Vater sei paranoid, angeschlossen und in die Witze über ihn eingestimmt hatte, genau dasselbe macht.

«Als ob ich mir sein ranziges Sperma aus dem Kondom heraus in die Muschi schieben würde, um sein dummes Kind zu kriegen! Ahaha, das ist so behindert.»

Ein lautes Klopfen an der Tür. Felis sich überschlagende Stimme, die Tills Namen ruft. Er weiß sofort, dass diesmal etwas Schlimmes, etwas Furchtbares passiert sein muss. Dass jemand gestorben ist.

«Till, Till!»

40

Es ist wieder nichts Schlimmes passiert. Sie wollte ihm nur ein Buch zeigen, einen dicken Roman, der in Tills Hand liegt wie eine eingeschweißte Packung gemahlener Kaffee, wie ein leichter Ziegelstein oder ein sehr schwerer Tafelschwamm und in dem, laut Feli, Age of Empires 2 vorkommt.

«Deswegen hast du so geschrien?»

Feli stellt das Buch ins Regal. Sie redet über die Comics von Liv Strömquist und sagt, man sollte alle Männer zwingen, sie zu lesen.

«Ich könnte nie mit jemandem», Feli bricht ab und sieht Till an, «befreundet sein, der Liv Strömquist nicht mag.»

Fina sagt, das einzig Wichtige bei Männern sei, dass sie einen in Ruhe lassen und gut kochen können, denn essen müsse man ja wirklich immer, und wenn man darauf angewiesen sei, essen zu gehen, zu bestellen oder selbst zu kochen, dann wäre das längerfristig für sie Zeitverschwendung.

Till blättert kurz in einer Graphic Novel von Liv Strömquist und beschließt, kochen zu lernen. Und er lädt, um sich bei seinem neuen Vorhaben gleich unter Druck zu setzen, Feli und Fina zum Essen zu sich nach Hause ein.

Es passiert aber noch einiges bis zu dem Freitag Mitte Mai, an dem Till, mit roten Wangen und vom Stress der letzten Stunden in einen Ausnahmezustand versetzt, die Türe öffnet, unfähig zu bemerken, wie viel aufgedrehter als sonst Feli und Fina heute sind.

Feli hatte gesagt, ihre reiche es völlig, Couscous oder Kartoffeln zu bekommen, sie sei es als Veganerin gewohnt, sich von Beilagen zu ernähren. Und Fina: Sie esse, was immer Till serviere.

Till hat von seiner Mutter gelernt, Risotto zu kochen. Er hat sich die Folge von *Malcolm Mittendrin* angesehen, wo Reese einen Seeteufel mit Truthahn füllt. Er hat wieder verworfen, Risotto zu kochen. Er ist in der ersten Runde eines Turniers ausgeschieden und hat danach in einem Forum gelesen, er sei spielerisch vielleicht Top 10, aber mental maximal Top 200.

Er hat mehr Zeit mit seiner Mutter verbracht.

Er hat Alexander und Kjell gezeigt, was passiert, wenn man ihn googelt. Er hat sich gefreut, die beiden damit zu beeindrucken. Er hat einen Vierer auf die Deutschschularbeit geschrieben und vom Dolinar gehört, er werde immer unteres Mittelmaß bleiben, weil auf jede seiner guten Leistungen verlässlich eine katastrophale folge. Er hat, auf Anraten seiner Mutter, Georg eingeladen. Hat mehrere Menüs zusammengestellt und verworfen, bevor er auf die Idee kam zu grillen. Er hat mit Klaus und seiner Mutter Probe gegrillt, hat Couscous und Gurkensalat gemacht. Er hat sich geärgert, dass Georg mehrere Stunden vor dem Abendessen mit der Begründung absagt, er sei *voll fertig*, und ist gleichzeitig froh, ihn nicht sehen zu müssen.

Erst um fünf Uhr nachmittags googelt Till *vegan grill*, um sicherzugehen, dass alles passt, und fühlt sich dumm, als er drauf kommt, dass er das Fleisch nicht auf denselben Grill legen kann wie Felis Gemüse.

Er schreibt Klaus, und Klaus fährt mit ihm nach Kritzendorf zu seiner Ex-Frau, um deren Griller auszuborgen. Sie tragen ihn drei Stockwerke hinauf, weil der Lift nicht funktioniert, Till ist mit allem zu spät dran und froh, dass seine Mutter, die eigentlich nicht helfen sollte, schon begonnen hat, das Gemüse zu schneiden.

Als es an der Tür läutet, flucht Till.

«So arg, oder?», sagt Feli, als sie ihn umarmt, und Till sagt: «Ja, voll», ohne genau zu wissen, worauf sie sich bezieht.

«Ich kann's ur nicht glauben», sagt Fina, und Till geht Spritzer holen.

«Helga», schreit Feli. «Du musst mit uns anstoßen!»

Sie stehen zu viert auf dem Balkon.

«Auf das Beste, was jemals passiert ist!»

Meistens kann man im Leben problemlos vortäuschen, verstanden zu haben, worüber gerade gesprochen wurde. Meistens ist gar nicht so wichtig, worüber gesprochen wird. Es gibt aber auch Situationen, wo irgendwann zwangsläufig herauskommt, dass man von Anfang an nichts verstanden hat.

Feli zeigt Till das Video, über das seit anderthalb Stunden das ganze Land redet. Till sieht den aktuellen Vizekanzler Österreichs im schlabbrigen grauen T-Shirt Wodka-Red-Bull saufen und bildlich darstellen, wie korrupt Österreich wirklich ist, um eine Frau zu beeindrucken, die er schoarf findet. Johann Gudenus steht neben ihm, formt die Hand zu einer Waffe und beweist zweifelsfrei, dass weder Adel noch Privatschulen irgendwas an der Dummheit und dem ekelhaften Verhalten von dummen, ekelhaften Menschen ändern können.

Es dauert trotzdem noch eine halbe Stunde, bis Till und seine Mutter beginnen, die Tragweite des Videos zu verstehen. Sie schauen alle vier auf ihre Handys und zeigen sich, was sie finden. Sie essen. Sie lachen. Sie sehen sich gemeinsam die Nachrichten an, lassen den ORF-Livestream im Wohnzimmer laufen, gehen immer wieder hinein, wenn etwas Neues passiert, und wieder hinaus, um zu rauchen. Tills Mutter sagt fünfmal, dass sie keine Hilfe beim Aufräumen braucht.

Till und Feli füllen noch zwei leere Weinflaschen mit Spritzer, und sie gehen.

Die ganze Stadt ist glücklich. Es ist Frühsommer. Sie gehen auf den Karlsplatz, trinken, rauchen. Sie sehen sich um Mitternacht auf Felis Handy die Spätnachrichten an. Sie lachen darüber, wie scheiße das Russisch von Gudenus klingt und dass er den gleichen Russischlehrer hatte wie Till. «Gljock, Gljock, znajesch?»

Sie gehen in ein ranziges Beisl auf der Wienzeile, wo jemand zwanzig Euro in die Jukebox geschmissen hat, damit den ganzen Abend «We're Going to Ibiza» von den Vengaboys läuft.

Till fällt fast um.

An der Bar sieht er Stefanie Sargnagel, deren Cartoons seine Mutter jeden Donnerstag verlässlich zum Lachen bringen und die sie oft abfotografiert und Till per Whatsapp schickt.

Um zwei geht Till nach Hause, und Feli und Fina bleiben da.

Es gibt kein anderes Gesprächsthema mehr als dieses Video. Palffy sagt, es sei aus dem Zusammenhang gerissen, Ghisetti sagt, es sei das Geilste, was jemals auf Film gebannt wurde. Khakpour sagt, er mache, sobald die ganzen sieben Stunden davon veröffentlicht werden, ein Ibiza-Vorglühen, bei dem sich alle Männer anziehen müssen wie Strache und alle Frauen wie der Lockvogel.

Kjell sagt, er könne sich keine lustigere Bananenrepublik vorstellen als Österreich.

Palffy sagt, man müsse sich fragen, wer das Video angefertigt habe und mit welcher Intention.

Khakpour sagt: «Du bist ein Trottel.»

Palffy findet es hinterhältig, Menschen heimlich zu filmen und auszuspionieren.

Ghisetti sagt: «Von einem Dummkopf wie dir verteidigt zu werden ist genau, was die FPÖ jetzt braucht.»

Jan macht fünfzigmal den Gudenus und sagt: «Gljock, Gljock, znajesch?», und alle lachen beim fünfzigsten Mal genauso wie beim ersten.

Um zehn Uhr schickt Feli ein Foto von Fina und sich auf dem Ballhausplatz, je eine Dose Ottakringer in der Hand, in einer Menge von mehreren Hundert Menschen.

Der Dolinar zitiert verschiedene Geschichten, um die geistige Beschränktheit dieses Zweigs der Familie Gudenus zu illustrieren, die, leider, wie er sagt, alle blöd sind wie die Nacht. Trotzdem findet er die Umstände seines Entstehens schlimmer als alles, was Strache und Gudenus auf dem Video sagen oder tun, und stellt die Frage in den Raum, wem dieses Video nütze und wem der Tod Haiders genützt habe.

Alexander und Kjell kommen mit zum Ballhausplatz. Sie kaufen Bier in der Maierhofgasse, steigen in den Einser und finden Feli und Fina in der Menschenmenge vor dem Bürofenster des Bundespräsidenten, die gerade «Neu-wah-len» skandiert.

Sie sehen sich in der Wiese neben dem Theseustempel die Pressekonferenz von Strache auf einem Handy an. Strache redet, wie immer, darüber, dass alle anderen gemein zu ihm sind. Er sagt, wie erfolgreich die Regierung war.

Es wird gepfiffen.

Feli sagt: «Er weiß, dass ihm nie wieder so viele Leute zuhören werden.»

Als Strache fast zu weinen beginnt, weil er über seine Frau redet und darüber, wie sehr er sie verletzt haben muss, lachen sie. Als er sagt: «Und ja, es war eine bsoffene Gschicht!», können sie nicht mehr aufhören zu lachen.

Ibiza ist wie der *Faust*: Jeder Satz wird zum geflügelten Wort. Und als Strache endlich zu dem kommt, worauf alle warten, mit einer langen Pause dazwischen, um seine Zeit als Vizekanzler noch um einige Sekunden zu verlängern, als er sagt: «Und deshalb hab ich heute um elf Uhr ein Gespräch mit dem Bundeskanzler Sebastian Kurz geführt, wo ich ... ... meinen Rücktritt ...», jubeln und pfeifen im ganzen Volksgarten und über den Ballhausplatz und den Heldenplatz verteilt die Menschen, öffnen Bierdosen und Sektflaschen.

Ein Mann dreht mit seinem Elektrolongboard Runden um den Theseustempel und schwenkt dabei eine Österreichfahne. Beim Ballhausplatz schreien die Menschen: «Wir wollen den Basti sehen, wir wollen den Basti sehen.»

Ganz Österreich wartet auf Sebastian Kurz, nur Feli nicht. Sie sagt: «Der Kurz kommt erst zur Primetime, gehen wir was essen.»

Sie gehen zu Till nach Hause, während sich der Heldenplatz weiter füllt, drehen den Fernseher auf und setzen sich mit einem Laptop auf den Balkon. Sie essen die Reste von gestern und wechseln zwischen dem Livestream im Wohnzimmer, in dem, genau wie Feli es vorhergesagt hatte, die Pressekonferenz des Kanzlers immer angekündigt und dann nach hinten verschoben wird, und der Aufzeichnung des Livestreams vom Vormittag, von der sie kein Detail verpassen möchten.

Tills Mutter freut sich, Kjell und Alexander kennenzulernen, und sagt in dem fast 15-minütigen Small Talk mit ihnen nichts, was darauf hindeuten könnte, dass Till sonst nie Klassenkollegen mit nach Hause bringt. Dann fährt sie zu Klaus.

Alexander fragt, ob Khakpour kommen kann, und Till sagt, ohne zu zögern: «Nein.»

Sie sehen sich um 20 Uhr 15 die Pressekonferenz von Kurz an, der, genau wie Strache, ewig herumredet, bevor er das sagt, was alle hören wollten: Neuwahlen.

«Leider», sagt Alexander, «ist der Kurz zu klug, um sich je dabei erwischen zu lassen, wie er wirklich ist, wie er wirklich mit seinen Boys redet, wenn sie im Club X sind.»

Kjell und Alexander fahren in die Passage. Fina und Till trinken weiter. Fina ist müde. Till ist schon sehr betrunken. Fina ist auch betrunken.

Till klettert in sein Hochbett und räumt die benützten Taschentücher weg. Er freut sich, dass die beiden bei ihm schlafen wollen, obwohl sie so nah wohnen. Er borgt Fina ein T-Shirt, und sie klettert in Tills Hochbett.

Feli schaut sich zum dritten Mal einen der vielen Übertragungsfehler des heutigen Tages an: «Die besten zwölf Minuten, die je im österreichischen Fernsehen gesendet wurden.» Es sind die zwölf Minuten, als Ton und Bild schon liefen, man aber noch nicht Strache seine weinerliche Rede halten sah, sondern das gesellschaftliche Panorama der auf ihn wartenden Journalisten betrachten konnte.

Till legt sich ins Bett seiner Mutter, und Feli bleibt mit seinem Laptop draußen sitzen.

Gott sei Dank verwendet Till immer Inkognito-Tabs, wenn er sich Pornos ansieht.

Am nächsten Morgen frühstücken sie spät. Die Sonne scheint. Feli redet schon wieder über das Video vom Warten auf die Pressekonferenz. Sie zeigt ihnen ihre Lieblingsstellen: wie Straches Pressesprecher einem jungen Journalisten von Puls 4 verbietet, sein Mikro zu den anderen zu stellen, weil auf dem Tisch kein Platz mehr sei. Wie nacheinander verschiedene Journalistinnen vorgehen, um die Mikros ihrer Sender besser zu platzieren, und dabei alle genau dem Style ihrer Sender entsprechen: der Typ mit dem engen weinroten Hemd, dem Schnurrbart und den gegelten Haaren, über den Feli sagt: «Schau ihn dir an, er ist so ATV!»; die gut aussehende Journalistin, der irgendein Kollege reinmeckert, sie dürfe ihr Mikro nicht weiter nach vorne geben, worauf sie nur völlig entspannt nickt und mit ihren Lippen ein «Doch» formt. Die im Bild stehenden Fotografen. Die leicht genervte ORF-Redakteurin mit der zupackenden Art und der Sonnenbrille im Haar. Der klaustrophobische Blickwinkel. Die Enge des unsichtbaren Raums. Der deixhafte Protokollchef, der reinkommt und voller Bestimmtheit sagt, die Mikros müssten alle weg, damit Strache Platz für seine Unterlagen habe, nur um sofort zurückzurudern, als jemand sagt: «Stellts an zweiten Tisch hin!» – «Mhm ja», sagt er, «zweiter Tisch warat a Möglichkeit ...» Was nicht nur allgemeine Heiterkeit auslöst, sondern ausgerechnet der coolsten der anwesenden Journalistinnen, der von Ö1, ein spitzes Lachen entlockt.

Feli sagt: «Ich werde für immer glücklich sein, ganz egal, was für blöde Sachen noch passieren.» Und Till sagt: «Ich auch», nicht weil er vergisst, wie wenig ihn die Regierung bisher gekümmert hat, oder weil er glaubt, sein Zugang zur Welt werde sich jetzt substanziell verändern, sondern einfach so.

Am Dienstag muss, bevor Bullshit Bingo stattfinden kann, erst eine Runde Shotgun gespielt werden, um zu entscheiden, wer auf welches Wort wetten darf. Blindstein kann sich *Ibiza* sichern, über dessen Aussprache mit dem Dolinar zu debattieren sein wird. Kjell sichert sich das Wort Video. Niemand wettet auf das Wort Computer oder das Wort Zeit.

«Na, Kokorda, hamma viel unternommen am Wochenende?»

Till weiß nicht, wobei er erwischt worden sein kann.

«Es geht.»

«Lass uns mal so ein bisschen teilhaben an deinem Leben. Was hast du so getrieben am Wochenende?»

«Nichts Besonderes.»

«Computerspiele gespielt?»

«Ein bisschen.»

«Was heißt ein bisschen? Eine Stunde, zwei?»

«Ja, so was, eine oder zwei Stunden.»

Der Dolinar öffnet seine Aktentasche, nimmt einen Packen Zettel raus und knallt sie vor Till auf den Tisch.

Es dauert ein paar Sekunden, bevor Till versteht, was er da sieht.

Der Dolinar schreit nicht. Schreien ist ein Zeichen von Schwäche, von mangelnder Durchsetzungsfähigkeit, genau wie physische Gewalt ein Zeichen, dass es für psychologische Kriegsführung nicht reicht.

Trotzdem, obwohl er nie schreit, schreit der Dolinar jetzt: «Kein Wunder, dass du matt bist, wenn du bis drei Uhr morgens dein deppertes Computerspiel spielst! Und kein Wunder, dass du gerne in deinem Computerkammerl hockst, wenn du dort auch nichts anderes machst, als deine Zeit zu verschwenden!»

Der Dolinar schreit noch lange weiter.

Er schreit Palffy an, er solle sofort seine Sachen aus der Tischlade räumen und nach vorne bringen.

Er schreit Till an, so laut, dass Till ihn auch auf seinem neuen Einzelplatz ganz hinten versteht, und Till kann schon nach wenigen Sekunden nachvollziehen, wie schlimm es für Khakpour und Palffy gewesen sein muss, auf der Eselsbank zu sitzen. Alleine.

Der Dolinar schreit, dass Till am Marianum nie wieder einen Computer anfassen wird. Er schreit, dass Tills erste Aufgabe darin besteht, die Zeiten all seiner im Informatikkammerl gespielten Matches zu addieren, um zu beziffern, wie viel Zeit er dem Dolinar schuldet.

«Und dann mal zwei, Kokorda. Ich will für jede Minute, die du mir gestohlen hast, zwei Minuten zurück!»

Es würde nichts bringen, dem Dolinar zu erklären, dass die Zeiten der Matches, die er auf einer Website namens aoe2insights.com gefunden hat, in *game minutes* angegeben werden und dass *game minutes* in eins-Komma-sieben-facher Geschwindigkeit laufen. Also lässt Till es sein.

Er sieht den dunklen Hintergrund der Website, den der Dolinar – typisch Lehrer – 125-mal mitgedruckt hat, ohne eine Sekunde darüber nachzudenken, wie viel Tinte das kostet.

Er sieht nach vorne, und die Klasse erscheint ihm als etwas Fremdes, weit Entferntes, Abgeschlossenes, als hätte er zu weit nach hinten gezoomt.

Nach der Stunde, als der Dolinar endlich gegangen ist, bildet sich eine Gruppe um Till.

Palffy sagt: «Schau, ich hab doch gesagt, dass es scheiße ist, ausspioniert zu werden.»

41

Sankt Petersburg ist eine schöne Stadt. Auch Till sieht das. Was seinen Klassenkollegen unangenehm erscheint, die endlosen Fußwege, die zu Reisen mit dem Dolinar dazugehören, weil er den Einwohnern fremder Städte nicht zumuten möchte, ihre öffentlichen Verkehrsmittel mit seiner Schulklasse zu verstopfen, sind für Till das einzig Angenehme.

Sobald seine Klassenkollegen aufatmen, weil sie kurz freihaben und zu McDonald's oder Dunkin' Donuts gehen, billige russische Zigaretten rauchen oder Wodka im Supermarkt kaufen können, trübt sich Tills Welt wieder ein.

Till hat nicht frei auf dieser Klassenreise, sondern muss mit dem Dolinar und dem Russischlehrer mitkommen und am Nebentisch Aufsätze schreiben, während die beiden Kaffee trinken und sich unterhalten.

Till liegt allein im Hotel. Sogar die Streber haben sich rausgeschlichen. Das nackte Licht der Weißen Nächte fällt durch das Hotelfenster.

Tills Leben ist so schlimm geworden, dass er nicht mehr von schönen Dingen träumt, sondern von Dingen, die nicht vollständig schlecht sind. Er träumt von Situationen, die okay sind. So wie jetzt. Till kann einfach auf seinem Hotelbett liegen, und für ein paar Stunden passiert nichts. Er chattet mit Mischa, der ihm die beste Shishabar Sankt Petersburgs zeigen wollte und sich wundert, warum Till keine freie Sekunde hat.

Mischa schreibt: *why are you in Russia with scool?*

Und Till antwortet: *bc we study russian in school.*

Mischa schreibt: *rly? say sumthing in russian!*

Till antwortet: *suka bljat.*

Mischa schreibt: *jeb tvoju matj.*

Und Till kann sich gerade so zusammenreimen, was das bedeutet.

Sie tauschen sich über die Erfahrungen mit der Closed Beta der Definitive Edition aus, die vor Kurzem für eine Gruppe von wenigen Hundert Menschen freigeschaltet wurde. Wird die Treffsicherheit der Schießpulvereinheiten noch vor dem Release im November repariert? Klar wird die Grafik besser aussehen, das ist bei den Betas immer so.

Mischa erzählt, dass Tristan vor Kurzem ein Match von Tills neuem *smurf account* hochgeladen hat und natürlich Tiiiko in den Titel geschrieben hat und nicht den Namen des *smurf accounts.*

Till schreibt: *sry have to go*, und bittet Tristan sofort, das Video runterzunehmen.

Danach liegt er lange auf seinem Bett und starrt an die Decke. Er möchte nicht an AOE2 denken, nicht an die Schule, nicht an den Herbst. Und auch der Sommer, die einzige Zeit, die ihm durch nichts verdorben werden kann, ist verdorben. Till schläft nicht ein. Er liest stundenlang Nachrichten, die ihn nicht interessieren.

Als Feli um Mitternacht schreibt: *wie gehts*, bewegen sich seine Mundwinkel nach oben, was seine Amygdala stimuliert und Neutransmitter freisetzt, die ihn für einen Augenblick glücklich sein lassen. Oder ihn für einen Augenblick glauben lassen, dass er glücklich ist.

Feli will Till unbedingt sehen, bevor ihre Klasse auf Sportwoche fährt. Sie fragt Till sehr detailliert nach seinem Zeitplan aus und identifiziert einen Nachmittag in der folgenden Woche als einzig möglichen Termin.

Till hat es irgendwann aufgegeben, ihr zu erklären, dass

keine Freizeit für den Dolinar *keine* Freizeit bedeutet. Dass es sich nicht ausgeht, in der zehnminütigen Jausenzeit zu ihr ins Literaturzentrum zu kommen. Dass er unter keinen Umständen dort rauchen, nicht einmal neben ihr stehen dürfte, während sie raucht, weil schon der Geruch nach Waldmeister ihn verraten könnte.

Till wird sie enttäuschen, er wird ihr, wenn es so weit ist, absagen. Aber er hofft oder ist sich sicher, dass Feli weiß, wie gerne er gekommen wäre und wie sehr er sich freut, dass sie ihn sehen wollte.

Am Nachmittag der folgenden Woche knickt Till ein. Feli schreibt, er solle Bescheid geben, sobald er sich auf den Weg macht, und er schreibt ihr um 16 Uhr 02: *jetzt*, geht ein paar Schritte und läuft dann los, kommt um 16 Uhr 04 bei Feli an, schnaufend und in Erwartung einer Begrüßung, die es nicht gibt.

Feli drückt ihm ein Stoffsackerl in die Hand.

«Du musst dich jetzt konzentrieren.»

«Was?»

«Du nimmst das Sackerl, du läufst hinunter zu den Umkleiden, drückst bei jeder Tür die Klinke hinunter. Bei der letzten stellst du dir vor, sie wäre abgesperrt, gehst rein, hängst das Sackerl an einen Haken, wartest dreißig Sekunden. Dann läufst du in den Park hinaus und zur Glockentür und von dort zurück in deine Klasse.»

«Spinnst du?»

«Los!»

Till läuft los. Er rutscht vier Stockwerke hinunter in den Keller, läuft den Gang entlang, drückt die erste Klinke runter, fühlt sich blöd, tut es trotzdem, drückt zwei, drei, vier Klinken hinunter, geht in die letzte Umkleide und fragt sich, was das heißen soll, sich vorstellen, die Tür wäre versperrt gewesen.

Er hängt das Sackerl an einen Haken, sieht, dass im Sackerl eine Packung Fusilli liegt, fühlt sich noch blöder, wartet dreißig Sekunden und läuft hinaus in den Park, am Gebäude entlang bis zur Glockentür, wo er sich unter diejenigen einreiht, die gerade mit ihrer Jausenmilch aus dem Speisesaal spazieren, läuft an ihnen vorbei und die drei Stockwerke hinauf in seine Klasse.

«Zu spät, Kokorda. Kannst gleich noch zwei Minuten zu deinen Schulden dazuschreiben.»

und?, schreibt Feli später.

was stimmt nicht mit dir, antwortet Till.

ich erklär es dir später

jetzt!

das geht nicht

?

geht nicht am handy

heute abend nach der schule

ich kann nicht. wir gehen ins theater

Till

was?

du muszt noch mal was für mich machen

nein

bitte

fick dich, tippt Till und löscht es wieder.

Tippt später: *ich bin nicht dein spielzeug*. Löscht auch das wieder. Er antwortet einfach gar nicht mehr und denkt, so hätte er es damals mit seinem Vater auch machen sollen: Tippen, aber nicht abschicken.

42

Der vorletzte Schultag. Till erreicht den Bus nach Mauthausen eine Minute vor Abfahrt. Er steigt hinein und freut sich, den Dolinar, der Sehr-knapp-Kommen nur unwesentlich besser findet als Zuspätkommen, noch nicht dort sitzen zu sehen.

Till denkt lange darüber nach, ob Mauthausen etwas ändern wird, ob mit irgendeiner Art von Milde gerechnet werden kann, ob er wirklich, wenn sie zurückkommen, noch mit dem Dolinar in die Klasse gehen und dort zwei weitere Stunden sitzen muss. Ob es vorstellbar ist, dass Till in Mauthausen eine Strafe schreiben muss, während die anderen freihaben.

Der Dolinar hat angekündigt, jeden, der auf dem Gelände des KZ etwas isst oder trinkt, jeden, der lacht oder lächelt oder sich, und sei es nur in Gedanken, pietätlos verhält, zu Fuß zurück nach Wien gehen zu lassen. Till weiß nicht, was sich daraus für seine Situation ableiten lässt. Wäre es pietätlos, ihn dort Strafaufsätze schreiben zu lassen? Oder ist es pietätlos zu glauben, das wäre pietätlos?

Till denkt wirklich schon lange nach. Vorn im Bus steht der Professor Bloeb und sieht auf die Uhr. Es ist zwanzig nach.

Zehn Minuten später schaut der Bloeb wieder auf seine Uhr.

«Tja, dann müssen wir wohl ohne euren Klassenvorstand fahren.»

Sie können es nicht glauben. Sie jubeln so laut, dass der Busfahrer zusammenzuckt. Nie war die Stimmung besser. Der Bus rollt über den Karlsplatz. Die augenblickliche Freude, den Dolinar einen Tag nicht zu sehen, mischt sich mit der

Vorfreude darauf, wie er morgen über den Bloeb schimpfen wird, der im Mittelgang steht und sich an seiner schlagartig gestiegenen Popularität erfreut.

Als sie an der Lila Villa vorbeifahren, sagt der Bloeb: «Und jetzt winkt eurem Klassenvorstand!»

Alle lachen. Zumindest fühlt es sich für diejenigen, die lachen, so an. Alle haben gelacht, würden sie sagen, denn die anderen, die nicht lachen, weil sie den Witz geschmacklos oder homophob oder übergriffig finden, hört man ja nicht.

Till lacht. Er lacht über die Grenzüberschreitung und darüber, wie viel besser sein Tag gerade geworden ist. Und er sieht den Bloeb, den er immer peinlich gefunden hatte, für einige Sekunden mit anderen Augen. Nur für einige Sekunden, weil der Bus direkt hinter der Pilgrambrücke abbremst und Tills Lachen gefriert, genauso wie das seiner Klassenkollegen, als er den Dolinar sieht, der dort in der Einbuchtung steht, mit schwarzer Hose und schwarzem Kurzarmhemd und einem Gesichtsausdruck, der alle Freude aus der Welt zu ziehen vermag.

In Auschwitz, ohne den Dolinar, hatten sie, auf der Lagerwiese sitzend, ihre Jause gegessen, manche hatten Musik auf dem Handy gehört und Gespräche über das Hooters in Krakau und die Jugendlichen aus den Bundesländern geführt. In Mauthausen spricht niemand ein Wort. Viele weinen, als sie die Todesstiege sehen und hören, was dort passiert ist. Till weint nicht.

Erst beim Mittagessen in einem Gasthaus, wo Till nicht anders kann, als sich die dort sitzenden Einheimischen vorzustellen, wie sie in SS-Uniform die Häftlinge quälen, sie die Todesstiege hinunterstoßen und dabei lachen, erst dort wird darüber geredet, wie peinlich der Bloeb ist, dass er sich mit einer Lüge ihre Sympathie erschleichen wollte, im vollen Bewusstsein, dass diese Sympathie sofort ins Gegenteil kippen würde, wenn sich herausstellt, dass der Dolinar nicht in Wien gelassen, sondern auch noch zu Hause abgeholt wird.

«Keine Ahnung, was die Eltern vom Bloeb angestellt haben müssen, damit er so behindert wird», sagt Khakpour.

Um drei sind sie zurück. Sie steigen aus dem Bus. Die anderen gehen, wohin sie wollen, und Till geht mit dem Dolinar durch das Tor, steigt drei Stockwerke hinauf und setzt sich auf seinen Platz. Er denkt daran, wie sie vor Jahren, als sie noch kleine Kinder gewesen waren, im Umschlag von Dolinars altem Stowasser Hakenkreuze entdeckt hatten: ungelenk hingekritzelt und wieder ausgestrichen.

Ist es normal, dass sie den Dolinar nicht nur im Schlagzeuglehrer aus *Whiplash* wiedererkennen, der ihm tatsächlich ähnlich sieht, sondern im Bösen schlechthin, in Sauron, Voldemort und Hans Landa? Dass sie ihn einen Nazi genannt haben, einfach weil ihnen kein drastischeres Bild für das Böse einfiel?

Auch der Dolinar hat in Mauthausen geweint. Und als er ihn weinen sah, erinnerte Till sich an das Begräbnis einer der Küchendamen in seinem ersten Jahr, zu dem sie als einzige Klasse vollständig erschienen waren, und wie er, weil er die Küchendame kaum kannte und sein Vater noch lebte, nicht dieses Gefühl der Beklemmung empfand, das Friedhöfe, Kieswege, Krankenhäuser, schwarze Krawatten und gelbe Wände inzwischen in ihm auslösen.

jetzt!, schreibt Feli.

was, antwortet Till.

jetzt muszt du es wieder machen, schreibt Feli in der Jause. Und: *Ruf mich über signal an sobald du aus der klasze raus bist.*

nein

bitte

nein

ich bitte dich nie wieder um irgendwas

nein, schreibt Till, und wenn Feli sein Gesicht sehen könnte, wüsste sie, wie ernst es ihm damit ist.

ich hab keine jause, schickt er hinterher. Und: *wir sind vor einer halben stunde erst aus mauthausen zurück.*

bitte!

Feli, ich kann nicht

es ist für einen guten zweck!

«Na, wieso schauma so verzwickt?» Der Dolinar kneift seine Augen zu.

«Mir ist schlecht», sagt Till. «Ich glaub, ich muss mich übergeben.»

«Dann geh, aber komm sofort zurück!»

Till steckt beim Aufstehen in einer fließenden Bewegung sein Handy ein. Er geht mit schnellen Schritten zur Tür, hält sich dabei den Bauch, drückt die Tür von außen zu und ruft Feli an. Feli hebt sofort ab.

«Okay, lauf zum Literaturzentrum. Beim Fenster rechts von der Tür liegt der Schlüssel zwischen Fensterbrett und Heizung. Du sperrst auf, du öffnest den Karton, der da steht. Du nimmst das Stoffsackerl heraus. Du nimmst den Schlüssel aus dem Stoffsackerl und steckst ihn ein, es ist noch ein Handschuh drinnen, falls dir graust.»

Till läuft und ignoriert, wie blöd das aussieht, das Handy am Ohr zu haben, während er läuft, denn niemand sieht ihn.

«Dann machst du alles genau wie beim ersten Mal, nur ist diesmal eine Umkleide wirklich zu. Du sperrst sie auf. Du tust die Fusilli in die Taschen, die dort hängen. Zwei Handvoll pro Tasche. Auch das Sackerl hängst du hin. Du sperrst zu. Den Schlüssel behältst du. Und lösch diesen Anruf! Fragen?»

«N...», sagt Till, und Feli legt auf.

Till löscht den Anruf. Er sperrt das Literaturzentrum auf. Er nimmt das Stoffsackerl. Er sieht, dass statt der Fusilli ein Plastikbehälter mit kleinen lebenden Heuschrecken im Sackerl liegt. Er steckt den Schlüssel ein. Er geht hinaus, sperrt ab, legt den Schlüssel zum Literaturzentrum wieder unters Fensterbrett und läuft hinunter in den Keller. Er drückt die Klinken, eins, zwei. Die dritte ist abgesperrt. Till nimmt den Schlüssel. Er passt nicht.

Hat er die beiden Schlüssel vertauscht?

Panik.

Nein, die Tür klemmt, aber sie öffnet sich. Till sieht Sporttaschen, Säcke, riesige Spritzpistolen, eine Kühltasche und ein zusammengefaltetes Banner. Als die Tür hinter ihm ins Schloss fällt, zuckt er zusammen. Er zieht sich den Handschuh an, greift in den Plastikbehälter. Zwei Hände pro Tasche. Till weiß nicht, ob die Sporttaschen oder die Kleidersäcke gemeint sind. Er gibt überall zwei Handvoll Heuschrecken rein.

Das leere Stoffsackerl hängt er an einen Haken. Jetzt erst sieht er, dass auf dem Stoffsackerl das Logo des Schottengymnasiums ist. Er geht hinaus, sperrt ab, läuft los, in den Park, die gleiche Route wie letztes Mal.

Der Dolinar sitzt unverändert am Lehrertisch.

«Lauf ned immer so! Dann wird dir auch ned dauernd schlecht. Und schreib noch drei Minuten zu deinen Schulden.»

Am nächsten Tag schreckt gegen halb acht der Turnwart, ein zum burgenländischen Schulwart in einem distanzierten Verhältnis stehender Serbe, aus seinem Halbschlaf auf.

Hört er da Schreie?

Er geht aus seinem Kammerl in Richtung des Geschreis, betritt den Gang mit den Umkleiden und sieht am anderen Ende zwei Schüler aus der achten Klasse halb nackt davonlaufen.

So war das nicht vereinbart. Er denkt an die zwei leeren Flaschen Wein in seinem Büro und beschließt, seinen Schlüssel sofort zurückzufordern.

Der Turnwart geht zu der Tür, hinter der weiterhin Lärm ist. Er drückt die Klinke, zieht an, und die Tür schlägt ihm ins Gesicht. Er flucht, während ein weiterer nackter Schüler schreiend davonläuft. Blut tropft aus seiner Nase auf den Kachelboden.

«Stehen bleiben!», ruft der Turnwart und ist dann abgelenkt von der kleinen Heuschrecke da auf dem Boden. Statt Geschrei hört er jetzt vereinzelte Schläge. Der Turnwart steigt auf die Heuschrecke und tritt durch die Tür.

Genau wie in der Bibel, denkt er, obwohl diese Plage nach biblischen Standards natürlich enttäuschend erscheint: Die Heuschrecken sind winzig und können kaum einen halben Meter hoch fliegen.

Im Bad eingesperrt findet der Turnwart einen letzten 8Cler, der nur eine Unterhose trägt und mit seinem T-Shirt auf mehrere noch leicht zappelnde Heuschrecken einschlägt.

«Heimchen», sagt der herbeigerufene Kammerjäger. «Ned Heuschrecken. Und des san olles Manderl, de hättens a söba daschlogn kennan, weu fuartpflonzn tuan se de ned.»

«Sind Sie deppert?», sagt der herbeigerufene Polizist, der mit den starken Worten *biologisches Attentat* aus seiner Wachstube in der Taubstummengasse hergelockt worden ist und weder Anhaltspunkte für ein solches Attentat noch in der lädierten Nase des Turnwarts eine Körperverletzung erkennen kann.

«Rufen Sie nie wieder die Polizei wegen so einem Blödsinn!»

«Diese Buben aus der 8C sind das Allerletzte», sagt die Direktorin, als die vom Kammerjäger gereinigte Umkleide begutachtet werden kann und die Situation sich aufzuklären beginnt.

Es war also, nach mehreren Jahren Ruhe, wieder ein Maturastreich geplant worden, und zwar von Schülern der 8C unter Beteiligung der beiden wegen Rauchen entlassenen Buben. Der Maturastreich sah vor, Smokings anzuziehen, sich mit Champagner zu betrinken, ein Banner mit der Aufschrift *Wet Blouse Friday* im Hof aufzuhängen und die in Festkleidung erschienenen Schülerinnen beim Verlassen der Schule von mehreren strategischen Punkten aus mit Wasserpistolen abzuschießen.

Als eine nach Körbchengröße sortierte Liste gefunden wird, die neben den Namen von Schülerinnen auch die einiger Lehrerinnen enthält, sowie eine Aufschlüsselung des Punktesystems, nach dem die 8Cler ihre Treffer untereinander abgleichen wollten, fragt niemand mehr, wer für den Streich auf den Streich verantwortlich ist.

Der Schulsprecher des Schottengymnasiums wird zwar angerufen, streitet jede Beteiligung aber glaubhaft ab, und es wird beschlossen, die geradezu gaunerhaften Kosten für den Kammerjäger den Schweinen aus der 8C in Rechnung zu stellen und im Gegenzug von Anklagen wegen Hausfriedensbruchs und Körperverletzung abzusehen.

Kollegium und Schülerschaft sollen den wohlverdienten Sommer genießen, findet die Direktorin, die sich ihrerseits in die mehr als wohlverdiente Pension verabschiedet.

43

Feli und Fina werden den größten Teil der Sommerferien getrennt voneinander verbringen: Feli in Lyon und Fina in Osttirol. Sie wollen arbeiten und echte Menschen sehen. Feli erklärt den Wunsch auch damit, dass sie Trotzkistinnen geworden sind.

Till ist sich nicht ganz sicher, wie sehr das stimmt, denn ein Ferialjob in einem Museum für moderne Kunst ist für ihn keine richtige Arbeit. Und Fina, die den Begriff noch eher für sich in Anspruch nehmen könnte, spricht hauptsächlich davon, auf dem Hof in Osttirol ein paar *herzige Bauernboys* kennenlernen und das *simple life* leben zu wollen.

Till spielt die erste Woche auf seinem *smurf account* und wechselt dann wieder zu seinem Hauptaccount, weil er denkt, der Dolinar soll ruhig sehen, wie viel er spielt, schließlich hat er frei und muss sich für nichts rechtfertigen. Er fühlt sich trotzdem nachts, direkt vor dem Einschlafen, oder morgens, wenn er aus einem Schultraum aufwacht, manchmal grauenhaft durchsichtig.

Ende August, bevor er zur *gamescom* nach Köln fährt, besucht er Fina und Feli. Er fährt mit dem Zug nach Lienz und wird am Bahnhof von einer älteren Frau abgeholt, die er kaum versteht. Einen ganzen Abend spielt er mit Fina, der alten Bäuerin und zwei Kindern in ihrer Stubn Kartenspiele, wundert sich, dass Fina und er dabei keinen Alkohol trinken und nicht rauchen und trotzdem hysterisch lachen. Es ist, als hätte er vergessen, wie es war, ohne Alkohol aufgedreht zu sein.

Als die anderen ins Bett gegangen sind, setzt sich Till mit Fina ein paar Hundert Meter vom Haus entfernt in die Dunkelheit, kifft mit ihr und kann dann lange nicht einschlafen, weil seine Gedanken mit geschlossenen Augen wie ein Tunnel sind, aus dessen Fluchtpunkt immer neue Bilder purzeln.

Um halb fünf am Morgen kommt Fina in sein Zimmer und sagt, er müsse jetzt aufstehen und mit ihr melken gehen. Sie öffnet das Fenster, dreht das Licht auf, zieht ihm die Decke weg: «Ich hab dir gesagt, wenn du kommst, dann musst du mithelfen!»

Till wundert sich, wie gut Fina hierherpasst, von den Gummistiefeln bis zum Kopftuch, das hauptsächlich nach Jungbäuerin aussieht und nur ein bisschen nach Cabrio.

Fina erklärt ihm die Bewegung und zeigt sie vor, und als Till an die Reihe kommt, kann er, weil er offenbar mehr Stadtkind ist als Fina, nicht anders, als es pervers zu finden, einer Kuh die Nippel zu massieren.

Till fährt über Fortezza, Verona und Mailand weiter nach Lyon, kommt nach zwölf Stunden Fahrt dort an und geht vom Bahnhof zu Fuß durch die halbe Stadt ins Musée d'Art Contemporain. Als er Feli hinter einem Schalter im Foyer sitzend entdeckt, in einer Uniform aus weinrotem Schnürlsamt, als sie aufspringt und zu ihm läuft, denkt Till, jeder Mensch, der Feli so sieht, müsse sich in sie verlieben. Oder vielleicht denkt er das erst später, denkt erst im Nachhinein, er habe es in diesem Moment gedacht?

Feli umarmt Till, und er spürt eindeutiger als je zuvor,

dass es einen Unterschied zwischen Feli und Fina gibt, dass sie für ihn nicht gleich sind, obwohl sie immer als Einheit erscheinen, als *Feli und Fina*, und es liegt nicht an den Unterschieden zwischen ihnen, dass sie anders aussehen, andere Talente und Interessen haben, sondern daran, dass Till nicht dasselbe für sie empfindet.

Wenn Fina ihn anlächelt, mit dem Kopftuch und den Eutern in der Hand, dann fühlt er trotz aller Müdigkeit etwas Schönes, Ruhiges, Angenehmes, weil es sich immer angenehm anfühlt, hübsche Menschen anzuschauen, Menschen, die man mag, die zurückschauen, lächeln, einen auch mögen.

Aber wenn er Feli näher kommen sieht und sie ihn umarmt, klopft sein Herz, und er fragt sich, ob alle Menschen, die sie sehen, annehmen, sie seien ein Paar, und merkt erst durch diesen gedanklichen Umweg, dass er sich das wünscht. Das und nichts anderes.

Sie leben wie Erwachsene, gehen Kaffee trinken, sitzen in der Wiese, spazieren durch die Stadt, reden und reden. Till fragt sich immer wieder, ob sie wie ein Paar aussehen könnten, und erschrickt immer wieder über die Einsicht, die er, wenn er zurückdenkt, natürlich schon zuvor gehabt haben muss: dass er in Feli verliebt ist, auf völlig aussichtslose Weise. Und er fragt sich, ob Feli ihn hier, weit weg von Wien, vielleicht öfter an der Schulter und am Arm berührt als sonst, und falls ja, ob das etwas bedeuten, ob vielleicht, in irgendeiner parallelen Realität irgendeine Möglichkeit bestehen könnte, dass ...

Er sieht viele Stunden lang in Felis Augen.

Feli macht Abendessen, und sie trinken eine Flasche Rotwein. Feli holt Eis aus dem Tiefkühler, und Till zieht ein bisschen zu oft an ihrem Joint. Sie öffnen noch eine Flasche Rotwein, und irgendwann, während Feli am Klo ist, nachdem sie sich an der Klotür umgedreht und Till angeschaut hat, denkt Till: Vielleicht passiert es heute. Denkt: Wenn heute Abend nichts passiert, wird nie etwas passieren.

Wenige Stunden später sitzt er im Zug nach Paris und weiß, dass nie etwas passieren wird, dass er Feli nicht noch einmal küssen, nie Händchen haltend mit ihr durch Wien spazieren und nie mit ihr zusammen sein wird. Und, als wäre das nicht schon schlimm genug, versteht er, dass auch ihre Freundschaft zerbrechen wird. Denn Feli wird sich irgendwann verlieben. Es ist ein Wunder, dass Feli sich nicht schon längst verliebt hat. Es ist kein Wunder, wenn man bedenkt, dass Feli ihre Tage im Marianum verbringt und nichts weniger attraktiv findet als den dort anzutreffenden Typus, die typischen 8Cler, all die Paulusse, Vinzents und Benedikts, und dass Till der einzige männliche Marianist ist, mit dem Feli freiwillig redet.

Wenn Feli in zwei Jahren mit der Schule fertig sein wird und in jene Bereiche der echten Welt kommt, die sie interessieren, werden sich alle wundern, dass man jemanden wie sie so lange verstecken konnte, denkt Till, als wäre Feli in einem Kloster mit Nonnen und Eunuchen, fernab der Zivilisation, aufgewachsen, und alle werden sich in sie verlieben, weil sie klug und schön und witzig ist.

Und irgendwann, daran besteht für Till kein Zweifel, wird auch Feli sich verlieben. In einen Menschen, der auch klug und schön und witzig ist. Sie wird ihn Till und Fina vorstellen, und Till wird den beiden dabei zusehen müssen, wie sie sich küssen und umarmen, wird lügen müssen, mit jedem Satz und jedem Atemzug. Und selbst wenn sich die beiden irgendwann trennen, wird das an seiner Lage nichts ändern, weil er das, was er davor nicht sagen konnte, dann noch weniger sagen kann.

Feli schreibt, wie sehr sie sich über Tills Besuch gefreut hat. Sie schickt Herzen. Sie schreibt: *war cooLer als in wien oder?* Und Till antwortet: *j@@@* und schickt auch ein Herz.

Es gibt keine Lösung für sein Dilemma. Er kann seine Gefühle für den Rest seines Lebens unterdrücken oder sich als Arschloch outen wie die anderen Buben in seiner Klasse, die Freundschaften zu Frauen nur als Transitzone sehen, die es zu verlassen gilt.

Es tut ihm gut, dass in Köln niemand über den Dolinar oder das Marianum oder Feli redet. Till spielt seine Matches und geht mit den anderen Pros rauchen. Er wird von den Securitys eines deutschen Streamers geschubst, weil er ihnen im Weg war, und als Wei, ein chinesischer Pro, ihn zur Spielemesse nach Schanghai einlädt, sagt er zu und erschrickt, als Wei ihm erklärt, er werde alle nötigen Rädchen in Bewegung setzen und Till müsse nur einen Termin ausmachen, um das Visum zu beantragen.

44

Sein ganzes Leben hat Till sich gefragt, ob er zu früh oder zu spät geboren wurde, ob die Vergangenheit besser, schöner, spannender war – das alte Rom, die Zeit der Ritter, Musketiere und Babyboomer, die Nullerjahre, als Age of Empires 2 Teil des Mainstreams war und man bei Turnieren Hunderttausende Dollar gewinnen konnte, auch wenn er nicht sagen könnte, welche Epoche der Vergangenheit denn nun die letzte gute gewesen sein soll oder ob – hoffentlich – die Zukunft besser wird, die Zukunft, von der aus gesehen Till ein Relikt sein wird, weil er noch samstags Unterricht hatte und in der Schule Bücher lesen musste.

Als Till in die achte Klasse kommt, ist er sicher, keinen Tag zu früh geboren worden zu sein. Anstelle des Schülercafés gibt es einen Kindergarten und, dort wo der Firsty-Platz war, einen Spielplatz für die Kindergartenkinder. In das moderne Gebäude über der Turnhalle, das gleichzeitig mit ihr errichtet worden war und die letzten zwanzig Jahre als Mahnmal für überzogene Ambitionen leer gestanden hatte, zieht tatsächlich die Volksschule ein.

Schon im Torbogen, inmitten des Gewimmels, erscheint Till das ehemalige Marianum klösterlich und seine eigene Kindheit ernster und auf eine paradoxe Art freier als die dieser Kinder, die keine Orte wie das Rauchereck oder das Informatikkammerl haben werden, keine Orte, die ihnen gehören. Er ist froh, in einer Welt aufgewachsen zu sein, in der Inkompetenz die Norm war und nicht Ehrgeiz, in der Musiklehrer nicht unterrichteten, sondern ihre zwölfjährigen Schüler *Oldboy* und *Memories of Murder* anschauen ließen, er ist froh, einen Turnlehrer wie den Betsch gehabt zu haben, dem alles auf eine Art egal war, die sich die Kinder hier gar nicht mehr vorstellen können, und diese etwas paradoxe Form der Nostalgie knüpft daran an, was er an langen Fernsehnachmittagen empfunden hatte, wenn er Sitcoms aus den 1990ern sah, in denen eine Welt abgebildet wurde, die er nur aus dem Fernsehen kannte.

Till trifft eine Freundin seiner Mutter und deren Tochter im Torbogen und begleitet sie in den Festsaal. Er erinnert sich, an seinem ersten Schultag mit den anderen Kindern dort gesessen, die vier Klassenvorstände gesehen und gedacht zu haben: *Bitte eine der netten Frauen oder den lächelnden Mann, bitte nur nicht den einen, der so streng schaut.* Das Mädchen neben Till fällt auf, weil alle anderen Mädchen Röcke tragen und sie eine Hose, und man sieht ihr an, sie hat schon jetzt verstanden, dass man hier nicht auffallen darf.

Till lässt seinen Blick über die anderen Kinder schweifen und weiß bei jedem Kind, welchem seiner Mitschüler es ähneln und auf welchen der an dieser Schule hervorgebrachten Archetyp es hinauslaufen wird.

Der neue Direktor redet über Werte und darüber, dass die Kinder an dieser Schule mehr Zeit verbringen werden als mit ihrer Familie. Er sagt den Eltern, sie sollen nicht alles glauben, was ihre Kinder über die Schule erzählen werden, und im Gegenzug werde er nicht alles glauben, was die Kinder von zu Hause erzählen.

Einige Eltern lachen, weil sie das für einen Witz halten.

Till geht in seine Klasse.

Er lässt sich in sein letztes Schuljahr fallen wie in einen leeren Pool.

Es gibt Menschen, für die jeder Tag ein weißes Blatt ist. Die sich treiben lassen, wohin es sie trägt, in Straßenbahnen steigen und von der Endstation aus einfach losgehen, in Cafés oder Espressos sitzen, ohne auf irgendwen oder irgendwas zu warten. Die Zeit haben, ihre Umwelt zu betrachten. Es gibt Menschen, die aus Verzweiflung so leben, und Menschen, die es aus Langeweile tun, Versorgte und Versandelte.

Es gibt Menschen, die den ganzen Tag in einem Callcenter oder hinter einer Kassa sitzen und nach der Arbeit bei GTA oder Breath of the Wild, bei Bolaño oder Pessoa diese Ziellosigkeit finden, sie in einer Intensität ausleben, die ihnen erlaubt, noch einen weiteren Tag durchzuhalten, bis sie endlich zwei Nächte und irgendwann, in weiter Ferne, zwei Wochen am Stück freihaben.

Und es gibt Menschen, die wissen, dass dieser Zustand irgendwann enden wird, die einer besseren Zukunft entgegenblicken, sodass sie, während sie ihre Aufgaben erfüllen, eigentlich nur diese Zukunft erwarten. Menschen, denen Eskapismus unnötig erscheint, weil sie noch die Perspektive haben, all dem zu entkommen.

Till hakt einen Tag nach dem anderen ab. Er liest *Heldenplatz* von Thomas Bernhard, und er schreibt einen Einser auf die dazugehörige Schularbeit, weil er über Bernhard genau das schreibt, was er sich nach Mauthausen über den Dolinar denkt: dass Bernhard die Nazis gehasst hat, aber auch diejenigen, die glauben, dass sie keine Nazis gewesen wären, die Angepassten und die Opportunisten, die Städter und die Menschen vom Land, die Sozialisten und die Journalisten, die *abgeschmackten deutschen Feuilletons* und den *totalen Stumpfsinn der österreichischen Drecksblätter*. Dass Bernhard durchschaut hat, wie Reichtum und Bildung und Tradition dazu dienen, Menschen seiner Herkunft auszuschließen, und trotzdem an nichts anderem interessiert ist als an teuren Herrenmodegeschäften im 1. Bezirk, alten Meistern und der Vergangenheit.

Eine inhaltlich u. stilistisch erstklassige Arbeit, schreibt der Dolinar.

Till geht nicht ins Literaturzentrum, wo noch immer keine Veranstaltungen stattfinden, obwohl die *soft opening*-Phase schon längst vorbei sein sollte. Deshalb bekommt er erst mit einiger Verzögerung mit, dass zu Felis Feinden über den Sommer ein neuer hinzugekommen ist, ein Mann, den man groß nennen muss, weil er 1 Meter 90 misst, über den der

Dolinar allerdings schon wiederholt gesagt hat, er sei charakterlich der kleinste Mann, den er kenne: der Professor Bloeb.

Im Gegensatz zum Lassner, der durchschnittlich groß ist und auf dessen Wangen sich ein Ausdruck der Arroganz festgeschrieben hat, der ihn auf den ersten Blick als Marianisten entlarvt, und im Gegensatz zu der auffällig kleinen Lehrerin aus Oberösterreich, deren Name im Grunde nur aus Suffixen besteht, die beide auf Wiedergutmachung für die erlittenen Kränkungen und damit auf Rache aus sind, hat der Bloeb ein pragmatisches Interesse daran, Feli zu schaden. Er ist sicher, dass Feli hinter den Heuschrecken steckt, denn er hat genau zum Tatzeitpunkt Schritte gehört und eine Silhouette an seiner Glastür vorbeihuschen sehen, und obwohl ihn der Streich auf den Maturastreich an sich nicht besonders interessiert, möchte er die Gelegenheit nutzen, um, bevor die Idee eines America Center wieder die Runde machen kann, Platz für sein Europa-Zentrum zu gewinnen, dessen räumliche Gegebenheiten ihm, nicht nur aufgrund seiner Körpergröße, völlig unzufriedenstellend erscheinen.

An einem Freitagnachmittag kommt der Bloeb ins Studium und sagt, dass er Till im Zusammenhang mit dem Maturastreich letztes Jahr befragen möchte. Till zuckt zusammen.

«Franz», antwortet der Dolinar sehr freundlich, «wenn du die Unschuld aller anderen Schüler dieses Hauses zweifelsfrei festgestellt hast, dann kannst du gerne in meine Klasse kommen und meine Schüler befragen. Und jetzt geh bitte, wir haben zu tun.»

Kichern.

Als die Tür hinter dem Bloeb zugeht, sieht der Dolinar Till böse an, sagt aber nichts.

Weder Till noch irgendjemand sonst erfahren, wie der Dialog zwischen dem Bloeb und Felis Mutter abgelaufen ist, die der Bloeb ins Europa-Zentrum zitiert hat, um sie bezüglich des Verhaltens ihrer Tochter aufzuklären, denn Felis Mutter möchte nicht, dass andere wissen, wie vehement sie ihre Tochter gegen Bloebs Vorwürfe abgeschirmt und mit welcher an amerikanische Politserien erinnernden Erbarmungslosigkeit sie den Bloeb zusammengestaucht hat, nicht zuletzt dafür, sich nicht erhoben zu haben, als eine Dame sein Büro betrat.

Und der Bloeb, der einige Zeit braucht, um sich von dem Gespräch zu erholen, erzählt erst recht niemandem davon und ergreift in dieser Causa auch nicht mehr die Initiative.

Zu seinem Glück mischt sich wenige Tage später jemand anders ins Geschehen ein, jemand, von dessen Existenz bisher niemand am Marianum Notiz genommen hatte, dessen Einmischung daher niemand vorhersehen konnte: ein Depperter.

Man könnte natürlich neutralere Begriffe für diesen Mann finden, ein Sensibler, denn er war immerhin sensibel genug, um eine minimale Verbesserung der Luftqualität über den Sommer zu bemerken, ein Amerikaner, ein Asthmatiker, ein Aktivist, ein Einzelgänger, ein *lone wolf*.

Als aber innerhalb der Schule erstmals ein Begriff für den Mann gebraucht wird, fällt die Wahl doch wieder auf: ein Depperter.

«Herst», sagt der Turnlehrer Betsch, der, wie viele Lehrkräfte, auch in seiner Pension noch gerne ins Marianum zurückkehrt, «herst», sagt er, während er mit mehreren ehemaligen Kollegen auf der Laufbahn steht, und unterbricht damit ihr Gespräch über das Zerwürfnis zwischen Dominic Thiem und seinem Trainer. «Da is a Depperter.»

Er zeigt auf das Dach der alten Turnhalle, wo sich ganz klein eine Silhouette abzeichnet.

Sie gehen, so schnell sie können, ohne zu rennen, kommen zum Beachvolleyballplatz. Der Betsch ruft: «Herst, Depperter!» Und weil in der Einzahl auch bei notorischen Verfechtern des generischen Maskulinums wie dem Turnlehrer Betsch klar ist, welches Geschlecht sie ansprechen, setzen die Volleyballerinnen ihr Spiel fort, ohne den Schrei zu beachten.

Der Betsch ruft: «Schleich dich runter da, Depperter!»

Einer der jungen Turnlehrer, der für ein halbes Jahr in den USA gelebt hat, sagt: «Der hat da was in der Hand.» Aber niemandem fällt auf, wie erschrocken er dabei klingt.

Tatsächlich blinkt etwas Metallisches in der Hand des Depperten. Als er sich aufrichtet und mit einem Zeigefinger seine Brille zurechtrückt, besteht aber kein Zweifel mehr, dass es sich um einen harmlosen Depperten handelt.

Er gibt sich als Student der Diplomatischen Akademie zu erkennen, spricht in schwer verständlichem Deutsch über eine *Ontersukung* und wedelt triumphierend mit jenem Gegenstand, den der junge Turnlehrer für eine Waffe gehalten hatte und der in Wahrheit ein Gerät zur Messung der Luftqualität ist.

Der Betsch wechselt vom Deutschen ins Englische, und trotz seines schweren Akzents und seines limitierten Wortschatzes besteht kein Zweifel an seiner *message*: «Fuck down, Depperter, fuck down now!»

Der Depperte, der alle für ihn relevanten Informationen auf dem Dach sammeln konnte, kommt der Aufforderung nach und verschwindet in Richtung seines Studentenzimmers, das direkt neben dem Schornstein des Literaturzentrums liegt, allerdings nicht ohne diesen Schornstein im

Gehen noch kurz abzufilmen. Er steckt sein Handy erst weg, als der Betsch zu schreien beginnt, jetzt sei es ihm «nimmer wurscht», jetzt rufe er die WEGA: «Damit s' den Depperten daschiaßen!»

«Da war ein Typ auf dem Dach», sagt Fritzi, als er aus dem Park kommt und nach hinten zu seinem Kasterl geht.

«Ah», antwortet Till und widmet sich weiter seinem Aufsatz.

Sein Handy ist abgeschaltet. Alle Handys in der 8B sind abgeschaltet, denn der Dolinar hat gestern durch die Lichtspiegelung in einer Klarsichthülle bemerkt, dass Emma Ghisettis Handy während der Deutschstunde lediglich stummgeschaltet war und mit jeder neuen Benachrichtigung aufleuchtete, und hatte einen spontanen Wutanfall, weshalb, zumindest für einige Tage, Vorsicht angesagt ist.

Till hebt mehrmals den Blick, um zu sehen, ob er das Handy aus der Hosentasche auf den Tisch und hinter seinen Bücherstapel befördern kann, aber jedes Mal trifft sein Blick den vom Dolinar, der ihn entweder die ganze Zeit anstarrt oder immer genau dann, wenn Till aufsieht.

Till senkt seinen Blick wieder. Erst um drei viertel sechs, als er die Klasse verlässt und den Weg zum Marmorlöwen einschlägt, auf den zu spucken schwierig geworden ist, seit das Stiegenhaus und der große Kaiseradler an der Decke renoviert wurden, seit der neue Direktor dieser letzten verbliebenen Tradition den Kampf angesagt hat, erst da dreht Till sein Handy auf.

Minutenlang steht er da und starrt auf den Bildschirm, sieht die Insta-Storys, Fotos und Nachrichten der letzten Stunden, sieht Feli und Fina vor der Direktion sitzen, sieht ihre Selfies mit dem Ketten-Emoji und den Hashtags #freefeli und #freefina. Er sieht sie lachen und die von ihnen genervte Sekretärin böse schauen.

Till erfährt nichts von den Vorgängen im Hintergrund, von Lassners SMS an den neuen Direktor, die umso erstaunlicher ist, als der Lassner in anderen schulischen Angelegenheiten wochenlang unerreichbar ist, von Felis Vergehen aber offenbar innerhalb weniger Minuten erfahren hat und sich mit den Worten *diese göre bitte umgehend entfernen, mfg prof. dr. lassner* vehement für ihren Schulverweis einsetzt.

Sogar der Direktor, dessen Freundlichkeit immer durchscheinen lässt, wie schnell es damit wieder vorbei sein kann, empfindet Lassners Nachricht als unpassend, bezieht sie aber ebenso wenig in seine Überlegungen ein wie Feichtlers leidenschaftliches Plädoyer für kreative Freiräume, Verständnis und zweite Chancen.

Die Lage ist für ihn einfach: Zwei Schülerinnen wurden beim Rauchen erwischt, und es wurden bei ihnen Drogen gefunden. Sie haben in Kauf genommen, dem Ruf der Schule zu schaden, und sie können froh sein, dass es dem Ruf der Schule noch mehr schaden würde, die Polizei in dieser Angelegenheit zu verständigen.

Als der Feichtler beim Rausgehen wutentbrannt sagt: «Solchen unsolidarischen Leut wie Ihnen sollte verboten werden, sich Sozialisten zu nennen», antwortet er: «Ich bin Sozialdemokrat, Herr Kollege, und ich würde Politik gerne aus der Schule raushalten, wenn's geht.»

Feli und Fina haben das Schulgelände schon verlassen, als die Entscheidung über ihre Zukunft fällt. Sie haben Boomerangs davon gemacht, wie sie auf den Löwen spucken, und als Till vom Handy aufsieht und den Löwen passiert, ist von ihrer Spucke keine Spur mehr zu sehen.

Till geht nach Hause und fährt seinen Computer hoch.

Er öffnet die Website vom Chinese Visa Application Center, macht sich einen Termin für den 16. Oktober aus. Dann schreibt er Feli: *ich komm zu dir nach hause, ok?*

45

Es liegt eine Freiheit darin, seine Ängste wahr werden zu sehen, denn Ängste, die wahr werden, hören auf, Ängste zu sein. Vielleicht wäre auch Tills Vater, der noch 2015 ausschließlich Schneidbretter aus Plastik kaufte, um sie mindestens ein Mal die Woche mit sechzig Grad zu waschen, erleichtert gewesen, wenn die Schweinegrippe tatsächlich ausgebrochen wäre und alle anderen hätten einsehen müssen, dass seine Vorsicht keine Angst war oder seine Angst berechtigt.

Till geht so leicht und federnd die Argentinierstraße hinunter, als würde er neue Schuhe tragen, und er hat dabei eine Einsicht, die naheliegend erscheinen mag, betrachtet man Felis Situation von einem soziologischen Standpunkt aus, die für Till aber erst jetzt deutlich wird: Es ist alles egal. Es ist egal, in welche Schule Feli geht, ob sie überhaupt in die Schule geht, ob sie maturiert oder eine Lehre macht, ob sie arbeitet oder nicht arbeitet.

Till kommt an dem Haus vorbei, in dem Alexanders Vater wohnt und dem man ebenso wenig wie allen anderen Häusern im Botschaftsviertel ansieht, wie luxuriös die darin gelegenen Wohnungen sind, so wie es überhaupt unmöglich ist, Wien als Ansammlung von Immobilien zu denken und sich den dahinterstehenden Reichtum vorzustellen.

Feli, das begreift Till, noch bevor er zum Palais Schwarzenberg kommt, gehört zu diesen Menschen, die im Grunde sowieso nicht scheitern können, weil auch der größtmögliche Absturz sie nie hinter den Punkt zurückwerfen könnte, auf den andere ein ganzes Leben hinarbeiten.

Till geht also guter Dinge zu Feli, guter Dinge und unvorbereitet auf die Situation, die ihn dort erwartet. Es überrascht ihn, dass bei Feli zu Hause gerade ein Gartenfest stattfindet und dass, bevor er die Treppen zu ihrem Zimmer hinaufsteigen kann, eine ORF-Moderatorin ihm, ohne ihn anzusehen, sagt, sie hätte gerne ein Glas Sekt, woraufhin Till ihr eines aus der Küche holt, um gleich darauf von Felis Mutter aufgefordert oder, bei etwas großzügiger Auslegung des Wortes, gebeten zu werden, kurz mit ein paar Sesseln zu helfen und daraufhin eine halbe Stunde lang mit den Menschen von der Cateringfirma verschiedenste Arbeiten auszuführen, bis Felis Vater ihn an der Bar entdeckt, sich für seine Frau entschuldigt und Till von seinen Aufgaben entbindet.

Es überrascht Till, dass Feli weint, wie er sie noch nie hat weinen sehen.

Für Feli ist gerade die Prämisse der Ähnlichkeit zerbrochen, die weit über die Jugend hinaus den Kern vieler Freundschaften bildet, egal, wie offensichtlich die Unterschiede anderen erscheinen mögen, egal, wie hypothetisch die angenommene Ähnlichkeit bleibt. In Felis und Finas Fall zeigt sich die Unähnlichkeit nicht nur darin, dass Finas Schulvertrag aufgrund schwerwiegender disziplinärer Vergehen aufgelöst, Feli aber *gegangen* wird, also freiwillig ausscheidet, sondern vor allem darin, dass Fina keine neue Schule innerhalb des Gürtels findet, während Feli sofort einen Platz am Akademischen Gymnasium erhält. Es macht offenbar doch einen Unterschied, ob man sitzen bleibt oder ein Jahr überspringt.

Feli weint, weil Fina ihr genau das vorgeworfen hat: dass

sie sich weniger Sorgen um ihre Zukunft machen muss und nur aus dieser Position heraus entspannt sein kann. Und Feli weint, weil ihr eine Freundin aus der Pferdemädchenzeit geschrieben hat, ihre Mutter erlaube nicht, dass Feli sie im Sommer am Attersee besuchen kommt, weil sie gehört habe, Feli sei drogenabhängig.

Feli weint, und Till widersteht lange dem Drang, sich neben sie zu setzen und sie in den Arm zu nehmen, weil es ihn daran erinnern würde, was er als sein schmutziges Geheimnis ansieht. Irgendwann umarmt er Feli doch unter der sich selbst gestellten Bedingung, nicht heute, aber so bald wie möglich ehrlich zu ihr zu sein.

Und so hat Felis Rauswurf auf eine sehr abstrakte Art doch wieder etwas Gutes. Denn sollte sie Till zu hassen beginnen, weil er mit seinen Gefühlen ihr gegenüber ehrlich ist oder weil er es viel zu lange nicht war, dann laufen sie sich zumindest nicht mehr dauernd über den Weg.

Als die Gäste weg sind, gehen Till und Feli hinunter, und Till richtet zwei Teller mit Resten vom Catering her. Felis Eltern kommen dazu, und Till wird davon überrascht, wie schnell Feli und ihre Mutter zu streiten beginnen und wie schnell er selbst Gegenstand dieses Streits geworden ist, weil Felis Mutter ihn als Negativbeispiel anführt und die rhetorische Frage in den Raum stellt, ob Feli etwa wie er enden und dafür ihre Zukunft opfern wolle.

Es überrascht Till, den Streit zwischen Feli und ihrer Mutter eskalieren zu sehen, während ihr Vater kein einziges Wort sagt. Und als Feli ihre Mutter eine Fotze nennt und ein volles Weinglas gegen ein Gemälde von Xenia Hausner schleudert, atmet Till erschrocken ein, und weil Feli daraufhin innehält und sich zu ihm umdreht und es auch sonst völlig still ist, steht plötzlich Tills Einatmen im Mittelpunkt, und Felis Mutter sieht ihn so böse an, als sei seine Anwesenheit noch schlimmer als das, was Feli getan hat.

Feli läuft die Treppen hinauf, ihre Mutter folgt ihr schreiend, und als die Geräusche aus dem oberen Stock nur noch gedämpft zu vernehmen sind, sagt Felis Vater: «Toll.»

«Was?»

Felis Vater zeigt auf das Gemälde.

«Bei jedem anderen Bild wäre ich ihr böse gewesen.»

Till ist schon bei der Tür, als Felis Vater nach ihm ruft und ihn bittet, noch kurz mit ihm in den Garten zu gehen. Er holt in rosa Papier gewickelte Zigaretten aus einem silbernen Etui und bietet Till eine an. Als er zu sprechen beginnt, eine Pause macht, um an der Zigarette zu ziehen, und weiterredet, ist die Ähnlichkeit zu seiner Tochter wieder offensichtlich.

«Alicias Vorfahren waren Serer, also Angehörige einer Minderheit, der auch der wichtigste Präsident des Senegal, Leopold Senghor, angehörte, und genau wie Senghor waren sie Christen und dadurch eine doppelte Minderheit ...»

Till fragt sich, ob ihn Felis Monologe auch irgendwann langweilen werden, ob Feli irgendwann auch zu weit ausholen und sich damit ähnlich unangemessen verhalten wird wie ihr Vater, denn nichts braucht Till gerade weniger als eine Lektion in senegalesischer Geschichte.

«Alicias Großvater hat die Tochter libanesischer Einwanderer geheiratet, ein völliger Regelbruch, der auf viel Widerstand stieß. Aber als sein Sohn, Alicias Vater, Anfang der Sechzigerjahre nach Wien kam und ein Kind mit einer Österreicherin, einer Journalistin, zeugte, obwohl er sich im Senegal schon verlobt hatte, verhielten sich seine Eltern um nichts toleranter, als es ihre Eltern gewesen waren ...»

Till hat seine Zigarette geraucht und möchte nach Hause. Felis Vater hält ihm eine zweite hin, während er weiterredet: «Man könnte das noch weiterspinnen und sagen, dass Alicia damals vielversprechendere Verehrer hatte als mich, und über meine Seite der Familie könnte man natürlich auch ... Nun, das tut ja nichts zur Sache. So viel nur: Auch wir haben eine Menge Mesalliancen vorzuweisen, und zwar in beide Richtungen, womit ich natürlich nicht sagen will, dass das mit dir ...»

Jetzt sieht Till Felis Vater an.

«Jedenfalls, was ich dir sagen wollte: Felicité hat von beiden Seiten eine Disposition mitbekommen, sich in die nicht naheliegenden Menschen zu verlieben. Also mach dir keine Sorgen diesbezüglich. Und erst recht nicht wegen Alicia. So wie die Dinge zwischen Alicia und Felicité stehen, müsstest du dir wahrscheinlich mehr Sorgen machen, wenn Alicia ein Fan von dir wäre.»

Felis Vater klopft Till auf die Schulter und geht zufrieden zurück ins Haus, wo noch immer gestritten wird. Und Till denkt: Shit, sogar ihr Vater hat mich schon durchschaut.

46

Das nächste Mal treffen sie sich beim Begräbnis von Felis Opa, der einen Hirnschlag erlitten hat. Till steht ganz hinten in der Feuerhalle Simmering neben Fina, und als er Feli vorne sitzen und weinen sieht, rinnen auch ihm die Tränen runter.

Fina gibt Till ein Taschentuch und legt den Arm um ihn, und aus irgendeinem Grund weint Till daraufhin noch mehr.

Sie gehen als Letzte vor, um den Angehörigen zu kondolieren. Zu Felis Mutter sagt Till: «Mein herzliches Beileid.» Felis Vater hält Tills Hand mehrere Sekunden lang fest. Feli steht nicht bei ihren Eltern. Sie umarmt Fina und Till gleichzeitig und weint dabei, und Till weint auch, und Fina sieht traurig aus, ohne zu weinen.

Eine von Felis Tanten wirft ihnen einen unfreundlichen Blick zu.

Nach dem Leichenschmaus stehen sie zu dritt im Garten vom Concordiaschlössl und rauchen, und Till schämt sich, weil er Felis Opa nicht kannte und nicht seinetwegen geweint hat.

Wenige Wochen später, bevor Till sich fragen kann, ob er Feli bewusst aus dem Weg geht, passiert etwas, das nicht nur vorhersehbar war, sondern im Grunde unvermeidbar, ihm aber dennoch wie ein Wunder erscheint: Er wird 18.

Till ist erwachsen, er darf am Nachmittag die Schule verlassen und zu einem Notar gegenüber von der TU gehen. Er raucht vor dem Termin eine Zigarette mit seiner Tante und merkt dann, während der Notar mit ihm und seiner Tante die Verlassenschaft seines Vaters durchgeht, mit der Verzögerung, die sich oft ergibt, zwischen dem, was man beim Blick auf andere sofort versteht, und dem, was einen selbst betrifft und daher unklar bleibt, dass seine Situation der von Feli gleicht: Es ist alles egal.

Till ist reich. Er besitzt zwei Wohnungen, von denen eine vermietet ist und Till jeden Monat einen fixen Geldbetrag einbringt, während die andere, in der noch immer die Möbel seines Vaters stehen, interimistisch von Tills Cousin bewohnt wurde, der jetzt darauf wartet, wie Till weiter verfahren möchte.

Er besitzt den Schlüssel zu einem Lager am Stadtrand, wo

die privaten Gegenstände seines Vaters in Kisten verpackt sind, besitzt mehrere Sparbücher und Aktiendepots, Goldmünzen und einen Diamantring.

«Wenn Sie irgendwann vorhaben zu heiraten, müssen Sie also keinen Verlobungsring mehr besorgen», sagt der Notar.

Als Till das handgeschriebene Testament seines Vaters mit seinen geschwungenen Anfangsbuchstaben sieht, kommen ihm die Tränen, und seine Tante legt ihm aufmunternd eine Hand auf die Schulter.

Der Notar sieht auf seine Uhr.

Am Abend seines Geburtstags sitzt Till mit Feli und Fina in der Küche seiner Mutter, trinkt Spritzer und beobachtet die neue Dynamik. Es ist anders, seit ihre Freundschaft keine alltägliche mehr ist, sondern im Vorhinein geplant werden muss; seit auch Feli und Fina einander selten sehen und so etwas wie Höflichkeit zwischen ihnen steht.

Sie reden über *ChinaJoy*, die Spielemesse in Schanghai, von der Fina sagt, sie klinge wie ein Vibrator, reden darüber, was der Dolinar Till antun wird, wenn er aus China zurück ist.

Till merkt, dass Fina nichts über Schule und Strafen hören will, und redet weiter über China. Er merkt natürlich, dass Feli und Fina ihm wie einem Kind Fragen stellen, von denen sie glauben, dass er sie gern beantwortet, und als er von dem Gerücht erzählt, Red Bull werde nächstes Jahr als Sponsor bei Age of Empires einsteigen, sieht er Feli an, wie viel Mühe es sie kostet, ihre Meinung über Red Bull, die Till zur Genüge kennt, nicht noch mal in aller Deutlichkeit auszubreiten.

Fina muss um zehn zu Hause sein. Feli geht noch auf ein Date.

«Sorry, der hat nur heute Zeit. Aber wir sehen uns bald, oder?»

Am nächsten Tag schwänzt Till die erste Stunde und geht in ein hässliches Gebäude in der Schönbrunner Straße, legt dort das Einladungsschreiben vor, das er erhalten hat, füllt verschiedene Formulare aus, wartet, zeigt dann seinen Pass, zahlt sechzig Euro fürs Visum und sechzig Euro Bearbeitungsgebühr und geht wieder hinaus.

Till erfüllt seine Rolle in der Schule besser als jemals zuvor. Er leistet keinen Widerstand mehr. Den ganzen Tag zeigt er auf, meldet sich freiwillig, stellt hin und wieder sogar Fragen.

Er nützt die Biologie- und die Musikstunde, um seine Hausübungen zu vervollständigen, und hört auch, als es zur Pause läutet, nicht damit auf.

Blindstein fragt: «Was ist mit dir los, du Streber?» Und die Englischlehrerin, die sich aus tagesaktuellen Gründen am meisten über Tills Mitarbeit freut, bietet ihm an, seinen Tisch in den Englischstunden ein bisschen näher zu seinen Vorderleuten zu schieben, worauf Till aber verzichtet.

Nach der Schule geht er in die Wohnung seines Vaters. Er dreht mehrere Runden durch Küche und Wohnzimmer, bevor er das Zimmer betritt, das früher sein Zimmer war. Tills Cousin hat bei seinem Auszug alle Möbel genau so aufgestellt, wie er sie vor vier Jahren vorgefunden hatte, was die Wohnung seltsam wirken lässt, seltsam bewohnt und unbewohnt zugleich, vertraut und dennoch anonym wie ein Airbnb. Neben dem Bett hängt noch immer – oder wieder – das kleine Reißbrett, das eine Innenarchitektin ausgesucht und auf dem sie ein Foto von Till und seinem Vater beim Skifahren und ein Rubbellos befestigt hat.

Im Arbeitszimmer stapeln sich entlang der Seitenwände die Kisten aus dem Lager. Auf dem Schreibtisch liegt eine

Rechnung des Transportunternehmens. Till sitzt lange am Schreibtisch, bevor er beginnt, Kisten zu öffnen, Kisten mit Kleidung und Bettzeug, Büchern und Krimskrams, Schatzkisten. Er sieht sich die Visitenkarten seines Vaters an, findet sein Notizbuch. Er geht auf den Balkon und raucht. Er liest das Notizbuch seines Vaters. Er findet einen Zettel mit Passwörtern und einen Laptop, dessen Batterie nur noch mit angestecktem Ladekabel funktioniert. Er loggt sich ein, liest die Mails seines Vaters, die verzweifelten und resignierten Mails seiner letzten Lebenswochen und die Mails, die erst nach seinem Tod gekommen sind. Sieht sich die Fotos auf seinem Computer an und atmet anders, atmet in Stößen aus, weint anders als auf dem Begräbnis, nicht so, dass ihm Tränen die Wangen hinunterrinnen, sondern so, als käme er nie über die erste Silbe eines Worts hinaus und wiederholte sie deshalb immer aufgeregter, während sein Brustkorb versucht, sich vom Rest des Körpers loszureißen.

Er heult. Er heult, weil ihm bewusst wird, dass er einen Vater hatte. Er raucht eine Zigarette in der Küche.

Er blättert durch den ganzen dicken, mit *Scheidung* beschrifteten Ordner, findet in einer Schatulle Briefe von einer Frau aus Frankfurt, die seinen Vater *Mein geliebter Michael* nennt und schreibt, wie schön sie seinen Brustkorb findet. Er stolpert über viele kleine Dinge, die er irgendwann gebastelt und seinem Vater geschenkt hat, einen wackeligen Stiftehalter aus weichem Holz, dem man nicht ansieht, wie viel Arbeit es war, ihn glatt zu schleifen, eine selbst bemalte Tasse. Er raucht eine Zigarette am Schreibtisch seines Vaters.

Till kommt erst um halb zwei nach Hause. Er steht am nächsten Tag auf, ohne ein einziges Mal auf Snooze zu drücken, und sitzt um fünf vor acht an seinem Platz.

In der Deutschstunde, bei der Besprechung des ersten Kapitels von *Der Tod in Venedig*, zählt Till fehlerfrei alle Werke von Thomas Mann auf, die man laut Dolinar kennen muss, und gibt die zwei wichtigsten Themen im Werk Thomas Manns korrekt wieder: den Widerspruch zwischen kranker Kunst und gesundem Leben, erstens, und die latente Homoerotik.

Till sieht den Dolinar lächeln, was bedeutet, dass er mit Till zufrieden ist, vor allem aber, dass er bereit ist, ihm diese Zufriedenheit zu zeigen.

Till bleibt cool. Till ist undercover. Er entgegnet nichts, als Khakpour witzelt, jetzt habe der Dolinar Till endgültig gebrochen. Und er tut auch Alexander und den anderen, die ebenfalls befremdet sind, nicht den Gefallen, sich zu erklären. Er lächelt.

Till ist undercover, aber er könnte selbst nicht erklären, worin genau seine Mission besteht, oder einen Zusammenhang herstellen zwischen dem Erbe seines Vaters, der geplanten Reise und seinem neuen Verhalten, geschweige denn erklären, wie all das jeweils mit Feli zusammenhängt.

Er würde sich in der Schule keine Mühe geben, hätte er nicht die Perspektive, nach China zu fliegen, und gleichzeitig weiß er, dass er nicht nach China fliegen wird, wegen dem Dolinar und auch weil er inzwischen so viel Zeit in der Wohnung verbringt, ohne genau zu wissen, was er dort sucht, dass ihm keine Zeit mehr für sein AOE2-Training bleibt.

Es wäre nicht völlig falsch, zu sagen, dass Till schon früher teilweise unehrlich war, denn Till hat immer mehr gedacht als gesagt, und man kann Ehrlichkeit so verstehen: zu sagen, was man denkt. Wenn man jemandem gegenübersitzt, etwas denkt, ohne es auszusprechen, dann ist man schon unehrlich. Und dieser Logik nach, lügt auch Till, indem er schweigt, während gleichzeitig, von allen anderen unbemerkt, eine Veränderung eintritt, die jeder Hobbypsychologe als gesund bezeichnen würde. Till aber fürchtet sich, weil er das Gefühl hat, die Schleusen, buchstäblich, zu weit geöffnet zu haben, um sie wieder schließen können, und weil er weiß, dass Männer, nur weil sie weinen dürfen, nicht ständig weinen sollten.

Umso schöner ist es für ihn, zu Halloween mit Feli und Fina im Rüdigerhof zu sitzen und ihnen, zumindest in Teilen, von seinem Dilemma zu erzählen, während sie gemeinsam einem historischen Abend beiwohnen.

Es wird viel verändern, wenn ab morgen nicht mehr in den Lokalen geraucht werden darf. Es werden unsichtbare Barrieren fallen, im Café Alt Wien, wo es bisher einen beim Eingang gelegenen Raucherbereich für Einheimische gab und einen in Richtung der Toiletten gelegenen, mit Glas abgeschirmten Nichtraucherbereich für Touristen, Besucherinnen vom Land und schlecht integrierte Erasmusstudenten, die von den slowakischen Kellnern jeweils schon am Gang erkannt und schnell aus dem Sichtfeld der einheimischen Raucher ins Hinterzimmer dirigiert wurden. Es wird auf Gehsteigen gestanden werden statt an Bars, es wird stinken, nach kaltem Rauch und nach all den Gerüchen, die bisher von Rauchgeruch überdeckt waren, im Einhorn, im Café Frame, im Nachtasyl.

Die Alkoholiker aus der Kopfwehinsel, dem Schwedenespresso und dem Café Lindenblatt werden in ihre Wohnungen vertrieben werden, verdammt, dort allein zu trinken. Die Nichtraucher werden glücklich sein, vom Club nach Hause zu kommen, ohne ihr Gewand auslüften zu müssen, aber sie werden strukturell öfter allein nach Hause kommen, sobald sich in den Clubs jenes Gemisch aus Schweiß, Alkohol und

Hormonen ausgebreitet haben wird, das zu verdecken einer der unsichtbaren Nebeneffekte des Rauchens gewesen ist.

Im Rüdigerhof, wo die Diskrepanz zwischen dem schönen, großen und offenen Raucherbereich und der tristen Nichtrauchernische besonders eklatant ist, zelebriert man heute ein letztes Mal das ungesunde Leben. Auf den Tischen stehen Gläser mit Gratiszigaretten, auf manchen Sesseln sitzen gleich zwei Menschen, überall, wo keine Tische sind, stehen Leute, bahnen sich rauchende Kellner und Kellnerinnen mit Tabletts einen Weg durch die Menge, während auf einem Fernseher an der Wand ein Countdown herunterzählt. Es ist wie der letzte Tag im Rauchereck, nur in groß.

Feli sagt, Till müsse seiner Mutter von China erzählen, und Till gibt ihr recht. Fina sagt, sie würde gerne Tills Wohnung sehen. Feli erzählt von jemandem, mit dem sie auf einem Date war und von dem sie feststellt, er sei älter, ohne das auf Nachfrage zu präzisieren.

Um Mitternacht, als alle jubeln und sich küssen, als wäre Silvester, umarmen Till und Feli und Fina sich zu dritt und geben sich gegenseitig Bussis, und dann sagt Feli, sie wolle gehen, bevor alle rausschleichen, vielleicht draußen noch eine rauchen oder gleich in ihre jeweiligen Wohnungen fahren und die Tristesse der Gegenwart deutlich wird.

Also stehen Feli, Fina und Till mitten im größten Trubel auf und gehen in ein schräg gegenüber auf der anderen Wienzeile gelegenes Beisl, wo sie weiterrauchen, denn dort interpretiert der Wirt den Gesetzestext so, dass alles, was in dieser Nacht geschieht, noch zu gestern zählt und die neue Regelung erst übermorgen, wenn er das Beisl wieder aufsperrt, in Kraft treten wird.

Um drei fährt Fina nach Hause, und Feli und Till nehmen ein Taxi zu einem Lokal am Gürtel, das der Taxifahrer nicht kennt und nicht findet, weshalb er sie schließlich dort rauslässt, wo es auf Google Maps verzeichnet ist, neben einer Ziegelmauer, gegenüber vom AKH.

Feli und Till suchen eine halbe Stunde, bis sie, zweihundert Meter entfernt, auf der anderen Seite der U-Bahn, den verbarrikadiert wirkenden Eingang finden.

Bei der Garderobe ist die Musik schon laut, aber im hinteren Raum ist die Musik so laut, dass es wehtut. Till geht zur Bar und fragt den Kellner, ob er Ohrstöpsel hat. Drei Mal fragt Till, jedes Mal lauter, und drei Mal antwortet der Kellner schreiend: «Was?», bis Till einsieht, dass sich die Frage erübrigt hat.

Till wusste nicht, dass ihm Hardstyle gefällt, dass er sich unter so vielen Menschen wohlfühlen, sich bewegen kann, ohne darüber nachzudenken. Es ist sehr dunkel. Till denkt sehr lange nicht nach. Er spürt, wie seine Organe vibrieren. Er tanzt. Er sieht zu der Frau am DJ-Pult, die sich als Einzige fast gar nicht bewegt. Er geht mit Feli Bier und Wasser trinken. Er tanzt weiter, raucht, denkt nicht nach, bis sich Feli irgendwann umdreht und ein Lichtkegel in ihr Gesicht fällt.

Till denkt noch mal nicht nach. Er schreit: «Ich liebe dich!»

«Was?»

«Ich liebe dich!»

Feli lächelt.

«Ich liebe sie auch!»

Sie sieht zum DJ-Pult.

«Nein, dich, ich liebe dich!», schreit Till und sieht, wie Felis Lächeln einfriert, und viel zu schnell, ohne dass er etwas dagegen tun könnte, kommen ihm die Tränen, und er dreht sich um und läuft davon, durch die Menschen, aus der Tür, irgendwohin, setzt sich auf den Bordstein, sieht auf seine

Füße und sitzt lange da, bevor er daran denkt, sich eine Zigarette anzuzünden. Er schließt die Augen, während ihm die Zigarette aus der Hand rutscht und davonrollt.

«Till.»

Till lässt die Augen zu.

Feli beugt sich zu ihm hinunter. Sie nimmt seinen Kopf.

Sie küsst ihn.

Dann fahren sie.

47

Till und Feli gehen jetzt viel spazieren. Sie reden. Sie treffen sich beim Hauptbahnhof und gehen durch Favoriten. Sie fahren bis Kagraner Platz oder bis Oberlaa, spazieren, bleiben in Hauseingängen stehen und küssen sich für endlose Zeiträume, fahren bis Hausfeldstraße und gehen durch die Felder, reden die ganze Zeit. Und obwohl im Zuge dieser Gespräche natürlich neue Missverständnisse entstehen, schaffen sie es, einige Missverständnisse der Vergangenheit aufzuklären. Das Missverständnis zwischen einem überforderten und einem erschrockenen Blick. Den Brief, wo Felis Meinung nach *überdeutlich klar* gestanden hatte, wenn Till sicher wäre, Feli nicht bloß aus Bequemlichkeit küssen zu wollen, sondern sie wirklich zu lieben, dann wäre Feli auch sicher. Was Till auch nach neuerlicher Lektüre des Briefs bestenfalls angedeutet, aber sicher nicht *überdeutlich klar* findet.

Oder wieso Feli nicht selbst den ersten Schritt gemacht hat, nämlich weil sie der Meinung ist, jeder Mann würde, wenn ihm eine Freundin ihre Liebe gesteht, behaupten, ebenfalls verliebt zu sein, und Sex gegen Freundschaft tauschen, weil Männer, na ja, so sind. Was Till nicht völlig entkräften kann, auch wenn es sich in seinem konkreten Fall anders verhält.

Vielleicht ist Missverständnis auch das falsche Wort dafür, was passiert, wenn man sich kennt und doch nicht gekannt hat, vergisst, nur einen Ausschnitt gesehen zu haben. Wenn man nach langer Zeit eine körperliche Grenze überschreitet und einen neuen Menschen kennenlernt. Aber ja, Till wundert sich, dass Feli es *romantisch* findet, wie er seine Liebe erst verheimlicht und dann einfach rausgeschrien hat. Er hat sie dieses Wort noch nie verwenden und dieses Konzept nie als erstrebenswert bezeichnen gehört, und er ist noch nicht darüber aufgeklärt worden, dass Menschen auch das sind, was sie am wenigsten zeigen.

Keine Zeit in Tills Leben vergeht schneller als diese drei Wochen. Feli und Till sehen sich 19-mal. Sie küssen sich, gehen Händchen haltend durch Kaisermühlen, haben Sex, und dafür, dass Till so lange mit seiner Sexualität allein war, sie auch, aber nicht nur, aufgrund seiner katholischen Erziehung als etwas Schambehaftetes ansieht, das Leise-sein-Müssen und In-der-Dusche-wichsen-obwohl-es-schwer-ist-sich-dabei-zu-konzentrieren beinhaltet, Sich-für-seine-Gedanken-Genieren und Nicht-glauben-können-dass-andere-Gleiches-oder-Schlimmeres-denken, dafür, dass sie in Tills Kinderbett Sex haben, im Bett seines Vaters und auf der Couch in dessen Wohnzimmer – in Anbetracht dieser Voraussetzungen ist es erstaunlich, wie schnell alle früheren Erfahrungen in den Hintergrund treten, weil Feli zu berühren und von ihr berührt zu werden für Till so natürlich ist, wie vollständig von Wasser umschlossen zu sein.

Es gibt nur ein einziges Problem: China. Müsste Till nicht weg, dann könnte er bei Feli bleiben und hätte kein

Problem. Aber es gibt noch ein zweites Problem, das Till davon abhält, die Reise nach China einfach abzusagen, und es ist keine Verpflichtung der Schule, seiner Karriere oder den Teamkollegen gegenüber, die ihm alle fiktiv vorkommen, wie aus einem anderen Leben, wie Dinge, die er geträumt und vergessen hat. Tills zweites Problem ist, dass er nicht nur machen muss, was er möchte, sondern was er *wirklich* möchte, unabhängig von allen anderen Menschen, sagt Feli. Er muss so entscheiden, als gäbe es nur ihn, und kann deshalb nicht wegen Feli hierbleiben, so wie sie nicht wegen Till ihr Auslandssemester am St.-Georgs-Kolleg in Istanbul absagen könnte, würde sie irgendwann eines planen.

Till schreibt, laut Dolinar, den schlechtesten Fetzen aller Zeiten, und es wird nicht als mildernder Umstand anerkannt, dass es noch zwölf andere Fünfer gibt und dass Ghisetti und Skrbensky ihre Vierer nur der Regel verdanken, dass bei einem Fünfer mehr die Schularbeit wiederholt werden müsste.

Tatsächlich hat sich der Dolinar mit dem aktuellen Lesestoff, André Gides *Faux-monnayeurs*, schlicht im Niveau vergriffen, was er an den Schwierigkeiten bemerkt, die sich für ihn selbst beim Lesen ergeben haben, die er aber niemals zugeben würde, weil seine Unfehlbarkeit, ähnlich der des Papstes, darauf basiert, nicht hinterfragbar zu sein. Der Dolinar vergreift sich nicht im Niveau, nur weil eine Streberin mit französischen Wurzeln den einzigen Zweier schreibt oder weil die gesamte Klasse sich die deutsche Ausgabe der *Falschmünzer* kaufen musste, um der Handlung irgendwie folgen zu können.

Till lässt alles über sich ergehen. Er begleitet Feli zu einer Vernissage. Er lernt die Galeristin kennen, die Feli sich zum

Vorbild genommen hat, und da Alexander aus irgendeinem Grund Interesse an dieser Aktivität äußert und mitkommt, verbringt Till einen ungewöhnlichen Abend.

Sie stehen zu dritt in einer kleinen Gasse im 1. Bezirk, trinken kleine Biere, und weil sowohl Feli als auch Alexander sich in einem solchen Setting nicht unpassend fühlen, weil, aus Tills Perspektive, viele der Menschen wie Freaks aussehen und er sich deshalb weniger freaky vorkommt, weil Feli und Till genauso nebeneinanderstehen wie früher, Feli ihn aber irgendwann doch kurz küsst und aus anderen, weniger eindeutigen Gründen, fühlt Till sich nicht unwohl, auch nicht, als er vom Getränkeholen zurückkommt und bemerkt, dass manche Menschen Feli und Alexander abschätzig anschauen, weil sie gerade mit ihrer Antwort auf die Frage, in welche Klasse sie gehen, eine Gruppe Kunststudenten über das Angemessene hinaus zum Lachen gebracht und damit andere Gespräche gestört haben.

Till erzählt seiner Mutter erst wenige Tage vorher von seinen Reiseplänen und zeigt sich, weil er von ihr mit großem Vertrauensvorschuss erzogen wurde, wahrscheinlich nicht ausreichend dankbar für ihre verständnisvolle Reaktion: Tills Mutter, die an ihrem 18. Geburtstag zu Hause ausgezogen ist, möchte nur, dass Till ihr verspricht, nichts Verbotenes zu sagen oder zu machen, keine Drogen zu nehmen und sicher zurück nach Hause zu kommen. Und sie möchte, dass Till dem Dolinar nicht, so wie er es vorhat, im letzten Moment Bescheid gibt, sondern vorher aktiv das Gespräch sucht.

«Oder soll ich mit ihm reden?»

«Nein.»

«Weißt du, er tut nur vor euch so streng, aber er liebt jeden Einzelnen von euch und sorgt sich um euch. Er ist wie dieser eine fesche Lehrer von Harry Potter, bei dem man zu Unrecht glaubt, er wäre böse.»

«Wie Snape?»

Till trifft Feli zu Mittag bei der UNO-City, küsst sie eine Sekunde lang, geht drei Schritte mit ihr, küsst sie noch eine Sekunde, und schon ist es Abend geworden.

Till fährt nach Hause, steigt in den Zug zum Flughafen, geht durch die Sicherheitskontrolle, und erst als er wirklich im Flugzeug sitzt, eine vorgetippte SMS an den Dolinar abschickt, sich einen VPN runterlädt, das Handy abdreht, es wieder andreht, um Feli noch etwas Dringendes mitzuteilen, erst dann, als er das Handy endgültig abdreht und sich den seltsamen Film mit den Sicherheitsanweisungen ansieht, versteht Till, dass er wirklich nach China fliegt.

48

Till hat zwei Sitzplätze für sich. Er schaut aus dem Fenster, während auf seinem Screen das kleine, aber im Verhältnis zur Welt riesig abgebildete Flugzeug einem Bogen von Wien nach Schanghai folgt. Er sieht nur eine dunkle Wolkendecke, die von oben in einen *grid* regelmäßiger Quadrate unterteilt wird.

Till holt seinen Laptop raus und öffnet ein Dossier, das Beta erstellt hat, um Tills mangelnde Vorbereitung auszugleichen. Zwei Stunden lang vertieft er sich in Infos über neue Zivilisationen und Veränderungen in der *balance*, die sich daraus ergeben könnten, bevor er die Blende schließt und einschläft.

Er schiebt die Blende hoch und sieht draußen ein Schwarz, in dem sich weder Himmel noch Erde abzeichnen, nur der Flügel neben ihm, der in regelmäßigen Intervallen weiß und rot wird. Unten ist kein einziges Licht zu sehen und oben auch nicht. Oben ist nur der Mond, der genau in Tills Richtung schaut, ihm in die Augen leuchtet.

Till sieht dem kleinen Flugzeug dabei zu, wie es sich ruckelnd über die Karte bewegt, und denkt an das Gespräch mit seiner Mutter, welche wohl die sicherste Route nach China sei, über die Ukraine, Syrien oder Afghanistan. Tills Vater hätte nicht gezögert, über die Ukraine zu fliegen. Tills Vater war ein praktischer Mensch. Ihm hätte es nicht passieren können, dass er den Mond betrachtet und sich darüber wundert, wie klein und hell der hier oben ist, wieso er kleiner wird, wenn man sich ihm nähert. Weil der Mond ein Marschflugkörper ist, der Till und alle anderen in diesem Flugzeug kilometerweit über gefrorene Felder verteilen wird? Till schämt sich, als ihm klar wird, dass das, was er für den Mond gehalten hat, in Wahrheit nur eine Lampe am Ende des Flügels ist.

An der Grenze zu Kasachstan verschwinden die klaren Lichter der letzten Siedlungen und machen hellen halb transparenten Gebilden Platz, die weiß wabernd in keiner eindeutigen Entfernung zum Boden zu stehen scheinen und von oben aussehen, wie aufblasbare Tennishallen aussehen würden, wenn sie aus Watte wären und diese Watte wiederum aus Licht. Sie strahlen für Till eine Gemütlichkeit aus wie die Zeichnungen von Erwin Moser, als könnte man sich dort niederlassen und den Rest der Welt völlig vergessen, in einer kleinen Höhle mit anderen Mäusen und Katzen, Büchern und Kaminen.

Till liest im Dossier nach, ob sich die Jurten, mit denen

auf einer neuen 3v3-Map namens Steppe begonnen wird, in ihrer Funktion von Häusern unterscheiden. Er sieht die Karte mit dem Flugzeug an, und er sieht aus dem Fenster, um sich vorzustellen, wie die Hunnen, die keine Häuser bauen müssen, und die Mongolen, die von ihrem Jagdbonus profitieren, durch die Landschaft unter seinem Fenster reiten, die Tataren, die Kumanen, all die Völker, denen Till sich jetzt besonders nah fühlt, weil er gesehen hat, wo sie herkommen.

Er schläft wieder ein, und das Flugzeug macht eine sanfte Kurve nach unten, über die Mongolei, wo es wieder vollständig dunkel ist.

Erst beim Landeanflug wacht Till auf. Er sieht aus dem Fenster und sieht, was man eben sieht: kleine Gebäude, die immer größer werden. Es dauert eine Weile, bis er sich fragt, wieso er nicht auch kleine Autos und kleine Menschen sieht, wieso die Straßen so verlassen erscheinen. Das Flugzeug sinkt weiter, und Till merkt, dass das, was er für Häuser gehalten hatte, Häuserblocks sind und die Häuserblocks wiederum Stadtteile und die Straßen sechsspurige Autobahnen, und als Till irgendwann kleine Autos ausmachen kann, nimmt die Stadt schon sein gesamtes Sichtfeld ein.

Das Bestaunen der Dimensionen bleibt – so viel kann vorweggenommen werden – die zentrale Erfahrung von Tills zehntägiger Reise. Nur in der Messehalle des *Shanghai New Expo International Center* stimmen die Größenverhältnisse einigermaßen, denn obwohl sie riesig ist, ist sie nicht zehnmal so groß wie die in Köln und damit klein, verglichen mit den Straßen und Hochhäusern, der U-Bahn-Karte und den endlosen Stadtautobahnen, die Till davon träumen lassen, wie es wäre, GTA Shanghai oder GTA Bangkok zu spielen.

Am Eröffnungstag sieht Till zwei Männer mit weißen Kurzarmhemden und riesiger Entourage durch die Messe schlendern; sie verweilen kurz bei bestimmten Ständen, während rundherum alles still wird, sagen leise etwas zu einem der Begleiter, die im Gegensatz zu ihnen rosa Bändchen um den Hals tragen, und gehen weiter, umkreist von Fotografen und Höflingen.

Es gibt Stände mit Berufsbildungsangeboten und Recruitment-Stände der chinesischen Gaming-Industrie. Ein Orchester spielt die Assassin's-Creed-Symphonie. Als Till zur Microsoft-Bühne kommt, fragt ihn jemand um ein Autogramm.

Tills größte Erkenntnis in China ist nicht, dass China groß ist oder dass Gaming in China groß ist. Oder dass Age of Empires gegen alle Regeln der Branche im Begriff ist, wieder groß zu werden, und dass damit, in irgendeiner Form, auch er groß ist – für manche Menschen, die vielleicht seltsam sind, denn sonst würden sie sich keine Autogramme holen, die es aber wirklich gibt, und zwar über die ganze Welt verteilt.

Tills größte Erkenntnis besteht darin, wie groß AOE2 für ihn selbst ist.

Schon als Kind wollte er Krieg spielen, mit Bauklötzen, Pokémons und den Figürchen von Carcassonne. Bei seinen Lego-Schlachten kämpften Ritter gegen Cowboys, gegen die Lego-Tierarztpraxis und die Lego-Feuerwehr, und auch als seine Tante ihm ein Buntstiftset von Faber-Castell schenkte, legte Till, statt damit zu zeichnen, alle Stifte vor sich auf den Teppich, erklärte sie zu Raumschiffen, ordnete sie, je nach Farbe, den Guten oder den Bösen zu, erfand Geschichten ohne Worte über Hinterhalte und Helden und Planeten und spielte Sternenkrieg.

Er bekam Bilderbücher über Ritter und Legionäre, Bücher zu Kriegsflugzeugen und zum Dreißigjährigen Krieg. Er sah sich Hunderte Male die Szene an, bei der die Reiter von Rohan zur Schlacht von Minas Tirith stoßen. Und fand heraus, was ihn nicht am Krieg interessiert, nämlich fast alles, was andere daran interessiert: Realismus, das Recht des Stärkeren, Call of Duty, Gruppen von sich aufpumpenden Männern, World of Tanks.

Mit Georg im Informatiksaal entdeckte er, dass das, was er sich immer gewünscht hatte, eine unschuldige und dennoch gnadenlose Simulation, eine Möglichkeit, sich nicht nur heroisch zu fühlen, sondern es innerhalb einer ästhetisch stimmigen Fiktion von Krieg auch tatsächlich zu sein, längst existierte: als PC-Spiel, das im Jahr seiner Geburt erschienen war.

Und in China, wo alle darüber lachen, dass Till noch kein einziges Spiel auf der Definitive Edition gemacht hat, seit sie vor einer Woche erschienen ist, in Schanghai, wo Till in einem extra dafür angemieteten Raum die Definitive Edition zum ersten Mal spielt, fühlt er sich, als ginge sein Traum von Neuem in Erfüllung.

Till denkt in diesen zehn Tagen nicht an Österreich. Auch abends nicht, wenn er in seinem Hotelbett liegt und Feli Mails schreibt, in denen er von den Ergebnissen seiner Matches berichtet und davon, wie sehr er sie vermisst. Oder wenn er an seine Mutter denkt, beim Betrachten der allgegenwärtigen Kameras oder der neben großen Kreuzungen angebrachten Videowände, auf denen man mittels Gesichtserkennung identifiziert wird, wenn man bei Rot über die Straße geht. Till denkt nicht an Österreich. Feli und seine Mutter sind von Wien losgelöste Inseln und Wien eine von Österreich losgelöste Insel.

Erst nach dem Halbfinale, als Tills Team das beste chinesische Team aus dem Turnier geworfen hat und Till aufsteht von seinem Platz auf der Microsoft-Bühne, sich, beklatscht und bewundert, auf den Weg hinaus macht, um mit seinen Teamkollegen eine Zigarette zu rauchen, denkt er plötzlich wieder an Österreich. Eine Frau Anfang dreißig kommt in Rock und Blazer auf ihn zu, und Till erkennt sie sofort als Österreicherin, ohne sagen zu können, was genau das Österreichische an ihr ist. Für einen Moment glaubt er tatsächlich, sie komme, um ihn nach Österreich zurückzubringen.

«Du bist Till, oder?»

«Ja?»

«Ich bin Pauls Cousine, er hat mir erzählt, dass du kommst.»

«Äh, welcher Paul?»

«Palffy? Er hat behauptet, ihr kennt euch.»

Palffys Cousine untersteht dem Kulturattaché der Botschaft Peking, und sie möchte Till nicht in ein Flugzeug zurück nach Wien setzen, sondern ihn, halb aus Neugier, halb aus einem Gefühl der Verpflichtung heraus, die beide diplomatischer Fadesse entspringen, zum Essen mit einigen anderen Expats aus Österreich einladen.

Und so fährt Till abends mit seinen Teamkollegen im Taxi zu einem Herbal-Hotpot-Restaurant und sitzt dort um einen großen runden Tisch herum, in einer Gruppe, die seltsamer zusammengewürfelt nicht sein könnte. Da sind Palffys Cousine, die auf eine beschäftigte Art elegant aussieht, ihre Bekannte mit ausgewachsenem orangefarbenen Haar und grün geschminkten Augen, die als External Consultant für Balenciaga arbeitet, daneben zwei Lektorinnen vom OEAD, von denen eine seltsam und sympathisch ist und die andere normal und unsympathisch, dazu ein sehr gut aussehender Norweger Anfang zwanzig, der mit Tills Teamkollegen MvB ein Gespräch beginnt – und eben die Gamer, von denen jeder auf eine andere Art wie ein Gamer aussieht: Mauri, Beta und Till, der das Glück hat, zwischen Palffys Cousine und der sympathischen Lektorin zu sitzen, die ihm nicht nur erklären können, wie man den Beutel mit den Fischnudeln in den Hotpot spritzt und welche der Kräuter und Soßen man ausprobieren muss, sondern sich generell zum Ziel setzen, Till in möglichst kurzer Zeit möglichst viel über China beizubringen.

Dabei beeindruckt ihn das, was sie ihm über das chinesische Schulsystem erzählen, am meisten. Dass die Matura im ganzen Land zeitgleich stattfindet, dass in den Wochen davor die Baustellen stillstehen, damit die Maturanten ihren Schlaf bekommen. Dass deren Zukunft von einer einzigen Prüfung abhängt und dass es dabei nicht ausreicht, Einser zu schreiben, sondern man den bestmöglichen Einser schreiben muss, um etwas wert zu sein.

Die Lektorin erzählt, dass an ihrer Uni, der Fudan, Studenten sind, die sich gar nicht für deutsche Philologie interessieren, sondern aus strategischen Gründen lieber Deutsch an der zweitbesten Uni des Landes studieren statt Wirtschaft an der sechstbesten, weil das Renommee der Unis so wichtig ist. Sie studieren Deutsch, beschäftigen sich mit Schlegel und Lessing, machen ein Auslandssemester an der LMU München oder der FU in Berlin, schreiben ihre Masterarbeit über Schlegel oder Lessing oder, wenn sie besonders rebellisch sind, über Hölderlin und können sich dann entscheiden, ob sie eine der vielen im ganzen Land für sie bereitstehenden Doktorats- und Professorenstellen antreten oder eben doch wieder in die Wirtschaft gehen, mit ihren perfekten Deutschkenntnissen und dem Gütesiegel der Beida oder der Fudan, weil es nicht um die erworbenen Kenntnisse geht, sondern darum, bewiesen zu haben, alles erlernen und in allem gut sein zu können.

Und obwohl das alles nirgendwo hinführt, Till keinen der Menschen je wiedersehen wird und in seiner Mail an Feli die Erfahrung nur mit den Worten: *Es ist so verrückt hier. Heute waren wir Hotpot essen! Ich muss dir dann alles erzählen, wenn ich wieder da bin*, zusammenfasst, wäre es falsch, den Abend ganz zu unterschlagen. So wie man auch sonst nichts unterschlagen dürfte: den Ausflug ins Badehaus, wo Till sich mit einer Art Schleifpapier abreiben lässt, die Schmerzen kaum erträgt und trotzdem denkt, er hätte schon viel früher so abgerieben werden sollen; den kalten Fahrtwind auf dem Elektroroller und das für Till neue Gefühl, wegen seines Aussehens angestarrt zu werden; den Gestank nach Kotze, den die herumliegenden Ginkgofrüchte erzeugen und den Till gar nicht selbst riecht, sondern sich nur vorstellt, weil die Lektorin vom OEAD davon erzählt hat; die Karaoke-Bar, die zu Karaoke-Bars in Europa im gleichen Verhältnis steht wie ein IMAX zu einem Overheadprojektor.

Und das Finale, dessen Aussagekraft als beschränkt angesehen wird, weil die *balance* noch nicht passt, das Tills Team aber, entgegen allen Erwartungen, gewinnt.

Zwei Tage später landet Till, leicht verkühlt, in Schwechat, und alles an Österreich kommt ihm lächerlich vor: der Flughafen, der Weg zur Stadt, die Stadt selbst, die Schaumburggasse, wo alles aussieht wie immer, als drehe die Welt sich hier nicht weiter. Und auch Dolinars SMS kommen Till lächerlich vor, Dolinars Drohungen.

49

«Till Kokorda ist nicht länger Schüler dieser Klasse», sagt der Dolinar, nachdem Till und er von ihrem kurzen Gespräch im Besprechungszimmer zurückgekommen sind und Till standhaft geblieben ist und nicht eingewilligt hat, das Marianum von sich aus zu verlassen.

«Mit ihm wird nicht geredet, ihm wird nicht geholfen. Nach ihm wird sich nicht umgedreht, Palffy! Deine Freizeit heute ist schon gestrichen. So wie jede Freizeit von jedem anderen, der mit Kokorda redet oder ihn anschaut, in der Stunde, in der Pause, wenn ihr eure grauslichen Semmeln fressts. Verstanden?»

Dass es schlimm werden wird, war Till natürlich klar, auch wenn immer ein Unterschied bestehen bleibt zwischen dem Schlimmen, was man sich ausmalt, und dem, was man wirklich erlebt. Die außerschulischen Komplikationen wiegen dennoch schwerer: Tills Erkältung, die nicht abklingt und deren Symptome, der heiße Kopf, der Wunsch, sich ins Bett zu legen und zu schlafen, schwer von dem Gefühl zu trennen sind, als Aussätziger in die Schule zu gehen und Feli zu vermissen, die noch nicht von ihrem Skikurs zurück ist und Ende Jänner verschwinden wird, weil sie, wie könnte es anders sein, ein Auslandssemester am St.-Georgs-Kolleg in Istanbul machen will.

Als er Feli endlich wiedersieht, hat sich Tills Erkältung noch immer nicht gebessert. Feli umarmt Till und streichelt seinen Kopf, aber sie küsst ihn nicht. Sie bringt ihm Geschenke, Eistee und Kaugummizigaretten. Sie gibt ihm keine Möglichkeit, daran zu zweifeln, dass sie ihn liebt. Sie sagt: «Ich liebe dich.»

Nachdem sie gemeinsam doch noch eine Zigarette geraucht haben, kriegt Till einen Hustenanfall, und Feli sagt: «Bald geht's dir besser», womit sie sich leider irrt.

Nein, Till geht es nicht besser, auch wenn es zu Silvester kurz so aussieht, weshalb Till mit Feli und Fina mitkommt und trinkt und raucht und lacht und hustet, worauf es ihm am nächsten Tag so schlecht geht, dass man sagen könnte, er beginnt das Jahr auf dem absoluten Tiefpunkt, wäre diese Aussage nicht verfrüht.

Tills Lunge macht ein rasselndes Geräusch, Till ist erschöpft, möchte liegen, kriegt aber keine Luft, wenn er liegt, muss also sitzen, kriegt Rückenschmerzen, während er darauf wartet, dass seine Hausärztin aus dem Urlaub zurückkommt.

Mit jedem Tag, der vergeht, sieht er das Ende der Ferien und Felis Abreise näher rücken. Aber er lächelt, wenn Feli ihn besuchen kommt, lacht, hustet, glaubt ihr, wenn sie sagt, es werde ihm bald besser gehen. Glaubt ihr dann nicht mehr. Tut so, als würde er ihr glauben. Tut irgendwann nicht mehr so. Streitet mit ihr.

Die Hausärztin diagnostiziert eine Bronchitis und verschreibt Penicillin. Tills Mutter fragt zur Sicherheit eine befreundete Infektiologin, und diese Infektiologin sagt, bei Bronchitis solle Till Ingwertee trinken, denn nur weil es den Placeboeffekt bewiesenermaßen gebe und Menschen ihr Vertrauen in Medikamente davon abhängig machten, wie viele X, Y und Z sie im Namen tragen, müsse man nicht immer gleich etwas einwerfen, was nicht helfe.

Ein paar Tage danach, kurz nachdem Till schreibt, er fühle sich zum ersten Mal besser, und Feli antwortet, das freue sie *sehr sehr sehr*, bemerkt Till einen Hautausschlag.

Er zeigt ihn seiner Mutter.

Während Tills Mutter ihre Freundin anruft, zieht Till sein T-Shirt aus. Die Infektiologin sagt, damit könne man schon in die Derma-Ambulanz fahren, aber ob sich das auszahle an einem Sonntag, das könne sie nicht beurteilen, eher nicht.

Till und seine Mutter rauchen eine Zigarette, und als sie ausgeraucht haben, ist der Ausschlag auf Tills Armen und auf seinem Rücken eindeutig größer geworden.

Sie rufen ein Taxi und fahren ins ehemalige Kaiser-Franz-Josef-Spital, das gerade in Klinik Favoriten umbenannt wurde, nach dem Bezirk Favoriten, der wiederum nach dem Lieblingsschloss Karls des Sechsten heißt.

Till bekommt, auf einem Gangbett liegend, eine Infusion, während ein Mann randaliert, weil er nicht drankommt, und nach längerer Diskussion von zwei Securitys aus dem Spital gezerrt wird. Tills Ausschlag geht zurück.

Die Hausärztin verschreibt ihm ein anderes Antibiotikum und schickt ihn zum Röntgen der Lunge. Tills Mutter ruft wieder ihre Freundin an, die sofort errät, dass die Hausärztin Xiclav verschrieben hat, «das sogenannte Antidenkpräparat».

Das Röntgen zeigt eine Lungenentzündung. Die Hausärztin verschreibt ein zweites Antibiotikum. Die Infektiologin bezeichnet die von der Hausärztin verschriebene Therapie als «witzige Anekdote für den nächsten Stationsheurigen», denn Clarithromycin im Anschluss an Clavulansäure, auf so einen Blödsinn könne man wohl nur als Hausärztin kommen.

Sie verschreibt Till ein drittes Antibiotikum, das er fünf Tage nehmen soll.

Irgendwann später, als es Till gerade, dank Asthmaspray, Doxycyclin und Xyzall, so viel besser geht, dass er die letzten Wochen mit ein bisschen Abstand betrachten kann, denkt er an seinen Vater. Er abstrahiert von seiner eigenen Erfahrung auf die seines Vaters, überschlägt, wie schlecht es ihm mit seiner läppischen Lungenentzündung nach drei Wochen ging, wie schnell er die Hoffnung aufgegeben hat, es könne irgendwann wieder besser werden, und begreift, mit Blick auf die vielen Monate, die sein Vater im Spital gelegen war, wie unaussprechbar seine Hoffnungslosigkeit gewesen sein muss. Begreift es eben nicht. Begreift, wie wenig er es begreifen kann.

Till ist gesund genug, um wieder in die Schule zu gehen. Er kommt gleich am ersten Tag zu spät. Er wird aufgeschrieben, quält sich die Treppen hinauf und sitzt unsichtbar auf seinem Platz ganz hinten, vom Dolinar komplett ignoriert.

Er bekommt keinen der Zettel ausgeteilt, mit denen der Dolinar seine Schüler die Beurteilungskriterien für Erörterungen und Leserbriefe abprüft, zwei Textformen, die zum Stoff der schriftlichen Matura gehören und deren Gliederung auswendig gelernt werden muss.

Till schreibt einen Test und eine Schularbeit, hört Wörter wie *Feststellungsprüfung* und *vorwissenschaftliche Arbeit.* Er kommt zu spät zur Chemiestunde, weil er auf dem Weg eine Pause einlegen muss, und genießt es, zumindest im Chemiesaal neben jemandem sitzen zu dürfen, einen Packen mit Zetteln weitergereicht zu bekommen und von Alexander und Kjell zu hören, dass sie es nicht okay finden, wie der Dolinar ihn behandelt.

Till kann mit Feli an der Copa Kagrana spazieren gehen, bevor sie fährt. Er kann sie küssen, was ihm das Gefühl gibt, die Welt sei in einem einzigen Aspekt kurz in Ordnung.

Die Zigarette ist dann ein Schlag in den Bauch. Till kann

Feli noch einmal küssen, bevor sie fährt, muss aber in der Folge feststellen, wie schnell die Erinnerung an Nähe verblasst: mit jedem flachen Telefonat, bei dem Till nicht davon erzählt, wie es war, in der Turnstunde kurz mit Fritzi zu reden, während er am Rand der Laufbahn stand, und plötzlich Dolinars Gesicht in einem Fenster zu sehen und dann den ganzen Nachmittag Fritzis Rücken, der sich nicht mehr umdrehte und nichts sagte, auch nicht, als der Dolinar für eine halbe Stunde rauchen ging; mit jedem Gespräch über Stadtteile, die Till sich nicht vorstellen kann, und Menschen, die er nicht kennt; mit jedem Videotelefonat, das so etwas wie Nähe verspricht und den Mangel daran nur umso deutlicher zeigt. Mit jedem Nicht-Kuss.

Wenn man davon ausgeht, Tills Jahr habe mit seinem Tiefpunkt begonnen, muss inzwischen eine Verbesserung eingetreten sein. Till ist zwar kurzatmig, braucht für alles länger, fühlt sich allein und schnell erschöpft, aber seine Lunge rasselt nicht mehr, und er findet Anfang Februar für eines seiner Probleme eine Lösung.

Mischa spielt mit den Franken, Till mit den Azteken. Es passiert, was mehr oder weniger passieren muss: Mischa geht auf Ritter und Till auf Mönche, um die Ritter zu bekehren, und nachdem Till ihn vernichtend geschlagen hat, fragt Mischa, wie Till so schnell für jeden einzelnen Mönch eine *control group* festlegen kann. Till schreibt: *i can teach you*, und zeigt Mischa, dass er die *control groups* nicht mit der linken Hand Zahlen zuordnet, sondern mit dem Daumen seiner Maushand, am rechten Rand der Tastatur, während er mit der linken Hand *Strg* gedrückt hält.

Mischa freut sich, Tills Geheimnis zu erfahren, das keines ist, denn die anderen Topspieler wissen alle davon und entscheiden sich aktiv dagegen, es so zu machen.

Mischa bietet an, Till im Gegenzug mit Russisch zu helfen, und Till fühlt sich sehr dumm, nicht selbst auf diese Idee gekommen zu sein, denn Russisch ist eines seiner Hauptprobleme geworden und im Gegensatz zu Deutsch und Französisch, wo ihm Fritzi oder Alexander abends die abfotografierten Zettel schicken, will ihm bei Russisch niemand helfen.

Dieser kleine Erfolg kann aber nicht darüber hinwegtäuschen, dass es Till Mitte Februar noch deutlich schlechter geht als am Jahresanfang, und das hat neben den genannten Gründen mit den trüben Gesichtern überall, der in ganz Wien spürbaren Depression in den Straßenbahnen, U-Bahnen und Bussen, also auf eine banale Art mit dem Winter zu tun, der trotz aller menschlichen Anstrengungen weiterhin grauenhaft bleibt, damit, dass, nach einem verregneten Oktober und einem verregneten November, die beide noch erträglich gewesen sein mögen, nach Weihnachten und Silvester, die – nicht Till, aber andere Menschen – aufrichten, ihnen Kraft geben, bis zu den Ferien Ende Jänner durchzuhalten, gerade die schlimmste Zeit des Jahres begonnen hat: der Februar, wenn die Erinnerung an den letzten Sommer längst verblasst ist und die Hoffnung darauf, irgendwann, im Mai vielleicht, wieder so etwas wie Wärme zu spüren, noch nicht glaubwürdig erscheint.

Tills Verzweiflung ist also saisonal unterfüttert. Es ist die Verzweiflung eines Wanderers, der zum Gipfel sehen muss, denn die Nacht bricht herein, und er kann nicht mehr. Er sieht hinauf zum Plateau, zur Notenkonferenz Anfang April, der schriftlichen Matura im Mai, während er weiterstolpert und versucht, im Nebel hinter den Plateaus den Gipfel zu erahnen: die mündliche Deutschmatura im Juni, den Sommer, Felis Rückkehr.

Till weiß, dass er nicht weiterkann, in dieser Dunkelheit

und Kälte, allein, hungrig und erschöpft. Er geht weiter und phantasiert, wie es wäre, ein Lager aufzuschlagen, ins Auenland zurückzukehren, sich ein Zelt und einen Schlafsack zu kaufen, im September erst zur Matura anzutreten, beim Red-Bull-Turnier Anfang Mai mitzuspielen, in eine Maturaschule zu wechseln. Zu tun, was der Dolinar ihm geraten hat.

Der Berg, der Weg und Till verschwinden in der Nacht. Till stolpert über Latein, und Russisch fällt ihm mit einer mündlichen Feststellungsprüfung in den Rücken, und als er, metaphorisch gesprochen, bereit ist, sich hinzulegen und zu sterben, einzuschlafen, um zumindest beim Erfrieren ein Gefühl der Wärme zu empfinden, passiert etwas, das er nicht und auch sonst keiner vorhergesehen hat: Eine Seuche bricht aus und löst alle seine Probleme.

50

Zuerst hat Till natürlich Angst, wie alle, sieht Nachrichten, wie alle. Er macht sich Sorgen um seine Mutter. Er macht sich Sorgen um die Welt und fühlt sich ihr zugehörig. Er zieht in die Wohnung seines Vaters, um Klaus nicht anzustecken. Er macht sich Sorgen um Feli. Und nicht einmal als Felis Flieger in Wien landet, als sie direkt vor Beginn des ersten Lockdowns am leeren Hauptbahnhof ankommt, sich die Hände mit Rakija desinfiziert und Till, nachdem sie mehrmals gefragt hat, ob er sich wirklich sicher ist, umarmt und küsst, nicht einmal da käme Till auf die Idee, von der Seuche als etwas Gutem zu sprechen.

Sie bringen Felis Sachen zu Till. Sie rauchen eine Zigarette und gehen zum Schwarzenbergplatz, wo Felis Eltern die Fenster öffnen, alle Klinken desinfizieren und ihre Zimmertür schließen. Feli wirft Dinge in einen Trolley, drückt Till ein Katzenklo, einen Kratzbaum und Streu in die Hand und schüttelt ein Glas mit Leckerlis, worauf ihre Katze etwas verschlafen angetrabt kommt.

Feli steckt die Katze in ihre Transportbox, geht mit Till die Treppen runter und ruft, bevor die Haustür ins Schloss fällt: «Zelda und ich ziehen aus!»

Till und Feli sitzen am Esstisch und trinken Rotwein, während Zelda die Wohnung erkundet. Sie sind jetzt ein gemeinsamer Haushalt. Sie sterben entweder beide, weil Feli erst sich auf der Reise und dann Till angesteckt hat, oder sie sterben beide nicht. Sie sterben, obwohl Till am nächsten Tag geschwollene Mandeln hat und Feli auffallend oft niest, nicht.

Einige Tage später, als sie aufhören, Nachrichten zu sehen, weil Feli sagt, sie fahre, wenn sie noch einen einzigen degenerierten Tiroler über Skilifte jammern höre, eigenhändig nach Innsbruck und jage dort alles in die Luft, als sie auszublenden beginnen, wie es anderen geht, und ihre Empathie sich von einem «anderen geht es so schlecht» zu einem «uns geht es so gut» wandelt, einer reflektierten Dankbarkeit, als sie, so gut sie können, nicht nur den Kanzler, den Gesundheitsminister und die Gespenster des österreichischen Föderalismus vergessen, sondern auch, wie viele Familien gerade in winzige Wohnungen gezwängt sind, wie viele Frauen geschlagen werden, wie viele Menschen einsam sind, wie diese Seuche alle Probleme verschlimmert, die es vorher schon gab – von diesem Moment an, wo Till und Feli nicht mehr Teil der Gesellschaft sind, geht es ihnen gut. Besser als je zuvor.

Sie sehen sich alle sieben Staffeln *Malcolm Mittendrin* an. Sie lachen Tränen, obwohl sie schon wissen, was passieren wird. Sie reden darüber, wie gesellschaftlich relevant die Serie ist. Sie skypen mit Fina und trinken dabei. Sie skypen mit Felis Cousine in Austin, die plötzlich gleich weit entfernt ist wie ihre direkten Nachbarn.

Sie trinken Rotwein und reden darüber, wieso das Wort *skypen* weiterexistiert, wenn längst alle Zoom und Google Meet verwenden. Sie spazieren durch die leere Stadt. Sie kaufen Weißwein, Averna und Bier, um nicht immer Rotwein trinken zu müssen.

Sie reden bis zum Morgengrauen.

Sie etablieren Routinen: Feli steht auf und setzt sich vor ihren Laptop, raucht in ihrer großen Pause eine Zigarette mit Till in der Küche und geht dann zurück, dreht sich an der Tür noch ein letztes Mal um und tut, als würde sie sich erschießen.

Till setzt sich an den Schreibtisch im Arbeitszimmer und spielt Age of Empires 2 auf eine völlig andere Art als früher, nicht als Hobby, sondern mit der Konzentration des Vormittags, frisch und zielgerichtet, als wäre es legitim, dafür zu duschen.

Und weil viele von Tills Lehrern weder Smartphone noch Computer haben, weil die Digitalisierung am Marianum jener des Akademischen Gymnasiums hinterherhinkt und Tills Onlineunterricht sich auf ein Minimum beschränkt, bleibt ihm, wenn mit einem Wimpernschlag plötzlich fünf Stunden vergangen sind und Feli an Tills Tür klopft, noch immer ein ganzer Tag mit ihr.

Till beeindruckt Feli damit, jeden Film und jede Serie runterladen zu können. Sie sehen sich *Parasite* an. Sie reden bis drei Uhr früh über den Film und gehen, als der Himmel schon langsam hell zu werden beginnt, mit einer Bierdose in den Schweizergarten. Sie sehen sich hintereinander alle Filme von Bong Joon-ho an.

Sie gehen über den leeren Ring und über den leeren Reumannplatz.

Feli weint, als sie *Okja* sehen, und schüttelt das Glas mit den Leckerlis, damit Zelda zu ihr kommt, schnappt sie und streichelt sie sehr lange, bevor sie sie wieder loslässt.

Till, der nie ein Haustier hatte, lernt, wieso Menschen mit Haustieren glücklicher sind als Menschen ohne Haustiere. Wieso Katzen besser sind als Hunde, lieben besser, als geliebt zu werden. Er streichelt, wenn sie sich dazu herablässt, Zelda und ist glücklich. Er lernt, was es heißt, jemanden, den man zu kennen geglaubt hat, wirklich kennenzulernen, gemeinsam zu wohnen, innerhalb kürzester Zeit eine Intimität zu erreichen, die sich sonst erst nach Jahren einstellt. Und das war erst der März!

Im April, als Feli sagt, wenn sie noch ein einziges Mal zoomen müsse, werfe sie ihren Laptop aus dem Fenster, beeindruckt Till sie damit, eine Capture Card mittels HDMI-Kabel an ihren Laptop zu stecken und mit seinem PC zu verbinden, woraufhin in der kleinen Kachel mit Felis Namen nicht das Bild von der Webcam, sondern ein Standbild mit einer Fehlermeldung erscheint.

Jetzt können sie schon vormittags fernsehen.

Sie sehen alle sieben Staffeln *Seinfeld*.

Sie sind sich näher, als es je zwei Menschen sein konnten.

Feli beginnt, Till hin und wieder Gutenachtgeschichten zu erzählen. Till hört auf, sich nach dem Sex sofort eine Unterhose anzuziehen. Und er möchte, dass Feli ihm die Chance gibt, sie von Computerspielen zu überzeugen.

Feli willigt ein. Till dampft seine Gedanken, was Feli gefallen könnte, über mehrere Tage zu einer Shortlist aus drei Titeln ein: Outer Wilds, Disco Elysium und Zelda: Breath of the Wild.

Er zeigt Feli kurze Trailer von allen drei und lässt sie entscheiden. Feli entscheidet sich, weil ihr das eine zu *dark* und andere zu *spacig* ist, für Zelda, das Spiel, das so heißt wie ihre Katze.

Till sucht seine Switch, schließt sie an, öffnet seinen alten Spielstand und zeigt Feli, wie man sich bewegt. Er drückt ihr den Controller in die Hand.

Sie geht ein bisschen herum und gibt ihm den Controller zurück.

Till startet ein neues Spiel und gibt ihr den Controller wieder.

«Was?»

«Jetzt musst du spielen.»

Feli wacht als nur mit Shorts bekleideter Link in einer Höhle auf, klettert hinauf, läuft den Gang entlang und kommt ins Freie. Ein grüner Hügel gibt den Blick auf eine gewaltige Landschaft frei.

Feli schaut sich die Landschaft nicht an. Sie kämpft mit der Kamera. Geht ein paar Schritte und stellt dann die Kamera neu ein. Wenn Feli Fragen hat, hilft Till ihr, sonst aber erklärt er nichts, weil er ihr die Freiheit, das Spiel so zu spielen, als wüsste sie nicht, worum es geht, nicht nehmen will. Weil genau das der Kern ist, nicht *meta*, nicht *build orders*, sondern zu machen, was man möchte.

Feli geht weiter, findet eine Rute und nimmt sie, findet die Pilze nicht, die sie auch finden könnte. Sie geht zu dem alten Mann und redet mit ihm. Dann geht sie nicht, wie es das Spiel nahelegt, den Weg weiter, nimmt nicht die Axt, die dort bereitliegt, sondern geht auf einen Hügel hinauf, fällt runter und landet direkt vor einem Gegner. Sie schlägt mit der Rute auf ihn ein, bis die Rute zerbricht, rennt dann panisch davon, weil sie keine Waffe mehr hat.

Sie geht in den Wald, um eine neue Rute zu finden, läuft vor dem Steinmonster davon, das aus dem Boden kommt, wird immer besser und selbstbewusster, jubelt über jeden Gegner, den sie tötet und ausraubt, und spielt, ohne zu merken, wie die Zeit vergeht, das ganze *Vergessene Plateau* durch, während Till ihr fasziniert dabei zusieht.

Er staunt, dass sie nicht zu dem alten Mann gegangen ist, als sie ihn an einer Klippe wiedergesehen hat, denn der alte Mann erklärt dort, wie man mit der Axt Bäume fällen kann, um die Klippe zu überwinden.

Feli, die, da sie schon mit dem alten Mann geredet hat, davon ausgeht, er habe alles gesagt, was er weiß, kämpft stattdessen gegen drei Gegner weiter unten und klettert eine Wand hinauf, bei der Till sich zurückhalten muss, ihr nicht zu sagen, das gehe sich nicht aus, nur um festzustellen, dass mehr möglich ist, als er dachte.

Auch für ihre Probleme mit der Kamera findet Feli eine Lösung. Sie kann sich zwar nicht angewöhnen, die beiden Joysticks beim Gehen permanent gegengleich zu bewegen, wie es Menschen wie Till automatisch tun, so automatisch, dass er ihr die Bewegung gar nicht erklären konnte, bis er selbst den Controller in die Hand nahm und sich ansah, was er eigentlich tut, während er durch eine 3-D-Welt geht, aber sie findet den *workaround*, mit der Anvisierfunktion die Kamera zu zentrieren, und auch wenn die Funktion nicht dafür gedacht ist, erfüllt sie ihren Zweck.

Als Feli das *Vergessene Plateau* zum ersten Mal verlässt, auf Echsen mit Elektropfeilen und einen Zauberer trifft und sofort stirbt, möchte sie nicht mehr spielen. Aber sie möchte Till zusehen, wie er spielt. Möchte lieber jemandem zuzusehen, der es kann, als selbst zu dilettieren.

Till fängt ein Pferd. Feli tauft es Zelda. Till fragt, ob das nicht verwirrend ist, wenn die Prinzessin im Spiel auch so heißt. Feli sagt Nein.

Feli ist beeindruckt davon, was Till alles machen kann, obwohl Till kein besonders guter Zelda-Spieler ist. Sie findet, dass Till lässig spielt. Einmal allerdings zu lässig, denn während Till auf Zelda reitet, wird er von einem Wächter getroffen, und Zelda fällt um und bleibt reglos liegen.

Feli weint. Sie sagt: «Das ist genauso wie mit dem Pony damals!»

Till beruhigt sie, dass die Pferde nicht sterben können und Zelda sicher beim nächsten Stall respawnt ist. Aber Zelda ist wirklich tot. Feli weint.

Till findet heraus, wie man zur Quelle des Pferdegottes kommt, der tote Pferde wiederbeleben kann. Zelda wird wieder zum Leben erweckt.

Feli und Till spielen viele Stunden lang Zelda und haben trotzdem noch Zeit für alles, was sie vorher gemacht haben, Schule, Age of Empires, Spaziergänge, die tägliche Zärtlichkeit, mit der sie sich davon ablenken, dass ihnen natürlich trotzdem immer wieder einfällt, wie horrorfilmhaft die Welt geworden ist.

Am ersten Mai gehen sie mit Fina in den Prater. Sie sitzen mit zwei Metern Abstand in einer Wiese, die nach Jane Austen aussehen würde, läge die Tangente nicht direkt daneben. Feli hat für Fina einen eigenen Joint und eigene Biere mitgebracht. Sie lachen und versuchen trotzdem, leise zu sein, weil auf der Hauptallee die Polizei patrouilliert. Till wird körperlich von der Freude überrascht, Fina zu treffen, ist noch Tage später high davon, einen anderen Menschen lächeln gesehen zu haben.

Feli sieht sich zum ersten Mal ein Match von Till live an. Es ist das Halbfinale des Red-Bull-Turniers und ein denkbar glamouröser Einstieg, denn 35000 Menschen sehen live zu, mehr als jemals zuvor.

Till sitzt im Arbeitszimmer, und Feli liegt im Wohnzimmer auf der Couch und hört Tristan dabei zu, wie er das Match kommentiert.

«Der Ami ist nicht schlecht», sagt Feli über Tristan, als sie später Bier einschenkt, um auf Tills Sieg anzustoßen, «aber dieser Deutsche geht gar nicht.»

«Ja», antwortet Till.

Er verliert das Finale, das 55000 Menschen sehen. Es ist ihm völlig egal.

Till gibt ein kurzes Interview, damit es nicht heißt, er sei *salty*, steht auf und denkt, er würde jeden Erfolg dieses Planeten dagegen eintauschen, fünf Minuten schneller zu Feli ins Wohnzimmer zu kommen. Er weiß, wie viel er trainiert hat und wie viel mehr er trainieren müsste, um vielleicht noch minimal besser zu werden. Er will mehr Zeit mit seinen Freundinnen verbringen, will mit Feli Zelda spielen oder im Park trinken.

Feli räumt die Bücher von Tills Vater zurück in die Regale.

Feli möchte nicht mehr rauchen. Sie hören beide damit auf.

Als einzige Schüler im ganzen Land gehen die Maturanten wieder zur Schule. Sie tragen Stoffmasken und schieben die Tische auseinander.

Der Dolinar kommt rein und sagt lange nichts. Er lässt seinen Blick kreisen.

«Ja, meine Herrschaften, so is des jetzt.»

Till hat plötzlich Mitleid mit ihm. Er sieht alt und erschöpft aus, und Till stellt sich vor, wie der Dolinar die letzten zwei Monate verbracht haben muss, in einer kargen Wohnung mit CD- und Bücherstapeln an den Wänden, ohne Smartphone, ohne Computer und ohne Kaffeehaus. Ohne die mündliche Matura als letztes Druckmittel. Seine Macht endet hier, denn die Schriftliche ist für alle in Österreich gleich, und es gibt keinen Lektürekanon. Es kann nicht nach einem Buch, einem Autor und dessen Lebensdaten gefragt werden, nach keiner Epoche und keiner Gattung. Nur nach dem Text, der mitgeliefert wird.

Und weil es keine Mündliche gibt, wird es, wie inzwischen alle Maturanten Österreichs wissen, heuer möglich sein, mit einem Dreier im Zeugnis eine leere Arbeit abzugeben und trotzdem die Matura zu schaffen – was auch der Dolinar am Rande erwähnt, aber nicht um es ihnen zu verbieten, denn er traut keinem seiner Schüler eine solche Dummheit zu.

Der Dolinar wird nach Kärnten an den Hof seiner Eltern zurückkehren. Er sagt, sie hätten es nicht verdient, ihre Schulzeit so enden zu sehen, nach allem, was sie geleistet haben. Er sagt, er sei sehr stolz auf sie alle und glaube fest daran, dass sie es schaffen können. Er verabschiedet sich, sagt, sie sollen ihm schreiben, damit er ihnen einen Termin für ein Einzelgespräch zuweist.

Till fragt: «Ich auch?»

Der Dolinar sieht aus, als würde er wirklich nachdenken, als stünde die Antwort auf diese Frage nicht fest, sondern materialisiere sich erst in diesem Moment.

«Nein, du nicht.»

Im Mai klopft Feli eines Tages nicht an Tills Tür. Er findet sie auf dem Balkon, in der Sonne, mit einem Buch in der Hand. Und vielleicht weil er nicht mehr lesen *muss* und aus anderen Gründen, die schwerer zu benennen sind, und weil es wie eine schöne Idee wirkt, nebeneinanderzusitzen und zu lesen, nicht wegen des Lesens selbst, sondern wegen der Ruhe, der Wortlosigkeit des Sitzens, nimmt Till ein Buch aus einem der Regale, ein dunkelgrünes Buch mit türkiser Schrift von Thomas Bernhard, über das manche sagen, es sei sein nettestes, und setzt sich damit neben Feli. Liest die ersten Seiten vor einem unbefleckt blauen Himmel.

Bei der Deutschmatura, wo Till damit rechnet, dem Dolinar zum letzten Showdown zu begegnen, hat irgendein anderer Lehrer Aufsicht. Es stehen drei Themen zur Auswahl: ein Kommentar zu den Grenzen des Tourismus, die Analyse einer Kolumne zum Thema Zeitverschwendung und eine Textanalyse zu Robert Walser. Sie haben dreihundert Minuten Zeit.

Till hat noch nie von Robert Walser gehört. Er liest den ersten Satz: *Ich kam dann und dann zur Welt, wurde dort und dort erzogen, ging ordentlich zur Schule, bin das und das und heiße so oder so und denke nicht viel.*

Till sieht aus dem Fenster, in einen blauen noch immer von keinem Kondensstreifen durchschnittenen Himmel. Er steht auf und gibt, als einziger Schüler des Marianums, als einer von nur wenigen Hundert Schülern in Österreich, ein leeres Blatt ab. Er wird böse angesehen und geht. Er spuckt, bei der letzten Gelegenheit, die er in seinem Leben haben wird, nicht auf den Löwen, der ihm leidtut, weil er hierbleiben und sich bis zum Ende aller Tage bespucken lassen muss.

51

Im Juni zieht Feli zurück ins Palais Schwarzenberg. Till begleitet sie. Er hat Zeldas Transportbox auf dem Schoß, während sie mit dem Kratzbaum und dem Katzenklo in der Straßenbahn sitzen, steckt einen Finger hinein, und Zelda drückt ihren Kopf dagegen. Sie steigen aus. Es ist Frühsommer.

Till begleitet Feli in ihr Zimmer. Sie sperren die Tür ab und haben leise Sex. Sie rauchen danach keine Zigarette. Feli küsst Till zum Abschied. Alles ist gut.

Till geht am russischen Siegesdenkmal vorbei und entscheidet sich, einen Umweg über den Karlsplatz zu nehmen. Alles ist gut. Till ist glücklich. Er muss nie wieder in die Schule, nie wieder von Felis Seite weichen. Er weiß nicht, dass es keine Happy Ends gibt. Dass Menschen, die sich lieben, wie Punkte im Universum sind, so klein, dass sie eigentlich keine Fläche haben, so klein, dass man glaubt, sie wären einander nahe, obwohl zwischen ihnen Platz für unendlich viele weitere Punkte ist, zwei Punkte, die sich in Bewegung setzen, zur Linie werden, zu zwei Linien, wenn man hineinzoomt, zwei parallelen Linien, die sich im Verlauf der Zeit als nicht parallel erweisen, auseinanderdriften, mit jeder Veränderung des Winkels oder der Geschwindigkeit, mit jeder fremden Linie, die sie kreuzen, jeder Widrigkeit und jeder Chance.

Es ist Frühsommer. Die Seuche ist vorbei. Es wird für immer Sommer bleiben.

Till kann sich nicht vorstellen, dass, sollte sein Leben mit Feli nach seinen Wünschen verlaufen, er für sie irgendwann der naheliegende Mensch sein wird und jemand anders der nicht naheliegende Mensch, zu dem es sie epigenetisch hinzieht.

Er kann sich nicht vorstellen, wie das ist, wenn eine Beziehung endet und alle Geheimnisse und Zärtlichkeiten mit einem Schlag erlöschen, aus der Gegenwart, der Zukunft und der Erinnerung. Dass dann kein Unterschied mehr besteht, ob es Monate oder Jahre waren, Jahrzehnte, die man später in einem Satz zusammenfasst, einfach nur, weil sie keine Fortsetzung finden, und dass ein solches Ende, rein statistisch, das einzig wahrscheinliche ist, weil es, wenn man jemanden liebt, zwei Möglichkeiten gibt: ihn zu verlieren oder ihn erst später zu verlieren.

Till denkt nicht so. Er denkt an die vegane Lasagne, die er machen wird, wenn Feli und Fina zum Essen kommen, und daran, ob er eine neue Zitronenpresse kaufen und die von Alessi wegschmeißen soll. Er geht auf den Holzverschlag der Baustelle vor dem Wien-Museum zu. Er achtet nicht auf die Gruppe von Männern mit Stoppelglatze und Stiefeln, die ihm entgegenkommt. Till geht auf die Männer zu.

Er weicht erst aus, als klar wird, dass sie nicht ausweichen werden.

Er stellt sich neben den Durchgang. Er senkt den Blick. Ein Paar Stiefel bleibt vor ihm stehen.

«Till?»

Er sieht auf.

Palffy, ein völlig anderer Mensch ohne seine langen, zum Mittelscheitel gekämmten Haare, als wäre der innerste Kern seines Wesens die Frisur.

«Ich komm gleich nach!», ruft Palffy den anderen Rekruten zu, von denen keiner reagiert oder in seine Richtung sieht.

Er bietet Till eine Zigarette an.

«Seit wann rauchst du?»

«Seit ich beim Heer bin.»

Till nimmt die Zigarette.

Palffy redet über das Heer mit der typischen Mischung aus Entsetzen und Stolz, darüber, wie geschrien und gequält und gesoffen wird und dass es trotzdem besser ist, als alten Menschen den Arsch wischen zu müssen. Obwohl, sagt Palffy, er nicht erwarten kann, dass die sechs Monate endlich vorbei sind.

Palffy sieht Till in die Augen. Er sieht nett aus, und Till fragt sich, wieso sie ihn immer so schlecht behandelt haben.

«Weißt du, im Nachhinein war's schon cool, was uns der Dolinar beigebracht hat, auch wenn mir vorkommt, dass ich schon alles vergessen hab. Ich vermiss das Marianum sogar ein bissi, weißt du, einfach so in der Schule sitzen und etwas beigebracht bekommen, über, keine Ahnung, Eposse oder Minnelieder. Es war schon super, eigentlich.»

«Spinnst du?», sagt Till. «Es war die Hölle, du Idiot!»

Das verworfene Kapitel

A history of AOE2